Regula Brühwiler-Giacometti
Plötzlich Familie

REGULA BRÜHWILER-GIACOMETTI

PLÖTZLICH FAMILIE

Meine Adoptionsgeschichte brachte mir sieben neue Geschwister

CAMEO

Für alle Adoptiv-, Pflege- und Heimkinder

FSC
www.fsc.org
MIX
Papier aus verantwortungsvollen Quellen
FSC® C014496

Dieses Papier stammt aus fair bewirtschafteten Wäldern und entspricht deshalb den FSC-Standards «FSC Mix».

Lektorat: Katja Völkel, Dresden
Umschlaggestaltung: Cameo Verlag GmbH, Bern
Umschlagabbildung: Cameo Verlag GmbH, Bern
Layout und Satz: Cameo Verlag GmbH, Bern
ISBN: 978-3-906287-56-0

Printed in Germany

Inhaltsverzeichnis

Vorwort

Das Leben schreibt die besten Geschichten ... Diese Redensart stimmt im Falle von Regula Brühwiler-Giacometti wirklich zu hundert Prozent.

Im Spätherbst 2017 stellte Regula in einer Aarauer Buchhandlung ihr Erstlingswerk «Seitensprungkind» vor. Ihre persönliche Geschichte als Adoptivkind war mir, obwohl ich Regula seit einigen Jahren flüchtig kannte, nicht bekannt, und die Lesung während der Vernissage hat mich sehr bewegt. Regula hat nebst einigen anderen Passagen aus ihrem Buch auch jene gelesen, in denen erwähnt wurde, dass ihre leibliche Mutter noch andere Kinder gehabt hat – also Halbgeschwister von Regula. Im Anschluss an die Buchvorstellung war die Gelegenheit, der Autorin Fragen zu stellen. Mich interessierte brennend, ob sie denn ihre Halbgeschwister auch einmal kennen gelernt habe. Dass sie sich mit der leiblichen Mutter getroffen hatte, hat sie in ihrem Buch erwähnt. Lange zögerte ich, die Hand zu heben, um meine Frage anzumelden, aber meine Neugier siegte. «Hast du nebst deiner leiblichen Mutter deine Halbgeschwister auch einmal kennen gelernt?», wollte ich ganz direkt wissen. Regulas Reaktion war ehrlich bestürzt – sie antwortete ausweichend so in etwa: «Ja ... also, nein. Ich kann dazu noch nichts sagen. Nein, ich habe sie nicht kennen gelernt!» Ich fühlte mich elend, dass ich die liebenswerte Autorin so aus dem Konzept gebracht hatte.

Einige Wochen später erzählte mir Regula dann, was es war, das sie damals an meiner Frage so irritiert hatte. Eine Woche vor der Buchvernissage hatte sie ein Schreiben von einem ihrer Geschwister erhalten – absolut unerwartet. An diesem Tag sei sie noch völlig aufgelöst gewesen. Sie habe Gabriel Palacios, der sie an diesem Abend so wunderbar durch die Buchvernissage begleitet hat, gebeten, dieses Thema ja nicht anzurühren. Und nun war ich es gewesen, die diese Frage gestellt hatte. Ich entschuldigte mich bei Regula für meine Neugier.

Regula und ich sind beide Mitglied bei den Gemeinnützigen Frauen in unserem Dorf und sie hatte sich bereit erklärt, für den Verein im Rahmen des Jahresprogrammes 2018 eine Lesung aus ihrem Buch zu halten. Diese fand im April statt und es war ein in vielerlei Hinsicht spezieller Abend. Regula Brühwiler-Giacometti hatte mich vorgängig angefragt, ob ich sie bei der Lesung begleiten sowie mit ihr den Dialog führen möchte, und so den Abend mit ihr zu gestalten. Genau wie die Anfrage zum Schreiben dieses Vorwortes war dies eine große Ehre und Freude für mich, die ich gerne, aber mit viel Respekt vor der Aufgabe angenommen hatte. Vor der Lesung erzählte mir Regula ganz aufgeregt, dass zwei ihrer Schwestern – inzwischen waren nämlich noch mehr Geschwister «aufgetaucht» – auch anwesend seien. Sie sei so unglaublich nervös, aber überglücklich. Eine Schwester wohnt nur wenige Kilometer von unserem Dorf entfernt. Es ist also gut möglich, dass sich die beiden Frauen zuvor bereits einmal über den Weg gelaufen sind, ohne von der besonderen Verbindung zueinander zu wissen. Eine unglaubliche Vorstellung! Später die Begegnung und Interaktion zwischen den drei Schwestern beobachten zu dürfen, hat mich sehr berührt.

Regula und ich sahen uns regelmäßig, da sie ebenfalls im Vorstand der «Gemeinnützigen» aktiv war. Sie erzählte ab und an etwas vom Verlauf ihrer Recherchen und dem fantastischen Wachstum ihrer Familie. Als sie im Laufe des Jahres einen runden Geburtstag feiern konnte, wurde der nicht, wie ursprünglich geplant, im kleinen Kreis im Tessin gefeiert, sondern sie hatte ein Lokal gemietet, denn: «Weißt du, ich habe jetzt eine ganz große Familie und wir feiern alle zusammen!»

Ende Oktober 2018 durfte ich Regula nochmals zu einer Lesung nach Hombrechtikon begleiten. Ihr Bruder hatte diese Veranstaltung organisiert und es war wirklich herzerwärmend, diese beiden Geschwister, die sich erst seit Kurzem kannten, zusammen zu erleben. Niemand wäre auf die Idee gekommen, dass hier zwei Menschen zusammen sind, die noch vor wenigen Wochen Fremde waren. Die Herzlichkeit und die Verbundenheit zwischen diesen zwei «Neo-Geschwistern» war unübersehbar und hat mich ganz tief beeindruckt. Die beiden sehen sich sogar äußerlich ähnlich!

Ich freue mich so für Regula, dass sie nun nebst ihrer wunderbaren eigenen kleinen Familie mit ihrem Mann und Sohn auch noch eine neue, große Familie mit ihren sieben Geschwistern hat und ich wünsche ihr und all ihren Schwestern und Brüdern von Herzen das Allerbeste und viele, viele glückliche gemeinsame Erlebnisse.

Ihnen, liebe Leserin, lieber Leser, wünsche ich viel Freude beim Lesen dieser Lebensgeschichte, die alles ist, außer gewöhnlich!

von Barbara Ducceschi-Küng, Februar 2019

Einleitung

«Wow, Regula, das berührt mich zutiefst! Das schreit regelrecht nach einem Band 2!», sagte mein Verleger Gabriel Palacios zu mir, als ich ihm die unglaublichen Neuigkeiten vom «Auftauchen» meiner Geschwister anvertraute. Das war eine Woche vor der Buchvernissage meines Erstlingswerks «Seitensprungkind» (2017).

Unglaublich! Das ist ja der Wahnsinn! Das kann doch nicht wahr sein? Und du wusstest wirklich nichts? Hattest keine Ahnung? Du hast nun plötzlich so viele Geschwister? Wie habt ihr euch denn gefunden?

Das Erstaunen ist jedes Mal immens, wenn ich von meinen neuen Geschwistern erzähle. Alle sind völlig baff und hören ganz gespannt zu, sobald ich anfange, von meinen unglaublichen Erlebnissen zu berichten. Immer wieder muss ich die Geschichte von meiner neu gefundenen Familie erzählen und jedes Mal schüttelt es mich gewaltig durch, denn ich kann es selber auch noch nicht richtig fassen.

Das musst du unbedingt festhalten! Da drängt sich eine Fortsetzung deiner Biografie auf, heißt es dann immer. So wuchs mit der Zeit der Gedanke an ein Nachfolgebuch immer mehr. Ich hatte mir zwar geschworen, nie wieder ein Buch zu verfassen, und bis dahin hätte ich auch nicht gewusst, worüber ich überhaupt noch schreiben könnte. Meine Biografie hatte ich fertig aufgearbeitet und für mich abgeschlossen. Und es hatte mich auch sehr viel Substanz gekostet, mich mit meiner Vergangenheit auseinanderzusetzen. Also, mein Leben war erzählt, und eine Romanschriftstellerin bin ich nicht.

«Und dann kam das Unerwartete.»

Doch mein Leben sollte ab dem Erscheinen des «Seitensprungkinds» eine überraschende Wende nehmen. Eine Woche vor meiner Buchvernissage bekomme ich einen Brief von der PACH (Pflege- und Adoptivkinder Schweiz), der alles, was ich bisher auf Papier festgehalten hatte, auf den Kopf stellte. Bis ich dieses Schreiben erhalten hatte, wusste ich nicht, dass es in meinem Leben noch sieben Halbgeschwister gab. Was das alles bei mir ausgelöst hat, versuche ich in diesem Buch zu erzählen.

Die Geschichte mit meinen neuen Geschwistern wurde immer spannender, je mehr ich aus ihrem Leben erfuhr. Jedes von ihnen trägt als Adoptiv-, Pflege- oder Heimkind eine unglaublich einzigartige Biografie in sich. Wir sind nicht zusammen aufgewachsen, jedes wurde von einer anderen Familie oder anderen Umständen geprägt. Trotzdem fühlten wir uns von Anfang an miteinander verbunden. Schließlich hatten wir doch alle die gleiche leibliche Mutter und sind alle während neun Monaten im selben Mutterleib gediehen!

Mehr und mehr ließ mich der Gedanke an ein Nachfolgebuch nicht mehr los. Von den anfänglichen Notizen wurden schon bald größere Texte. Jede Begegnung mit meinen Geschwistern, jede Neuigkeit und alle Ereignisse habe ich von Anfang an für mich tagebuchartig aufgeschrieben. Ich wollte die Gefühle des Momentes für mich festhalten, und sie ohne Verzerrung des Gedächtnisses für mein weiteres Leben «einfrieren». Es tat mir auch gut, all das Berührende, das ich erlebte, schriftlich festzuhalten, um besser mit dieser verrückten Situation klarzukommen. So ist es mir nun möglich, alles so wiederzugeben, wie ich es aus meiner Sicht in diesen Augenblicken wahrhaftig gefühlt und erlebt habe: angefangen von den bewegenden Momenten, als ich zum ersten Mal von meinen Geschwistern erfahren habe, über den Augenblick, wo ich meine neu gefundenen Geschwister in die Arme schließen konnte und sie kennen lernte bis hin zu folgenden Treffen. Ich möchte die Leser mit auf eine Reise voller Spannung und Emotionen mitnehmen, denn jedes Geschwister hat eine einzigartige Lebensgeschichte.

«Wir genießen jede Minute, die wir zusammen verbringen können.»

Bei den Begegnungen mit meinen Geschwistern haben wir uns gegenseitig immer wieder dazu animiert, noch mehr über unsere Herkunft und unsere Wurzeln zu erforschen. Zusammen haben wir uns auch entschieden, nach weiteren Puzzleteilen zu suchen, um Licht ins Dunkel zu bringen. Dabei haben wir viele Überraschungen erlebt. Was bei unseren Recherchen herausgekommen ist, wie wir vorgegangen sind, erzähle ich in meinem Buch.

Zeitweise haben sich die Ereignisse beinahe überschlagen. Meine Geschwister und ich wurden mit alten Akten, unbekannten Dokumenten, neuen Fakten und erschütternden Informationen konfrontiert. Das war oftmals nicht einfach hinzunehmen und löste bei jedem einen gewaltigen inneren Prozess aus. Ich selber habe auch nach meinem unbekannten leiblichen Vater, dem Seitenspringer, weitergesucht und viel Neues erfahren können.

«Seine leibliche Familie zu finden, das Wissen über seinen Ursprung, ist ein Grundbedürfnis eines jeden Menschen.»

Als die Idee für ein Nachfolgebuch geboren war und ich das Einverständnis von meinen Geschwistern bekommen habe, auch ihre Biografien dort zu verarbeiten, habe ich ihnen ein kleines Raster für ihre Texte übergeben, mithin ein paar Hinweise, damit sie wussten, wie sie vorgehen und auf welche Fragen sie achten sollten, wenn sie von sich erzählten.

Meine lieben Geschwister haben mir ihre Geschichte aufgeschrieben und mir damit ihre Vergangenheit anvertraut. Ich habe sie selbst erzählen lassen, denn nur mit den von ihnen ausgewählten Worten wirken ihre Lebensgeschichten authentisch. Absichtlich wurden ihre Erzählungen so belassen, wie sie mir übergeben wurden. Der Erzählstil jedes meiner Geschwister kennzeichnet ihre Persönlichkeit. Hätte ich Hand angelegt, wäre das Bild von ihnen verfälscht; es wären keine originalen Geschichten mehr gewesen. Jedes der Geschwister hat andere Schwerpunkte aus seinem Leben aufgezeichnet sowie Aspekte, die für es wichtig war, ausgewählt. So ist es möglich, sich ein wahrhaftes Bild von jedem zu machen, denn jedes von ihnen ist eine eigenständige Persönlichkeit und wusste mit seinem Schicksal anders umzugehen.

Die Geschichten erscheinen in der Reihenfolge, in der ich meine Geschwister kennenlernen durfte. Nach jeder Begegnung kam mindestens ein neues Puzzlestück dazu, das die Geschichte unserer Familie vervollständigte.

Das Schreiben dieses Buches war eine überaus freudige Angelegenheit. Es war sicher auch eine intensive Zeit, denn das Schreiben füllte meine ganze Freizeit aus. Ich musste alles koordinieren und schlussendlich in einem Buch zusammentragen. Aber für mich war es nicht mehr der schmerzhafte Prozess, den ich beim Schreiben meines Erstlingswerks durchgemacht hatte, wo ständig alte Wunden aufrissen. Ich habe meine biologische Familie gefunden und freue mich unendlich darüber. Endlich bin ich in meinem Leben angekommen.

Das Buch «Seitensprungkind» hat mein Leben mit vielen tollen Begegnungen bereichert. Das war für mich das Wertvollste, was ich erleben durfte. Wie oft habe ich seitdem mit mir unbekannten Menschen tiefe Gespräche geführt, in denen sie mir ihre Geschichte anvertraut haben. Mein Buch habe ihnen weitergeholfen, hieß es oft. Ich kam das erste Mal mit vielen Adoptierten, aber auch mit zahlreichen Adoptiveltern in Kontakt. Das hat mich auch ein großes Stück weitergebracht und meinen Horizont erweitert, meine Persönlichkeit gestärkt. Ich musste mich exponieren, bei Fernsehauftritten, vor großem Publikum aus meinem Buch vorlesen, viele Details aus meinem Leben mit anderen teilen und Fragen beantworten. Als eher zurückhaltendes Wesen habe ich dabei meine Ängste überwunden und mit jedem neuen Auftritt immer mehr Spaß daran gefunden.

Eine weitere Motivation, die mich dazu getrieben hat, dieses Buch erst recht zu schreiben, waren die sich in den letzten Jahren häufenden negativen Berichte über Zwangsadoptionen, Adoptionsbetrüge, Heimkinder, Verdingkinder und Zwangsversorgte. Mit diesem Buch, welches die Geschichten meiner Geschwister und mir aufzeichnet, möchte ich nun eine positive Botschaft vermitteln. Auch wenn unsere Biografien zum Teil von negativen Erfahrungen wie Liebesentzug und Härte geprägt waren, ist es doch mehr oder weniger allen von uns gelungen, das eigene Leben bestens zu meistern. Wir stehen mit beiden Beinen auf dem Boden, haben gute Ausbildungen abgeschlossen und die meisten von uns haben schließlich eine eigene Familie gegründet.

Gegen Ende des Buches folgt noch ein Kapitel, welches ganz aktuelle Informationen vermittelt, die behilflich sein können, falls man sich auf die Suche nach seinen Wurzeln machen möchte. Ich hatte das Glück, Sandro Körber kennen lernen zu dürfen, der zum Thema Adoption und zu den rechtlichen Fragen rund um diesen Komplex ungemein viel Erfahrung aufweist und uns somit sehr viele hilfreiche und professionelle Informationen vermitteln konnte. In seiner Funktion bei der Zentralen Behörde Adoption des Kantons Thurgau begleitet und unterstützt Sandro mit viel Engagement die Suchenden in ihrem Prozess. Als ich Sandro Körber gefragt habe, ob er bereit wäre, das Kapitel zum Thema Herkunftssuche für mich zu schreiben, hat er sofort spontan zugesagt. Das hat mich riesig gefreut, denn ich wusste, niemand könnte dieses Kapitel besser schreiben als er, der er selbst Betroffener ist.

Im Schlusskapitel habe ich mich auch mit der Thematik des Zufalls und der Synchronität befasst – ein Thema, dem ich zuvor keine große Beachtung geschenkt habe. Was ich in diesem Jahr erlebt habe, konnte einfach jedoch nicht alles nur Zufall sein, sondern hatte bestimmt mir etwas Größerem zu tun.

Nun wünsche ich Ihnen, liebe Leserinnen und Leser, eine unterhaltsame Lektüre. Geschichten, die das Leben schreibt, sind ja bekanntlich die spannendsten. Freuen Sie sich mit mir über das Happy End!

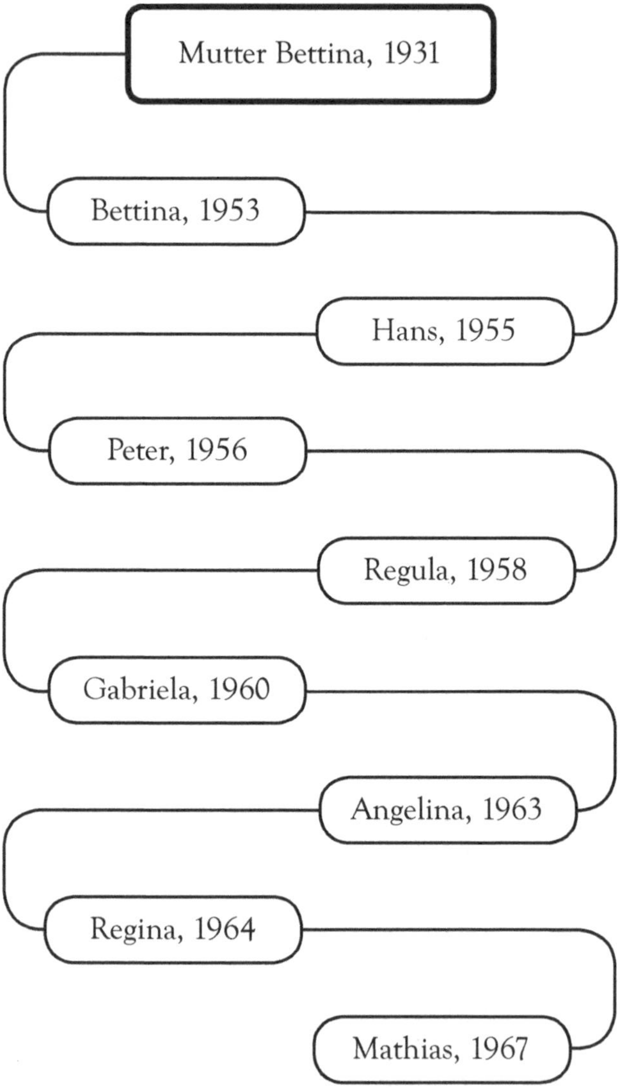
Mutter Bettina, 1931
Bettina, 1953
Hans, 1955
Peter, 1956
Regula, 1958
Gabriela, 1960
Angelina, 1963
Regina, 1964
Mathias, 1967

Plötzlich Geschwister

«Die Liebe, die du in diesem Buch hinausträgst, ist überwältigend schön. Dieses Buch wird vieles bewegen! Die tolle Energie wird im und rund um das Buch spürbar sein! Das Buch hat so viel Tiefe und ist mit einer derart positiven Energie geschrieben, dieses Buch hinterlässt Spuren. Spuren der Liebe. Die positive Energie wird vieles bewegen.»

– Gabriel Palacios

Immer wieder prophezeite mir mein Verleger Gabriel Palacios, dass mein Buch «Seitensprungkind» ganz viel Schönes und Großes bewirken würde. Seine Worte taten meiner Seele unendlich gut und ich dachte mir, mein Buch könnte vielleicht einigen, die ein ähnliches Schicksal wie ich erlebt hatten, eine Hilfe sein. Vielleicht würde es den Lesern, die sich noch nie mit dem Thema Adoption konfrontiert sahen, zeigen, was es bedeutet, nicht bei seinen leiblichen Eltern aufgewachsen zu sein. Dass die positive Energie so unglaublich Großes bewegen, sich so weit ausbreiten und ich mit meinen unbekannten Verwandten Geschwistern in Berührung kommen würde, das hätte ich mir nie erträumt. Ahnte oder spürte Gabriel, dass etwas Außerordentliches auf mich zukommen würde?

Zur gleichen Zeit, wie ich meine Biografie aufgeschrieben habe, beschäftigten sich meine mir damals noch unbekannte Schwester auch mit der Vergangenheitsgeschichte der Familie wie mein mir ebenso noch unbekannter Bruder, der seinerseits seine Lebensgeschichte aufschrieb. Simultan haben wir uns mit der Bewältigung unserer Vergangenheit auseinandergesetzt. Es war ein Zusammentreffen von geballten Energien, die schlussendlich unser Zusammenfinden auslösen sollte.

«Begonnen hat alles, als ich eigentlich dachte, alles sei abgeschlossen.»

Mein erstes Buch «Seitensprungkind» war erst gerade erschienen und meine Buchvernissage in Aarau stand kurz bevor. In dieser Zeit war ich ziemlich aus dem Häuschen. Viel Neues kam auf mich zu: Zeitungsinterviews, Fernsehauftritte, Lesungen. Doch neben der Nervosität fühlte ich auch eine tiefe, erfüllende Freude. Dazu kam, dass ich ziemlich genau eine Woche vor der Vernissage einen Brief von der PACH (Pflege- und Adoptivkinder Schweiz) erhalten habe. «Was wollen die den von mir?», fragte ich mich. Noch nie zuvor hatte ich ein Schreiben von dieser Stelle erhalten, auch wenn diese Organisation in meinem Buch mehrmals eine Rolle gespielt hat, weil ich von dieser Stelle viele Informationen über meine Adoption erhalten habe. Jetzt war das Buch fertig, das Thema abgeschlossen, meine Lebensgeschichte aufgeschrieben und verarbeitet. Ich hatte meinen inneren Frieden gefunden. Bedächtig öffnete ich das Couvert. Es enthielt einen längeren Brief. Ich musste mich hinsetzen, denn ich wusste nicht, was da auf mich zukommen würde. «Sicher sind Sie erstaunt, Post von der Adoptionsstelle zu erhalten», hieß es als Erstes. Ja, das war ich allerdings! Und noch erstaunter war ich, als ich weiterlas. Eine Frau namens Gabriela, die wie ich zur Adoption freigegeben wurde, hätte sich demnach auf die Suche nach ihrer leiblichen Mutter gemacht. Und diese ihre Mutter habe auch mich zur Welt gebracht. Wir waren also Halbgeschwister! Gemäß den ihr vorliegenden Unterlagen gäbe es noch weitere Halbgeschwister. Dem Schreiben war zudem zu entnehmen, dass Gabriela mich gerne kennen lernen möchte.

Nur gut, dass ich mich vorher hingesetzt habe.

«Was? Ich habe eine Halbschwester, welche Gabriela heißt und die zwei Jahre jünger ist als ich? Das gibt es ja nicht!»

Ich las den Brief mehrmals sorgfältig durch, um sicher zu gehen, dass mir kein einziges Detail entging. Ich wusste zwar, dass meine leibliche Mutter während ihrer kurzen Ehe drei Kinder geboren hatte, bevor ich damals als außereheliches Kind zur Welt gekommen bin. Und nun soll es noch eine Gabriela geben? Kaum zu fassen!

Falls ich meine Halbschwester kennen lernen möchte, solle ich mich mit der Adoptionsstelle in Kontakt setzen. Diese würde dann die Vermittlung organisieren. Ja sicher möchte ich sie kennen lernen. Doch was nun? Ich war doch gerade der Meinung, nach dem Niederschreiben des Buches hätte ich meine Biografie abgeschlossen! Mein Buch wurde soeben publiziert, und jetzt kam diese Neuigkeit! Meine Emotionen waren immens und ich war außer mir vor Freude. Es ist einfach unglaublich, welche Überraschungen das Leben manchmal bereithält!

Schnell tauchten auch viele Fragen auf. Haben wir Gemeinsamkeiten? Würde sie mir ähnlich sehen? Wie verlief ihr Leben bis heute? Wo ist sie aufgewachsen? Wo wohnt sie jetzt? Was hat sie alles unternommen und erlebt? Hat sie die gleichen Vorlieben wie ich? Ich wollte vorerst darüber schlafen, soweit ich überhaupt schlafen konnte, und rief am nächsten Morgen die Adoptionsstelle an. «Ja, ich bin bereit meine neue Schwester kennen zu lernen», sagte ich und erkundigte mich bei der Fachfrau, wie ich am besten vorgehen solle. Sie empfahl mir, meine E-Mail-Adresse der PACH bekannt zu geben, da unter Geschwistern eine erste Kontaktaufnahme formlos erfolgen könne. Sie würden sie dann an meine Schwester weiterleiten. Auf Wunsch gäbe es auch die Möglichkeit, einen anonymen Briefkontakt herzustellen.

Bevor wir uns verabschiedeten, wollte die Fachfrau der PACH mir aber unbedingt noch etwas schier Unglaubliches, was ihr widerfahren ist, erzählen. Schon wieder etwas Aufregendes, dachte ich mir. Hört das denn nie auf! Ich spürte, wie in ihrer Stimme etwas Aufregung mitschwang. «Es war so», begann sie, «am Tag, als ich Ihren Brief schrieb, habe ich einen Anruf von einer Frau erhalten, die mir mitteilte, dass sie gerade in der Migros-Zeitung einen spannenden Artikel über die Geschichte einer Adoptierten gelesen hätte. Sie sagte, dass es sich um eine gewisse Regula Brühwiler-Giacometti, die ein Buch über ihre Adoption geschrieben habe, handle, und fragte mich, ob ich diese Frau kennen würde. Ich fiel fast vom Stuhl. Ich hatte Sie noch nie kontaktiert, und gerade jetzt, als ich einen Brief an Sie schreibe, spricht diese Frau über Sie am Telefon! Das ging mir total unter die Haut.»

Ich entschied mich, der Fachfrau von der PACH meine E-Mail-Adresse bekannt zu geben und wartete ganz gespannt auf die ersten Zeilen meiner mir bis dahin unbekannten neuen Schwester. Es verging ein ganzer, für mich extrem langer Monat, bis Gabriela sich bei mir meldete.

Damit nahm die Geschichte um meine Geschwistersuche ihren Lauf.

«Einen Monat später telefonierte ich zum ersten Mal mit meiner neuen Schwester Gabriela.»

Meine Schwester hatte mir zuvor eine kurze E-Mail geschrieben und darin den Wunsch geäußert, dass wir uns doch besser per Telefon austauschen könnten. Es war der Wahnsinn: Bald würde ich mit meiner Schwester sprechen, von deren Existenz ich bis vor ein paar Wochen noch nichts gewusst hatte! Als wir zum ersten Mal unsere Stimmen hörten, waren wir beide ziemlich aufgeregt. Gabriela erzählte mir dann, dass sie ihre leibliche Mutter nie wirklich kennen lernen wollte. Es war ihre Tochter Fabienne, die sie dazu gebracht hatte, nach ihrer leiblichen Familie zu suchen. Als sie mit der Adoptionsstelle Kontakt aufgenommen habe, hätte sie schon quasi damit gerechnet, dass die Mutter bereits nicht mehr lebte. Und tatsächlich hatte sie recht: Unsere Mutter war zu diesem Zeitpunkt bereits seit acht Jahren tot. Aber bei diesem Anruf hat sie schließlich erfahren, dass es noch viele Halbgeschwister gäbe.

Sie erzählte mir von sich, aber auch von den vielen anderen Geschwistern, die wir beide bis dahin noch nicht kannten. Zum ersten Mal hörte ich ihre Namen: Regina, Mathias und Angelina. Ich war verwirrt. Bis dahin wusste ich nur von Bettina, Hans und Peter, welche vor mir zur Welt gekommen sind.

Wieder einmal musste ich mich setzen, zuhören und staunen. «Unsere Mutter hat somit acht Kinder geboren», sagte Gabriela zu mir. Sie habe mit allen Geschwistern durch die Vermittlung der PACH Kontakt aufgenommen und die meisten von ihnen wollten sie treffen.

Im Laufe des Gesprächs erzählte ich ihr, dass ich unsere leibliche Mutter vor Jahren getroffen hätte. Meine Schwester wollte wissen, was für einen Eindruck sie bei mir hinterlassen hat. Sie war gespannt zu erfahren, was das für eine Frau gewesen sei, die acht Kinder zur Welt gebracht und sie alle weggegeben hat. Gabriela war entsetzt darüber. Sie konnte nicht nachvollziehen, wie man es übers Herz bringen kann, all seine Kinder zur Adoption freizugeben.

Meine Schwester machte einen sehr netten Eindruck auf mich. Sie erzählte mir noch von ihrer Familie, von ihren drei Kindern. Eine Tochter hatte den gleichen Jahrgang wie mein Sohn. Von ihrem leiblichen Vater wisse Gabriela nur, dass er ein Italiener war. Seinen Namen jedoch kannte sie nicht. Bevor wir uns verabschiedeten, habe ich zu ihr gesagt, dass ich sie und die anderen Geschwister sehr gerne treffen möchte. Alsdann gab sie mir noch die Kontaktdaten der anderen Geschwister, welche sie von der PACH erhalten hatte, durch.

Anmerkung: Die Möglichkeit, dass auch leibliche Geschwister sich suchen können, ist erst möglich aufgrund des neuen Adoptionsrechts, das im Januar 2018 in Kraft trat. Ob schließlich eine Kontaktaufnahme zustande kommt, hängt aber von der jeweiligen Zustimmung der betroffenen gesuchten Person ab.

Warum habe ich das alles nicht gewusst und nie erfahren? Ich war schockiert! Unsere gemeinsame Mutter hatte so viele Kinder geboren, und alle wurden fremdplatziert? Nie hätte ich an etwas gedacht, nicht einmal geahnt. Niemals! Keinen einzigen Gedanken habe ich daran verloren, dass meine leibliche Mutter, nachdem sie mich als uneheliches Kind geboren und weggegeben hatte, noch weitere Kinder zur Welt gebracht hätte. Ich hatte doch unsere Mutter getroffen und sie hat mir damals nichts, aber auch gar nichts davon erzählt! Das musste erst einmal verdaut werden.

Auch meine Familie musste mit dieser neuen Situation erst zurechtkommen. Als ich von meiner unbekannten Schwester erzählte, wurden sie neugierig und waren gespannt, wie es wohl weiterginge. Als ich dann von den vielen Geschwistern berichtete, wurden sie eher nachdenklich. Mein Mann fand das Ganze zwar sehr spannend und meinte zu mir, ich hätte ein aufregendes Leben mit immer wiederkehrenden Überraschungen, nicht so ein langweiliges Leben wir er! Er sei ein wenig eifersüchtig auf mich.

Gabriela fragte mich, ob sie den anderen Geschwistern auch meine Adresse bekannt geben dürfe. Sicher durfte sie das. Innert einiger Tage kontaktierten wir uns gegenseitig, und schon bald gab es einen regen Mailaustausch. Als Betreff stand jeweils:

«Die Kinder von Bettina»

Als erstes traf ich meine Schwester Regina, gleich eine Woche nachdem ich von ihrer Existenz erfahren habe. Jetzt, wo ich wusste, dass ich Schwestern habe, konnte ich es kaum erwarten, sie zu sehen. Da wir ganz nah beieinander wohnen, haben wir sogleich ein Treffen organisiert. Das war das emotionalste Treffen von allen, denn so etwas hatte ich zuvor noch nie in meinem Leben erlebt!

Schon bald lernte ich auch meine neuen anderen wunderbaren Geschwister kennen. Innert kurzer Zeit vereinbarten Bettina, Gabriela, Regina und ich ein erstes gemeinsames Treffen. Es sollte am 21. Dezember 2017, am mystischen Tag der Sonnenwende, in Aarau stattfinden. Die abgemachte Zeit war für mich nur schwer realisierbar, da ich am Morgen noch arbeiten musste. Da ich aber so aufgeregt war und unbedingt nichts verpassen wollte, beeilte ich mich und schaffte es doch noch pünktlich zum Treffen. Als ich ins Restaurant hineinkam, sah ich verschiedene belegte Tische, fand jedoch meine Schwester Regina nirgends. Ich muss wohl so fragend und suchend geschaut haben, dass mir plötzlich eine mir unbekannte Frau zuwinkte: meine Schwester Bettina! Und da erkannte ich auch erst Regina, die ich gleich darauf zuerst umarmte, da ich sie ja schon kannte. Dann nahm ich Bettina und Gabriela in den Arm. Es fühlte sich sehr emotional an, aber irgendwie auch surreal. Das waren also meine neuen Schwestern! Wir kamen gleich ins Gespräch und sehr schnell macht sich eine familiäre Atmosphäre breit. Jede wollte die Geschichte der anderen erfahren, es wurde kreuz und quer geredet.

Bettina, die älteste von uns Geschwistern, nahm schließlich ein Fotoalbum hervor, und wir drei Schwestern waren voll gespannt, denn sie wollte uns ein paar Fotos unserer gemeinsamen Mutter zeigen. Beim Durchblättern erzählte sie uns aus ihrem Leben und über ihre und unsere Familie. Bei diesem ersten Treffen hatte ich das Gefühl, dass Gabriela und Regina sich äußerlich gleichen. Beide wussten, dass ihr leiblicher Vater ein Italiener war, mehr war ihnen nicht bekannt. Ob sie wohl denselben Vater haben? Es könnte gut sein!

Ich war gespannt zu erfahren, ob auch ich einer meiner Schwestern gleiche. Und tatsächlich konnte ich gewisse Ähnlichkeiten mit Bettina feststellen. Sie ist brünett wie ich und hat auch die gleiche Krümmung der Nase! Auch wenn ich zu Regina und Gabriela keine äußerlichen Ähnlichkeiten feststellen konnte – beide sind eher der blonde Typ mit blauen Augen – musste ich zugeben, dass wir uns doch alle im Inneren und im Fühlen ein bisschen gleichen. Irgendwie hatte ich das Gefühl, meine Schwestern schon lange zu kennen, obwohl ich sie an diesem Tag zum ersten Mal gesehen hatte.

Wir vier Schwestern haben uns hervorragend verstanden und sofort den Draht zueinander gefunden. Noch stundenlang hätten wir uns unterhalten können. Da saßen wir nun da, die vier Schwestern, die ein Leben lang nichts voneinander gewusst hatten, und plauderten gemütlich miteinander. Ist das nicht verrückt? So haben wir uns doch nach fast vier Stunden verabschiedet, im Wissen, dass wir uns schon bald wiedersehen würden.

So viele Emotionen auf einmal mussten erst einmal verarbeitet werden. Wir betrachteten unser Aufeinandertreffen alle als das schönste Weihnachtsgeschenk überhaupt! So schrieb ich daraufhin in einer Mail an meine Schwestern:

«Es ist wirklich toll, dass wir nun alle vier in Kontakt sind. Es ist für mich immer noch fast unglaublich zu wissen, dass ich nun Schwestern habe (hatte ich doch nur einen Adoptivbruder, der aber nicht mit mir verwandt war!).»

Am Anfang war es wirklich komisch, sie nach fast 60 Jahren als Schwestern anzuschreiben. Zugleich war dies aber auch ein wunderbares Gefühl.

Unseren Bruder Mathias trafen wir zu einem späteren Zeitpunkt. Da auch er interessiert war zu wissen, wer seine neuen großen Schwestern waren, vereinbarten wir ein Treffen auf den 10. Februar 2018 bei einem Mittagessen in Aarau, wo wir das erste Mal zu fünft aufeinandergestoßen sind.

Auch Mathias hat seine eigene, unverwechselbare Biografie. Ganz still und aufmerksam hörten wir ihm zu. Wir fühlten uns alle sehr wohl, es herrschte eine wunderbare Stimmung, eine tolle Energie. Er zeigte uns Fotos, die er vor neun Jahren anlässlich des Leichenmahles unserer Mutter gemacht hatte. Auf diesen Bildern waren auch noch unsere beiden anderen Brüder, Peter und Hans, zu sehen. Es ist wirklich eine schier unglaubliche Geschichte. Nie in meinem Leben hätte ich mir erträumt, so viele tolle Geschwister zu bekommen, niemals! Es ist ein Geschenk des Himmels. Ich fühlte mich von Anfang an total wohl in ihrer Gegenwart. Obwohl wir uns erst kennen lernten, spürte ich eine tiefe Verbundenheit. Wir Schwestern waren entzückt von unserem kleinen Bruder und wünschten uns, ihn bald wiederzusehen. Mathias verabschiedete sich von uns. Kaum ist er um die Ecke verschwunden, sagte Regina voller Enthusiasmus:

«Wow, das ist mein neuer Bruder. Ich habe einen Bruder!» Sofort intervenierte ich und korrigierte sie: «Er ist nicht nur dein Bruder, er ist auch mein Bruder!» Und von diesem Moment an haben wir uns immer wieder geneckt und einen Spaß daraus gemacht, wem wohl dieser tolle neue Bruder mehr gehören soll.

In Mathias sahen wir den lieben Bruder, den wir nie hatten, den wir uns immer gewünscht hätten. Beide haben wir zuvor unschöne Erfahrungen gemacht mit unseren Adoptivbrüdern und hatten sie nicht nur in bester Erinnerung. Und nun ist Mathias aufgetaucht, der alles, was wir uns je erträumt hatten, übertraf!

Nach dieser Begegnung übermannten mich unglaubliche Gefühle. Ich hatte den Eindruck, etwas gefunden zu haben, wonach ich schon lange gesucht habe. Dieses Zusammentreffen machte mich total aufgeregt und ich erwachte mehrmals in der Nacht. Meine Gedanken waren sofort wieder bei den Geschwistern.

«Ja, jetzt weiß ich, was Familie ist. Was Verbundenheit bedeutet. Jemanden bei dir zu haben, bei dem du dich wohl fühlst, der gleich tickt wie du. Ich denke den ganzen Tag hindurch an diese wundervolle Begebenheit, ich fühle Schmetterlinge im Bauch. Es ist ein wenig wie verliebt zu sein.»

Wir Geschwister wussten allesamt unser Zusammentreffen zu schätzen. Für uns war es ein riesiges Geschenk, das wir mit Sorgfalt und Achtung entgegennahmen. Wenn man im reifen Alter erfährt, dass man noch Geschwister hat, dann trägt man Sorge zu dieser Verbindung. Ich möchte auf jeden Fall diese Beziehungen feinfühlig angehen und hoffe sehr, dass daraus die von mir ersehnte tiefe Verbundenheit entsteht.

Eine Schwester jedoch fehlte in unserer Runde. Was war mit Angelina, fragten wir uns. Warum hat sie sich nicht gemeldet? Will sie nichts mit uns zu tun haben? Die fünfte Schwester im Bunde hatte nichts von sich hören lassen. Das müssen wir wohl akzeptieren, dachte ich mir. Nicht alle sind gleich interessiert, neue Verwandte kennen zu lernen. Da Angelina ja nicht adoptiert war, sondern bei Pflegeeltern aufgewachsen ist, ist sie damals über den Tod der leiblichen Mutter informiert worden. Bettina hatte deshalb ihre Adresse und erzählte uns, dass Angelina als Leiterin eines Sprachdienstes und als Übersetzerin für Italienisch tätig ist. Das fand ich unglaublich spannend: Sie hatte den gleichen Beruf wie ich! Ich wollte es unbedingt doch noch versuchen, mit ihr in Kontakt zu treten. So schrieb ich ihr einen Brief und erzählte ihr aus meinem Leben. Zu meinem Erstaunen hat sie mir am gleichen Tag mit einer Mail geantwortet und mitgeteilt, dass sie mich gerne treffen würde. Sie hatte den Anfragebrief der PACH tatsächlich nicht erhalten. Den Grund dafür wissen wir bis heute nicht.

Ich habe mich mit ihr schließlich an Ostern 2017 bei einem Mittagessen in Rheinfelden getroffen. Wir hatten uns viel zu erzählen und erlebten eine gute Zeit miteinander. Ich berichtete von den anderen Geschwistern und dass wir es gut miteinander hätten. Angelina wünschte sich, die anderen Geschwister auch zu treffen, jedoch eine nach der anderen statt alle gleichzeitig bei einem gemeinsamen Treffen. So konnte ich zwischen meinen Geschwistern vermitteln und Angelina lernte sie alle kennen.

Die ersten Begegnungen mit meinen Geschwistern haben unglaublich starke Emotionen und Glücksgefühle ausgelöst – ganz anders als im Vergleich zum Treffen mit der leiblichen Mutter, welches doch eher etwas distanziert war.

«Es flossen Freudentränen und von Anfang spürte ich eine tiefe Verbundenheit zu meinen Geschwistern.»

Wir teilten alle dasselbe Schicksal, dass wir früh von unserer leiblichen Mutter getrennt wurden. Das hat uns verbunden. Wir wussten, wovon wir redeten, und verstanden uns sofort.

Als ich meine Geschwister zum ersten Mal sah, schenkte ich jedem mein Buch «Seitensprungkind». Ich wollte, dass sie meine Lebensgeschichte gleich erfahren würden. Alle waren erstaunt und sehr erfreut darüber, dass ihre Schwester erst gerade ein Buch über ihre Adoption geschrieben hatte. Sie drückten ihre Freude darüber aus und meinten, dass sie stolz auf mich seien. Das rührte mich unheimlich.

Wir tauschten fortwährend fleißig Mails aus. Alle freuten sich, nun plötzlich Geschwister zu haben! Ein unbeschreibliches, beglückendes Gefühl. Man sucht wie verrückt nach Ähnlichkeiten – und findet sie tatsächlich auch. Auch du spielst Gitarre? Du liebst wie ich Rosen und Katzen? Du bist so einfühlsam wie ich? Und dein Herz schlägt auch für Tiere und die Natur? Zum ersten Mal erlebe ich, was es heißt, blutsverwandt zu sein.

Es fehlten aber immer noch zwei Geschwister. Mathias fand keine Ruhe, dass sich die zwei älteren Brüder nicht auf den Brief der PACH gemeldet hatten. Er steckte mich damit an, und mit meiner Zustimmung organisierte er ein Treffen mit Hans und Peter. Da Mathias diese beiden anlässlich des Hinschiedes unserer leiblichen Mutter schon einmal gesehen hatte, fragte er nach, ob sie interessiert wären, mich kennen zu lernen. Wir waren eigentlich der Meinung, dass auch sie von der PACH angeschrieben worden seien, jedoch kein Interesse daran hatten, uns zu treffen. Dem war nicht so! Auch sie hatten wie Angelina keinen Brief erhalten und somit auch keine Kenntnis von den weiteren vier Halbgeschwistern. Von meiner Existenz erfuhren sie erst eine Woche vor unserem Treffen und waren ebenso überrascht.

Es war für mich sehr wichtig und es hat mich sehr gefreut, dass ich, kurz bevor ich dieses Buch fertig geschrieben hatte, auch Hans und Peter kennen lernen durfte. Sie hatten beide kein einfaches Leben, wuchsen in Heimen auf, ohne in ihrer Kindheit je großen Kontakt zur leiblichen Mutter gehabt zu haben.

Jedes meiner Geschwister hat eine spannende Lebensgeschichte durchlebt und jede dieser einzigartigen Biografien könnte ein eigenes Buch füllen. Von Anfang haben wir uns gesagt: Wir machen keine halben Sachen. Wir nennen uns Geschwister und nicht bloß Halbgeschwister! In diesem Sinne möchten wir auch unsere vielfältigen Geschichten nun als eine in diesem Buch veröffentlichen, denn wir sind ja nun eine Familie!

«Das Buch ‹Seitensprungkind› hinterlässt Spuren der Liebe», hatte Gabriel Palacios zu mir gesagt. Für uns war nun klar: Es konnte nur die Liebe sein, die uns zusammengeführt hat!

Der Adler ist plötzlich wieder da

Mein Leben schien auf einmal vom Wort «Plötzlich» gesteuert zu sein. Es nahm Einzug in mein Leben, als ich mich im Dezember 2016 für das Seminar «Plötzlich Sachbuchautorin» angemeldet habe. Unter anderem wurde das Seminar von Gabriel Palacios geleitet, der dann mein Verleger wurde. Kurz darauf verfasste ich das Exposé für mein erstes Buch und es wurde «plötzlich» ausgewählt. Kaum war mein Buch erschienen, kamen «plötzlich» viele neue Geschwister zum Vorschein. Und so musste ich mich auch «plötzlich» wieder mit dem Gedanken auseinandersetzen, ob ich doch noch ein Folgebuch schreiben würde. Die Zusage kam sehr «plötzlich» und der Termin für die Ausgabe noch «plötzlicher».

Ich hatte wirklich keine Absicht, ein zweites Buch zu schreiben, hätte auch nicht gewusst, worüber ich noch berichten sollte. Doch «plötzlich» war auch der «Schreib-Adler» wiederaufgetaucht. Ja, der Adler mit dem Füllfederhalter war meine Vision gewesen, die mich das erste Buch hat schreiben lassen. Er erschien mir wieder in Arosa. Das jährliche Seminar für autogenes Training fand in einer neuen Location statt. Am ersten Morgen suchte ich mir einen Platz im neuen Seminarraum aus, setzte mich hin, und als ich den Blick hob, war er da, der Adler.

Sein Blick war auf mich gerichtet. Ein wunderschönes Gemälde mit einem bunten Adler. Nein, nicht schon wieder, war mein erster Gedanke. Muss es wirklich sein? Ist das ein Zeichen? Muss ich doch noch ein zweites Buch schreiben?

Die ganze Woche spürte ich seinen auffordernden Blick. Am Ende der Woche wusste ich es. Ja, ich werde es nochmals wagen, ich lass mich ein zweites Mal auf die Schreiberei ein. Die Idee einer Fortsetzung meines Erstlingswerks schwebte schon seit einiger Zeit in meinem Kopf. Jetzt wusste ich: Ich muss meine Biografie vervollständigen. Eine so unglaublich spannende Geschichte muss auf Papier!

«Und schon bald befand ich mich wieder im Schreibmodus.»

Als die Idee dieses zweiten Buches reif war, habe ich meine Geschwister über mein Projekt eingeweiht. Ich wollte wissen, was sie dazu meinten. Zudem musste ich ihr Einverständnis haben, um auch ihre Lebensgeschichten erzählen zu dürfen. Nicht alle waren gleichermaßen begeistert, doch alle stimmten meinem Vorhaben zu. Meine Schwester Regina hatte selbst Jahre zuvor den Gedanken, ein Buch zu verfassen, als sie gerade eine Lebenskrise durchgemacht hatte. Sie entschied sich letztendlich dagegen, ihr Leben durch das Schreiben aufzuarbeiten, sondern machte stattdessen eine Clown-Ausbildung, um die Vergangenheit auf diese Weise hinter sich zu lassen. Von der Idee eines Buches war sie sofort hingerissen. Auch mein jüngerer Bruder Mathias, der zeitgleich wie ich seine Biografie aufgeschrieben hatte, war begeistert vom Projekt. Er war es auch, der mich dazu motiviert hat, wirkte sozusagen als die treibende Kraft. Schon bevor ich mein Projekt vorgestellt habe, meinte Mathias, dass wir unsere verrückte Geschichte unbedingt in einem Buch verpacken müssten. Eine andere Schwester war auch bereit, mir ihre Geschichte zur Verfügung zu stellen, wünschte aber von Beginn weg, dass sie dies anonym tun könne. Es war für sie wichtig, ihre Privatsphäre bewahren zu können, da sie ihre wahre Geschichte nur ganz wenigen anvertraut hatte. Ich habe ihr versprochen, dass niemand ihren Namen erfahren würde. Man muss sich stets vor Augen halten, dass jedes adoptierte und jedes Pflegekind eine spezielle Biografie mit sich trägt. Es ist nach wie vor ein heikles Thema und es gibt verschiedenste Gründe, dass man nicht alles mit jedermann teilen möchte, dass man sich lieber nicht outen möchte. Dafür habe ich volles Verständnis. Bis vor der Veröffentlichung meines Buches «Seitensprungkind» war ich auch sehr zurückhaltend und erzählte nur engen Freunden von meiner Adoptionsgeschichte. Mit dem Gang an die Öffentlichkeit war ich folglich gezwungen, immer und immer wieder über mein Leben als Adoptivkind zu sprechen und lernte so einen lockeren Umgang mit diesem Thema. Ich empfand es als Befreiung. Doch jeder Mensch ist unterschiedlich und der Zeitpunkt des Outings ebenfalls. Es gibt auch Adoptierte, die nie offen darüber reden werden, sei es aus Angst vor Häme oder auch aus rein persönlichen sensitiven Gründen.

Im Nachhinein verstehe ich selbst nicht ganz, weshalb ich früher aus meiner Adoption so ein Geheimnis gemacht habe. Am Ende konnte ich doch durch mein Outing nur positive Erfahrungen sammeln und ich spürte oft auch eine gewisse Bewunderung, dass ich trotz der frühkindlichen Verletzungen meinen Weg gemacht habe.

Der Schreibprozess war nicht für alle ganz einfach. Es hat doch auch meine Geschwister viel Substanz gekostet und ihnen ein paar schlaflose Nächte beschert, sich intensiv mit der eigenen Vergangenheit auseinanderzusetzen. Das gemeinsame Schreiben dieses Buches hat uns Geschwister bestimmt schneller nähergebracht und auch ein Stück mehr zusammengeschweißt.

Ich, das Seitensprungkind

Regula, geboren als Helga Oertli am 6. Oktober 1958 in St. Gallen, kam als viertes Kind unserer Mutter Bettina auf die Welt. Ich wurde im Alter von sechs Wochen bei der Familie Giacometti in Lugano platziert und später von ihnen adoptiert.

Ja, ich war die Folge eines Seitensprungs, wie es der Titel meines ersten Buches bereits verrät. Mein leiblicher Vater war bereits verheiratet, als er eine Affäre mit meiner leiblichen Mutter einging. Meine leibliche Mutter war geschieden, hatte bereits drei Kinder aus erster Ehe und suchte wahrscheinlich nach der großen Liebe. Mein leiblicher Vater verschwieg ihr, dass er verehelicht war. Wie lange die Beziehung gedauert hat, ist mir nicht bekannt. Ich weiß auch nicht, wie sehr sie sich geliebt haben. Erst als meine Mutter mit mir schwanger wurde, erfuhr sie, dass der werdende Vater schon gebunden war und keine Verantwortung für das Kind übernehmen konnte oder wollte. Meine Mutter belästigte ihn auch nicht weiter mit der Schwangerschaft und versprach ihm, seinen Namen nirgends zu nennen.
Mehr wusste ich nicht über meinen leiblichen Vater, als ich meine Biografie geschrieben habe. Es ließ mir aber keine Ruhe, ich wollte mehr in Erfahrung bringen. So machte ich mich auf die Suche nach weiteren Daten über ihn. Was dabei herausgekommen ist, werde ich später ausführlich im Kapitel «Meine Suche nach den Wurzeln geht weiter» erzählen.

«Eigentlich wollte ich nie ein Buch schreiben, schon gar nicht meine Biografie veröffentlichen.»

Als meine Adoptivmutter (Mami) im Jahr 2013 starb, hinterließ sie viele Fotografien. Sie hatte in ihrem Leben vieles erlebt, die Bilder zeigen ein bewegtes Leben. Ich dachte auch an das Leben meines Adoptivvaters (Papi), der in Rom geboren und aufgewachsen war und einen interessanten Lebenslauf aufwies. So kam in mir der Wunsch auf, die Geschichte meiner Adoptivfamilie aufzuschreiben. Meine Idee war ursprünglich, ein Fotobuch online zu erstellen und die Bilder mit Texten zu ergänzen. Ich wollte eine Chronik meiner Familie, der Giacomettis, die als Zuckerbäcker nach Rom ausgewandert waren, verfassen. Es sollte ein Büchlein sein, das nur für meine Familie und meine Nachkommen bestimmt war. Ich hatte auf keinen Fall vor, ein Buch zu schreiben, das veröffentlicht wird. Aber, wie man so schön sagt, es kommt oft anders, als man denkt. Ich fing an zu schreiben. Währenddessen wurde mir mit der Zeit so richtig bewusst, dass ich mich nun auch mit meiner Lebensgeschichte befassen musste. Ja, ich war Teil der Familie Giacometti, war aber mit ihnen nicht blutsverwandt, denn ich kam als Adoptivkind zu ihnen. Die Auseinandersetzung mit meiner Adoption brachte mein Projekt ins Wanken. Ich kam nicht mehr so richtig vorwärts.

Noch ganz am Anfang meines Prozesses besuchte ich im Oktober 2016 eine Lesung von Gabriel Palacios. Er stellte sein neuestes Buch «Lass dich einfach geschehen» vor und schrieb mir eine besondere Widmung hinein:

«Regula, du kannst ganz vielen helfen, doch lass auch du dich einfach geschehen. Herzlichst Gabriel.»

Diese Worte erstaunten mich, denn Gabriel kannte mich dazumal überhaupt nicht. Aber ich spürte, dass diese Widmung eine besondere Bedeutung hatte, dass sie mir etwas sagen wollte. Ich las sie immer wieder. Genau drei Tage danach, als ich unter der Dusche war und mir die Familienbiografie in den Sinn kam, war mir auf einmal ganz klar: Ich muss nicht die Geschichte der Familie Giacometti aufschreiben, ich muss meine Biografie erzählen. Nur das macht wirklich Sinn für mich. Gabriel hatte mir den Impuls dazu gegeben.

So befasste ich mich nun mit meiner Lebensgeschichte und meiner Adoption, ein Thema, das bis anhin für mich ein Tabu war. Obwohl meine Eltern mir seit jüngster Kindheit immer gesagt haben, dass sie mich adoptiert haben, konnte ich nie offen darüber reden. Nur ganz wenige wussten darüber Bescheid. Das sollte sich bald ändern.

Mein holpriger Start ins Leben

Meine leibliche Mutter stand während ihrer Schwangerschaft mit mir ganz alleine da. Sie musste schon für drei Kinder sorgen, ihre finanzielle Situation war alles andere als rosig. In ihrer Not meldete sie sich bei einer Adoptionsvermittlungsstelle und suchte nach Rat. Man empfahl ihr, das Kind – mich – zur Adoption freizugeben, ihre Situation sei aussichtslos.

Am 6. Oktober 1958 kam ich in der Frauenklinik St. Gallen zur Welt. Nach meiner Geburt machte meine leibliche Mutter ihre Entscheidung rückgängig, denn als sie mich kurz in den Armen halten konnte, brachte sie es nicht übers Herz, mich einfach wegzugeben. Man gewährte ihr eine Bedenkzeit, denn sie wollte unbedingt versuchen, auch für mich zu sorgen. Sie suchte eine Möglichkeit, mich bei Verwandten unterbringen.

«So kam ich vorübergehend in ein Kinderheim in St. Gallen und wartete dort, wie das Schicksal für mich entschied.»

Nach ein paar Wochen musste meine Mutter leider kapitulieren, sich den Umständen beugen und ihr definitives Einverständnis für eine Adoption geben. Hätte sie diese Entscheidung nicht getroffen, wäre ich mit größter Wahrscheinlichkeit in einem Kinderheim aufgewachsen. Aber das wollte sie nicht. Meine Mutter wollte mir die Chance geben, in der Geborgenheit einer Familie aufzuwachsen. Ich kann aus heutiger Sicht sagen, dass sie die bestmögliche Entscheidung getroffen hat.

Meine Platzierung

Für kurze Zeit wurde ich zuerst bei einer Übergangsfamilie untergebracht. Im Alter von knapp zwei Monaten wurde ich an die Familie Giacometti in Lugano übergeben, die mich vorerst in Pflege nahm und später adoptierte. Im Bericht meines damaligen Vormundes steht: «Wir glauben, dass das dunkelhaarige rassige Maiteli sehr gut in den Tessin passen würde.»

Als ich dies in meinen Adoptionsunterlagen las, musste ich schmunzeln, denn zu jenem Zeitpunkt war ich gerade vier Wochen alt!

Ich wurde also im zarten Alter von wenigen Wochen, als hilfloses Baby, schon mehrmals hin- und hergeschoben. Zu jener Zeit wurden die Adoptionsverfahren rasch und oberflächlich durchgeführt. Innerhalb von ein paar Monaten bekam ein adoptionswilliges Paar ihr gewünschtes Kind. Nur spärliche Abklärungen wurden damals durchgeführt. Wichtig war eine stabile finanzielle Situation.

Heute werden die Adoptionsgesuche viel sorgfältiger geprüft. Künftige Adoptiveltern müssen sich einer langen Prozedur unterziehen und über Jahre auf ein Kind gedulden.

An einem verschneiten Tag Anfang Dezember 1958, ich war etwa sechs Wochen alt, holte mich meine Mami bei der Adoptionsvermittlungsstelle in Rapperswil ab. Sie hatte eine längere Reise mit dem Zug hinter sich und musste die ganze Strecke auch wieder zurückfahren. In meinem neuen Zuhause in Lugano angekommen, wurde ich von meinem enttäuschten Papi in Empfang genommen. «Bring das hässliche Kind zurück, ich will das nicht!», war seine erste Reaktion. Zu jener Zeit war mein Gesicht mit Krusten übersät. Wie ich später erfahren habe, war es hauptsächlich der Wunsch meiner Mami, ein Kind zu adoptieren. Mein Papi willigte nur aus Liebe ein, doch seine Gefühle für mich sollten sich schnell ändern. «Weißt du», erzählte meine Mami immer wieder, «dein Papi hätte dich schon nach einer Woche um keinen Preis mehr zurückgegeben!»

«Mein Papi wurde für mich die wichtigste Bezugsperson in meinem Leben.»

Ich war nun in meiner Adoptivfamilie angekommen und wuchs gut behütet auf. Meine Adoptiveltern liebten mich über alles. Als kleines Kind war ich sehr oft schwer krank, was meinen Eltern viel Sorgen bereitete. Ich litt an chronischer Bronchitis und unter massiven Schlafstörungen. Neun Monate lang habe ich praktisch nie geschlafen, erzählten mir meine Eltern. Durch die ständige Unruhe entwickelte meine Mami wiederum eine Schlafstörung und erhielt vom Arzt entsprechende Schlafmittel, die sie in eine lebenslängliche Medikamenten-Abhängigkeit versetzten.

Schon wieder eine Trennung

Im zarten Alter von eineinhalb Jahren wurde ich für einen Monat in die Berge nach Silvaplana zur Genesung gebracht. Als meine Mami und mein Papi mich wieder abholten, wollte ich nicht wieder mit. Anscheinend habe ich sie nicht mehr erkannt. Ich schrie wie am Spieß, hat man mir erzählt. In meinen ersten Lebensjahren hatte ich bereits vier Trennungen hinter mir. Kaum hatte ich jeweils Vertrauen gefasst, wurde ich wieder aus der gewohnten Umgebung herausgerissen. Als ich dies aufschrieb und dazu noch Fachliteratur über Trennungstraumata las, wurde mir bewusst, dass die Ursachen der vielen Ängste, unter denen ich litt, bestimmt in diesen vielen Trennungen lagen. Kürzlich ist einmal mehr ein Artikel über das Thema Adoption in unserer Tageszeitung erschienen. Eine Fachspezialistin schrieb:

«Das schlimmste Trauma, welches ein Mensch erleben kann, ist von seiner Mutter getrennt zu werden».

Es wird immer wieder von verschiedenen Psychologen vermittelt, dass die frühe Trennung von den leiblichen Eltern als die tiefste Verletzung zu bezeichnen ist, die einem Menschen zugefügt werden bzw. die einem widerfahren kann. Und dieses Trauma steckt in jedem Adoptivkind. Das Ungeborene ist im Mutterleib mit der Mutter eine Einheit, ohne sie könnte es nicht überleben. Die Stimme der Mutter ist ihm vertraut, es kennt ihren Geruch, ihren Herzschlag. Und dann, ganz plötzlich, ist sie nicht mehr da. Plötzlich ist die vertraute Stimme, der vertraute Geruch der Mutter weg – für immer! Als Baby hat man keine Möglichkeit, diese Trennung zu verarbeiten. Alles geschieht auf der Gefühlsebene und hinterlässt tiefgreifende Spuren. Für ein Trauma, das einem im Erwachsenenalter zustößt, sind die Voraussetzungen, dieses mit Gedanken, Worten und Gesprächen zu verarbeiten und/oder gar zu heilen, meist besser.

Meine Adoption: Plötzlich Teil der Giacometti-Dynastie

Am 8. März 1960, als ich eineinhalb Jahre alt war, wurde ich von meinem Papi mit gerichtlicher Urkunde und Adoptionsvertrag adoptiert und habe seinen Familiennamen angenommen. Die Behörden stellten mir einen neuen Geburtsschein aus, auf dem ich von nun an als Regula Giacometti eingetragen war. Ich war ab diesem Zeitpunkt in meine neue Familie wiedergeboren, mit neuer Identität und einer neuen Identifizierung durch eine neue Geburtsurkunde.

«Als ob ich in die Familie Giacometti hineingeboren worden wäre.»

Man stelle sich das einmal vor: Meine alte Identität wurde einfach gelöscht! Helga Oertli, als die ich geboren wurde, hat nie existiert. Meine Mami konnte mich zu jener Zeit noch nicht adoptieren, weil sie das vorgeschriebene Alter von 40 Jahren noch nicht erreicht hatte.

Mein Papi war ein Cousin zweiten Grades der beiden Künstlerbrüder Alberto und Diego Giacometti. In den jungen Jahren hatten die Cousins eine starke Verbindung zueinander und unternahmen zahlreiche Exkursionen in den Engadiner und Bergeller Bergen miteinander. Ihre Familien trafen sich jeweils während der Sommerferien in Maloja. Die Familie meines Papis musste immer eine lange Reise auf sich nehmen, um die Sommerzeit in ihrer Heimat zu verbringen.

Mein Papi stand Alberto besonders nahe. So philosophierten sie stundenlang über Leben und Tod. Und sie glichen einander. Als 1998 die neue 100-Franken-Note in Umlauf kam, war ich verblüfft ob der Ähnlichkeit vom abgebildeten Alberto Giacometti mit meinem Papi. Meine Großeltern waren 1896 vom bündnerischen Stampa nach Rom ausgewandert, um wie viele Bergeller ihr Glück als Zuckerbäcker zu versuchen. Sie betrieben eine gut florierende Bäckerei, die «Pasticceria Bezzola» in der Via Nazionale 214, einer prominenten Lage nahe der Stazione Termini. Für die Talbewohner war es immer aufregend, wenn die Giacometti romani eintrafen. Sie trugen elegante Kleider und rochen wunderbar. Eine Verwandte erzählte mir einmal, dass sie sich jedes Mal, nachdem sie meine Tante Bianca umarmt hatte, für drei Tage nicht mehr gewaschen hätte, um das herrliche Parfum auf der Haut weiter zu riechen. Im Bergell gab es damals noch keine solchen Düfte. Sehr oft fuhr ich später mit meinem Papi nach Rom, um seine Schwestern, meine Tanten Ada und Bianca, zu besuchen.

«Die ganze Familie Giacometti hat mich liebevoll aufgenommen. Sie gaben mir nie das Gefühl, dass ich nicht dazugehöre.»

Meine Tante Bianca wohnte in einem wunderschönen Penthouse mitten in der italienischen Hauptstadt. An den Wänden hingen viele Zeichnungen, die Biancas wunderschönes Gesicht porträtierten, dies im zarten Alter von 17 Jahren. Die Zeichnungen hatte ihr Cousin Alberto Giacometti angefertigt, als er für fast ein Jahr bei der Familie meines Papis in den Jahren 1920/1921 in Rom wohnte. Er hatte sich in seine Cousine verliebt, eine hübsche, launische Signorina, welche im Begriff war, eine stolze Frau zu werden. Man schreibt, dass sie Albertos erste Liebe war. Das ist in vielen Büchern so dokumentiert. Aber Bianca wollte nichts von ihm wissen, denn von einem solch ungepflegten und unstädtischen Bergler nahm sie keine Avancen entgegen. Meine Großmutter musste sie dazu zwingen, Modell zu stehen, und sie machte es nur widerwillig.
Nicht nur in Rom verbrachte ich viele Ferien, auch in Maloja. Meine Eltern übernahmen später das Giacometti-Haus, bauten es um und es wurde fortan unser wichtigstes Feriendomizil – im Sommer wie im Winter.

Erste Lebensjahre

Meine Mami und mein Papi hatten viel Freude an mir. Das konnte ich auch aus den zahlreichen Briefen, die meine Mami an die Adoptionsvermittlungsstelle geschrieben hat, entnehmen, als ich vor ein paar Jahren zum ersten Mal mein ganzes Dossier einsehen konnte. Die liebenswürdigen Briefe haben mich zu Tränen gerührt, denn diese feinfühlige Seite kannte ich von meiner Mami bis dahin nicht.

Ich entwickelte mich gut und bereitete meinen Eltern keine großen Schwierigkeiten. Mit drei Jahren ging ich in den ganztägigen staatlichen Kindergarten, so wie es im Kanton Tessin üblich war. Ich sprach bereits fließend zwei Sprachen. Deutsch hatte ich von meiner Mami, die in Bern aufgewachsen war, gelernt, und beim Spielen mit Kindern hatte ich nebenbei die italienische Sprache aufgenommen. Die Kindergartenzeit war eine gute Zeit. Ich liebte meine Kindergartenlehrerin über alles und ich bin mir sicher, ich gehörte auch zu ihren Lieblingskindern. Diese Zeit war für mich sehr prägend und wichtig, denn ich litt immer mehr unter meiner Mami. Sie tolerierte nicht die geringste Abweichung von ihren gesetzten strengen Regeln und bestrafte mich hart, wenn ich mich nicht daran hielt. Oft war sie ungeduldig. Ich war halt ein trotziges kleines Kind mit einem starken Willen. Mit der Zeit ergab ich mich und wurde immer angepasster. Ich wurde das brave, folgsame Mädchen, das alle liebten. Das bekam mir aber nicht immer gut, denn von nun an fraß ich all meinen Frust in mich hinein.

Mein Adoptivbruder kommt zur Welt

Am Ende meiner Kindergartenzeit, kurz vor meiner Einschulung, kam mein Bruder Reto zur Welt. Ich war damals sechs Jahre alt. Da er gerade geboren wurde, als ich Sommerferien hatte, holten mich meine Großeltern in Lugano ab und ich verbrachte einige Wochen Ferien bei ihnen in Bern. Während meines Aufenthaltes bei ihnen wurde ich schwer krank und schwebte einige Zeit zwischen Leben und Tod. Ich erlitt einen schweren Darmverschluss mit Komplikationen, wurde notfallmäßig operiert und verbrachte fast zwei Monate im Inselspital in Bern. Diesen Eingriff konnten dazumal nur wenige Spitäler in der Schweiz durchführen; in Lugano wäre ich gar daran gestorben, sagte später der Hausarzt zu meinen Eltern. Hatte dieser Notfall vielleicht mit der Geburt von Reto zu tun?

«Jetzt hatten meine Eltern ihr eigenes leibliches Kind. Würden sie mich wieder zurückgeben?»

Viele Fragen gingen mir durch den Kopf. Würden meine Eltern mich nicht mehr so lieben wie bisher? Hatte das alles eine Auswirkung auf mein Unterbewusstsein?
Ich wurde Ende August aus dem Spital entlassen und hätte zwei Wochen später in die Schule gehen sollen. Mit meinen sechs Jahren wog ich jedoch nur knapp zwölf Kilo und hatte nicht einmal mehr die Kraft, um selber zu gehen. Auf Anraten des Hausarztes entschlossen sich meine Eltern, mich nochmals für ein Jahr in den Kindergarten zu schicken, was ich überaus schätzte.

Die Jahre vergehen

Nach diesem Jahr «Verlängerung» meisterte ich die Schule ohne Probleme und meine Eltern waren immer sehr stolz auf meine Leistungen. Dass ich mit meinem Fleiß viel Akzeptanz erntete, spornte mich weiter an. Ich wollte dann instinktiv immer die Beste und der Liebling von allen sein. Was mich dazu trieb, war mir als Kind absolut unbekannt. Heute weiß ich, dass mein Verhalten durch eine tiefe Angst entstanden ist: der Angst, wieder verlassen zu werden.

Mein Bruder Reto bereitete meinen Eltern hingegen viel Sorge. Er wurde immer lebhafter und man konnte ihn kaum bändigen. Er war ein Lausbub, wie er im Buche steht, und hatte immer nur Schabernack im Kopf. Meine Mutter wandte auch bei ihm ihre harte Erziehungsform an, jedoch ohne Erfolg. Je härter sie durchgriff, desto wilder wurde er. Sie schrie ihn den ganzen Tag an, doch er lachte nur. Mein Papi hingegen versuchte ihn zu akzeptieren, wie er eben war. Er widmete ihm sehr viel Zeit, spielte stundenlang mit ihm. Die Atmosphäre zuhause wurde immer angespannter und kälter. Auch zwischen meinen Eltern ging es nicht mehr harmonisch zu. Ich litt sehr unter dieser Situation. Bei uns wurde kaum gelacht, Zärtlichkeiten wurden schon gar nicht ausgetauscht.

Zu meinem Vater allerdings hatte ich immer ein sehr gutes Verhältnis. Er war im Gegensatz zu meiner Mami sehr liebenswürdig, einfühlsam und überhaupt nicht streng. Mein Wohl war ihm stets wichtig, auch mein seelisches Befinden lag ihm am Herzen. Wir verstanden uns prächtig, und als ich älter wurde, philosophierten wir stundenlang zusammen. Ich liebte meinen Papi. Ich liebte ihn sehr. Meine Mami war wohl immer ein wenig auf unsere Beziehung eifersüchtig. Aber sie konnte mir die Wärme nicht geben, die ich bei ihm empfang. Sie hielt mich nie in ihren Armen, war gefühlskalt. Bei meinem Papi hingegen fühlte ich mich so richtig geborgen.

Ich gehe meinen Weg

Nach der obligatorischen Schulzeit besuchte ich die Handelsschule, die ich mit Bravour abschloss. Ich war nur 17 Jahre alt und stand an einem Wendepunkt in meinem Leben. Mitten in der Pubertät wurde ich auch noch von einer großen Identitätskrise erfasst. Nach einem misslungenen Sprachaufenthalt bei meiner Patin in Genf kehrte ich niedergeschlagen nach Lugano zurück. Ich wusste nicht mehr weiter. Was soll aus meinem Leben werden? Was soll ich noch lernen? Wer bin ich überhaupt? Meine Eltern waren mit meiner Krise überfordert und suchten Rat bei einem Psychologen. Und da geschah das Unbegreifliche: Dieser staatliche Schul- und Jugendpsychologe wurde mir gegenüber sexuell übergriffig. Er hat meine Notlage schamlos ausgenutzt. Ich war konsterniert von seinem Verhalten. Nach zwei Sitzungen brach ich die Therapie ab, erzählte meinen Eltern aber nichts von den Übergriffen des Psychologen.
Als ich mich mit diesem Thema später tief auseinandersetzte, erfuhr ich, dass sich die Pubertät bei Adoptierten vielmals sehr heftig manifestiert. Sie ist verbunden mit der Suche nach der eigenen Identität, da man sich als Adoptivkind in niemandem spiegeln kann.

Da stand ich nun wieder vor der Frage: Wie geht es weiter? Ich bekam die Möglichkeit, eine einjährige Lehre als Telefonistin bei der damaligen PTT (Telefonauskunft) zu absolvieren. Dort konnte ich auch noch meine Sprachkenntnisse aufpolieren. Kurz bevor ich die Prüfungen ablegen konnte, ich war gerade 18 Jahre alt, starb plötzlich und unerwartet mein geliebter Papi. Dieses Ereignis hat mich zutiefst traumatisiert. Für mich ist es immer noch das Schlimmste, was ich in meinem Leben erfahren musste.

«Meine Stütze, mein über alles geliebter Papi, war plötzlich nicht mehr da!»

Ich konnte es für ganz lange Zeit nicht akzeptieren und auch mit niemandem darüber sprechen. Trotzdem bestand ich die Prüfung als Telefonistin und blieb noch für kurze Zeit bei der PTT angestellt, bevor ich für einen neunmonatigen Sprachaufenthalt nach Brighton, England, fuhr. Als ich zurückkam, konnte ich gleich bei einem amerikanischen Broker, «Rothschild, Unterberg und Towbin», eine neue Stelle antreten.

Meine depressive Mami

Nach dem Tod meines liebevollen Papis ging es zuhause noch weniger harmonisch zu. Die Beziehung zwischen meiner Mami und meinem Bruder verschlimmerte sich zusehends und beide stritten sich von morgens bis abends. Ich versuchte so oft wie möglich, diesen Spannungen auszuweichen. Immer wieder stand ich zwischen zwei Fronten, hatte Verständnis für beide, wusste aber nicht, wie ich ihnen helfen konnte. Reto war mitten in der Pubertät, rebellisch und hielt sich an keine Regeln, machte nur noch, was er wollte. Meine Mami war mit seinem Verhalten überfordert und hatte kaum Anlaufstellen, die sie um Hilfe und Rat bitten konnte. Schleichend machte sich bei meiner Mami eine Depression bemerkbar. Sie litt, seit ich mich zurückerinnern konnte, an einer massiven inneren Unruhe. Gegen die Schlafstörungen, die sie seit meiner frühesten Kindheit begleiteten, nahm sie weiterhin Schlaftabletten. Beruhigungstabletten schluckte sie auch immer wieder. Sie war gefangen in ihrer Tablettenabhängigkeit und ich musste hautnah einige Situationen miterleben, wo sie nicht mehr weiter wusste und Suizidgedanken hatte. Das versetzte mich immer in panische Angst. Als ich dann im Alter von 23 Jahren von zuhause auszog, wurden ihre Depressionen akuter und begleiteten sie leider bis in ihren Tod. Meine Mami war über 30 Jahre lang in psychiatrischer Behandlung, bekam stets neue Medikamente zum Ausprobieren. Zwei Mal wurde sie für längere Zeit stationär behandelt. Sie fiel immer wieder in ganz tiefe Löcher, erholte sich davon, ohne jedoch komplett zu gesunden.

Als Angehörige eines Depressiven leidet man mit, denn man fühlt sich gegenüber dieser Krankheit machtlos. Ich versuchte ihr immer trotzdem möglichst nahe zu stehen, sie zu unterstützen und Verständnis zu zeigen. Das laugte mich aber auch aus und ich fühlte mich oft überfordert. Was meine Mami lange am Leben erhalten hat, war ihr Bewegungsdrang, ihre Passion für das Tanzen und für das Turnen. Sie war eine begnadete Tanzlehrerin, unterrichtete und leitete verschiedene Volkstanzgruppen und Gymnastikstunden. Das war ihr Lebenselixier.

Es war mir immer bewusst, dass meine Mami mich über alles liebte. Ich war ihr Stolz. Bei allen Leuten lobte sie mich in den höchsten Tönen. Alles, was ihr leiblicher Sohn nicht erfüllen konnte, hat sie in mir gefunden. Ich war gut in der Schule, folgsam, arbeitete fleißig, war sparsam, ordentlich und bei allen beliebt. Diese Eigenschaften suchte sie vergeblich bei Reto.

Ich bin sehr dankbar, dass ich in einer Familie aufwachsen konnte. Diese Lösung war sicher besser, als in einem Kinderheim untergebracht zu werden. Meine Eltern haben mir fast jeden Wunsch erfüllt, sofern sie die Möglichkeit dazu hatten. Was mir verwehrt blieb, war die Nestwärme von meiner Mami. Sie war offenbar unfähig, ihre Gefühle zu zeigen. Ich vermute, dass sie als Kind selber nie wirklich Zuwendung erfahren konnte, denn ihr Bruder war der Liebling ihrer Mutter gewesen.

Bis zu ihrem Lebensende pflegten wir jedoch einen intensiven Kontakt zueinander.

Auf dem Sterbebett sagte meine Mami zu mir: «Bitte verzeih mir, wenn ich immer so hart zu dir war. Es tut mir leid.» Es war ihr also bewusst, dass ich unter ihrer Härte gelitten hatte. Mich bewegte es sehr, dies von ihr zu hören. Ich wusste, dass sie nicht anders sein konnte. Es war ihr Charakter. Sie war eine starke, dominante Frau. Und wir waren zwei Welten. Unterschiedlicher hätten wir nicht sein können. Als Übersensible konnte ich mit ihrer Art nicht umgehen, ich habe mich nie daran gewöhnt. Auf der anderen Seite war es auch für sie sicher nicht einfach, mich als Mauerblümchen zu akzeptieren. Kurz bevor sie die Augen für immer schloss – sie konnte kaum mehr sprechen –, flüsterte sie mir ins Ohr:

«Du bisch s'liebste, wo ich im mim Läbe g'ha ha.»

Meine sonst immer so gefühlskalte Mami sagte mir so etwas Berührendes. Diese Worte werde ich nie vergessen! Das war das Schönste, was sie mir zum Abschied sagen konnte. Und in diesem Moment vergab ich ihr alles. Ich war in ihrem Leben offenbar doch der wichtigste Mensch gewesen. Bis zum letzten Atemzug blieb ich bei ihr. Es war für mich ein tiefgreifender Moment der Verbundenheit, der mir half, alles Negative hinter mir zu lassen und mich mit der Vergangenheit zu versöhnen. Und auch ihr schien das so ergangen zu sein. Als ich mich von ihr verabschiedete, war ihr Gesicht so entspannt wie nie zuvor. Sie hatte ihren Frieden gefunden.

Meine Mami starb am 1. Juli, am Geburtstag ihres Sohnes. Der Tag der Geburt von Reto war nun ihr Todestag geworden. Das hatte eine hohe Symbolik, denn es war ja wirklich so, dass sie seit der Geburt von Reto jeden Tag ein wenig mehr verstorben ist.

Die Liebe meines Lebens

Mein Leben änderte sich schlagartig, als ich meinen künftigen Mann kennen lernte. In meinem Buch «Seitensprungkind» nannte ich Thomas den «rettenden Prinzen». Er war mein Lichtblick, er befreite mich aus der alltäglichen Hölle. Nachdem wir uns für über zwei Jahre nur alle paar Wochenenden sehen konnten, entschloss ich mich schweren Herzens, das Tessin zu verlassen und in die deutsche Schweiz, in seine Nähe, zu ziehen. Ich war 23 Jahre alt. Es bereitete mir Mühe, meinen Freundeskreis zu verlassen, aber dennoch war ich froh, von zuhause auszuziehen.

Ich hatte das große Glück, eine Anstellung als Chefsekretärin bei der damaligen Fremdenpolizei zu finden. Obwohl meine Deutschkenntnisse zu jener Zeit sicher nicht ganz den Erwartungen genügten, gab mir der neue Chef diese Chance. Der Name Giacometti und meine Herkunft aus dem Tessin haben offenbar ihren Teil dazu beigetragen. Der Fremdenpolizeichef war eng mit dem Bündnerland verbunden und seine Mutter war eine Tessinerin. Er meinte, ich sei noch jung und könnte doch noch vieles dazulernen. Für diese Möglichkeit bin ich ihm heute noch dankbar. Meine Hauptaufgabe war es, Einreisebewilligungen für Adoptivkinder aus dem Ausland auszustellen.

Schon bald läuteten die Hochzeitsglocken für Thomas und mich. Wir zogen zusammen und unsere Liebe hält nun schon seit bald 40 Jahren an. Bei meinem Mann habe ich die Nestwärme gefunden, nach der ich mich immer gesehnt habe. Er ist ein wunderbarer Mensch, der mich so liebt, wie ich bin, mit meinen Ängsten. Thomas ist immer für mich da, ist meine große Stütze Er ist für mich das größte Geschenk des Himmels!

Der Absturz meines Adoptivbruders Reto

Als ich von zuhause ausgezogen war und Lugano verließ, ging es in meinem Elternhaus immer schrecklicher zu und die Situation zwischen Mami und Reto eskalierte kontinuierlich. Meine Mutter musste durch Bekannte erfahren, dass ihr Haus zum Drogenumschlagplatz verkümmert war. Mein Bruder hatte es als kleiner Dealer erfasst, wie man schnell zu viel Geld kommt. Zuerst beschränkte er sich auf das Vermittlungsgeschäft, bevor er eines Tages anfing, selber zu konsumieren. Und das war wohl der Anfang vom Ende. Reto war stets in Geldnot, und als der Tag kam, an dem meine Mutter ihm den Geldhahn zudrehte, fing er an zu stehlen. Er verlor immer wieder seine Arbeitsstellen infolge von Veruntreuung und Entwendungen. Die Polizei stand des Öfteren vor der Haustür. Das bewog dann meine Mutter dazu, einen Schnitt zu machen und den Wohnort zu wechseln. Sie, die ihr Leben lang nie mit der Justiz in Konflikt gekommen ist, konnte es nicht ertragen, dass ihr eigener Sohn ein solches Leben führte.

Das war aber nicht das Ende der Sorgen um ihren Sohn, sondern leider erst der Anfang. Immer wieder klopfte Reto an ihre Tür. Meist erfand er irgendeine Geschichte, um ihr Mitleid zu erwecken und letztendlich das dringend benötigte Geld für seinen Konsum zu ergattern. Meine Mami glaubte ihm immer wieder und ist stets auf seine Lügengeschichten hereingefallen.

Es wurde immer schlimmer, und so war Reto irgendwann in einen größeren bandenmäßigen Drogenhandel verwickelt. Es kam zu einem Prozess und das Gericht folgte der Anklägerin. Reto wurde zu drei Jahren Gefängnis verurteilt, die er als Ersatzmaßnahme in einer Entzugsstation absitzen konnte. Als er wieder auf freiem Fuß war, beabsichtigte er auszuwandern. Er wollte sich ein neues Leben aufbauen und von seiner alten Clique Abstand nehmen. Leider endete der Aufenthalt in Thailand in einer Tragödie. In Phuket war er plötzlich auffällig geworden, wurde zuerst ins Gefängnis verbracht und landete dann in einer psychiatrischen Klinik. Er wurde unter anderem angekettet, erhielt nur Wasser und Brot.

Als Reto in die Schweiz zurückverbracht wurde, wurde er gleich in die psychiatrische Klinik eingewiesen. Dort diagnostizierten die Psychiater ein Borderline-Syndrom, vermutlich ausgelöst durch den Drogenkonsum, der in der Zwischenzeit nicht nur mehr aus Haschisch bestand, sondern auch aus Heroin. Nebst dem Drogenkonsum verschärften sich zusehends seine psychotischen Störungen.

«Während ich am Schreiben meines Buches ‹Seitensprungkind› war, ist Reto plötzlich und unerwartet an einem Herzstillstand gestorben.»

Reto ging einsam von dannen. Sein Freund und Beistand hatte ihn in seiner Wohnung tot aufgefunden. Er war es auch, der mich an einem Montagabend, dem 20. März 2017, anrief und mir die schreckliche Nachricht überbrachte. Retos plötzlicher Tod hat mich zutiefst erschüttert. Mein Bruder wurde nur 52 Jahre alt. Sein tragisches Leben hatte nun auch ein tragisches Ende gefunden. Er hatte eine dreißigjährige Drogenkarriere hinter sich. Etliche erfolglose Entzugstherapien und unzählige Aufenthalte in der Psychiatrie lagen hinter ihm. In den letzten Jahren litt er auch immer mehr unter starken Depressionen, die sich in manisch-depressiven Phasen äußerten. Wahnvorstellungen, Verfolgungswahn und paranoide Ängste waren seine täglichen Begleiter. Reto war stets in Behandlung, sein Leidensdruck muss enorm gewesen sein. Zum guten Glück hatte er einen verständnisvollen Beistand, der ihm als Freund zur Seite stand.
Es plagte mich mein Gewissen. Hatte ich zu wenig für ihn getan? Hatte ich mich zu wenig um ihn gekümmert? Ich wusste

zwar, dass es für mich unmöglich gewesen wäre, irgendetwas an seiner Situation zu ändern, denn seine Krankheit war zu fest manifestiert. Selbst die vielen Medikamente und Therapien halfen nur beschränkt. So blieb der einzige Trost für mich, dass sein großes Leiden ein Ende gefunden hatte.

Die Geschichte von Reto zeigt auf, dass es nicht immer die Adoptivkinder sein müssen, die ihr Leben nicht in den Griff bekommen. Auch die eigenen leiblichen Nachkommen können abrutschen und psychisch nicht stabil sein.

Die Geburt meines Sohnes – Auf der Suche nach meinen Wurzeln

Ich selber hatte das große Glück, Mutter eines wunderbaren Sohnes zu werden. Am 16. Juni 1986 wurde mein erstes und einziges Kind André geboren. Es war einer der schönsten Momente in meinem Leben, der bei mir viel auslöste. Unter anderem auch die Suche nach meinen Wurzeln.

«Ich konnte zum ersten Mal einen Blutsverwandten in meine Arme schließen!»

Bis zu dem Moment, an dem ich meinen Sohn im Arm hielt, verlor ich nie viele Gedanken an meine leibliche Mutter. Nun aber wollte ich mehr über sie wissen. Ich wollte André erzählen können, wer seine Vorfahren sind und welche Anlagen er in sich trägt. Wenn mich mein Mann nicht dazu motiviert hätte, wäre es wahrscheinlich einzig beim Gedankenspiel geblieben.

Eigentlich ist es ein Urbedürfnis eines jeden Menschen, zu erfahren, wer seine leiblichen Eltern und Verwandten sind. Wer bin ich? Woher komme ich? Warum wurde ich weggegeben? Diese Fragen erfordern eine Antwort. Doch ich hatte immer Angst, mich mit diesem Thema auseinanderzusetzen. Ich wusste ja nicht, auf wen ich bei meiner Suche treffen würde, ob mich das Wissen um meine Verwandten am Ende mehr belasten als dass es mir helfen würde. Zudem war das Thema Adoption für mich bis dahin ein Tabuthema. Ich wollte nie darüber sprechen, nicht einmal mit meinen Adoptiveltern. Nicht nur zum Selbstschutz, sondern auch aus Angst, meine Mami damit zu verletzen.

Es war mehr ein Zufall, dass ich eines Tages, nach dem Besuch des Kinderzoos in Rapperswil, mit meinem Mann und meinem Sohn vor und kurz darauf im Büro der Adoptionsvermittlungsstelle stand. Da konnte ich zum ersten Mal in einen kleinen Teil meiner Akten Einsicht nehmen. Es war ein emotionaler Moment.

«Ich hielt ein Dossier in den Händen, in welchem ein Teil meiner Lebensgeschichte festgehalten war, von der ich nichts wusste und die für mich neu war.»

An diesem Ort habe ich erfahren, dass meine leibliche Mutter während ihrer kurzen Ehe vor mir noch drei Kinder geboren hatte. Auch konnte ich in den Akten lesen, dass meine leibliche Mutter, als sie mich kurz nach der Geburt in den Armen halten konnte, ihre Entscheidung über die Freigabe zur Adoption vorerst rückgängig gemacht hat. Das zu erfahren, hat mich besonders berührt. Eigentlich hätte ich in diesem Moment auch gerne den Namen meines leiblichen Vaters erfahren, aber dazu stand nichts in den Akten. Meine leibliche Mutter wollte nie, dass sein Name bekannt gegeben würde, weil er zum Zeitpunkt meiner Zeugung schon verheiratet war.

Zu jener Zeit, es war das Jahr 1988, bestand noch ein strenges Adoptionsgeheimnis, welches die Herausgabe der eigenen Akten verbot. Die anwesende Sozialarbeiterin ermahnte mich, meine leibliche Mutter auf keinen Fall in eigener Regie zu kontaktieren. Sie bot sich als Vermittlungsperson an. Den Namen meiner leiblichen Mutter kannte ich, denn er stand auf meiner Original-Geburtsurkunde. Ich musste aber die aktuelle Wohnadresse der leiblichen Mutter selber ausfindig machen und die Vermittlungsbehörde dann agieren lassen. Mein Mann, der neugieriger war als ich, fand bald heraus, wo meine leibliche Mutter wohnte. Also lebte sie noch! Meine Gefühle fuhren Achterbahn. Ich war mir nicht sicher, ob ich wirklich meine leibliche Mutter kennen lernen wollte. Die Neugier war zwar groß, aber auch die Angst vor dem Ungewissen. Zudem plagte mich das schlechte Gewissen, da ich etwas angetastet hatte, das vielleicht geheim bleiben sollte. Ich fühlte mich wie eine Verräterin gegenüber meiner Mami, obwohl ich annehmen konnte, dass sie nichts dagegen hätte, wenn ich mich mit meiner leiblichen Mutter treffen würde.

Ich hatte nun die Adresse meiner leiblichen Mutter und übergab sie der Sozialarbeiterin der Adoptionsvermittlungsstelle mit der eindringlichen Bitte, meine Identität auf keinen Fall preiszugeben. Anonym zu bleiben war für mich das absolut Wichtigste! Aber die Frau hielt ihr Versprechen nicht. Ein paar

Wochen später erhielt ich tatsächlich einen Brief mit dem Absender meiner leiblichen Mutter. Ich war fassungslos! Mein Herz raste und die Hände zitterten, als ich mich endlich entschloss, den Brief zu öffnen. Ich war schockiert, erschüttert und verzweifelt, dass diese Sozialarbeiterin mein Vertrauen völlig missbraucht hatte.

Es war ein kurzer, von Hand geschriebener Brief:
«Liebe Regula, [...] Natürlich würde ich mich sehr freuen, Dich und Deine Familie kennen zu lernen. In mehr als 30 Jahren ist viel passiert und ich habe auch jetzt noch viele Sorgen. [...] Alle 2 Wochen kommt mein Sohn nach Hause, er ist psychisch krank. [...]
Ganz herzliche Grüsse B.»

Auch jetzt noch viele Sorgen? Super! Dazu gesellt sich noch ein Sohn – also mein Halbbruder –, der psychisch krank ist. Genau das fehlte mir noch! Ich fragte mich: Habe ich nicht schon genug psychisch Angeschlagene in meiner Adoptivfamilie? Nun war die Ausgangslage ganz anders, als ich sie mir vorgestellt und gewünscht hatte. Ich, die so zurückhaltend mit der ganzen Recherche war, war plötzlich bloßgestellt.

Die Begegnung mit meiner leiblichen Mutter

Es liegt schon 30 Jahre zurück, ich war damals 30 Jahre alt, als ich meine leibliche Mutter zum ersten Mal in meinem Leben sah. Es war keine freudentränenreiche, überglückliche Begegnung, wie man sie immer wieder in Romanen oder Filmen vorfindet. Es war das Treffen zweier fremder Personen, die sich zum ersten Mal sahen. Wir wussten zwar, dass wir Mutter und Tochter waren, aber wir kannten uns überhaupt nicht. Sicher war es für uns beide ein emotionaler und intensiver Moment. Ich hätte mir aber überhaupt nicht vorstellen können, mich meiner leiblichen Mutter an den Hals zu werfen und sie mit Küssen zu überhäufen.

Unzählige Fragen und Ungewissheiten sind dieser ersten Begegnung vorausgegangen. Wird sie mir gleichen? Kann ich mich in ihr spiegeln? Haben wir Gemeinsamkeiten? Eigentlich versprach ich mir von dem direkten Kontakt lediglich, mehr über meine Herkunft zu erfahren und zu spüren, was für ein Mensch meine leibliche Mutter war. Außerdem wollte ich von ihr unbedingt etwas über meinen Erzeuger hören.
Wir haben uns im Bahnhof Zürich verabredet.

«Ich konnte sofort eine gewisse Ähnlichkeit mit mir feststellen. Frappant!»

Wir waren beide sehr gehemmt, nervös und unsicher. Ich habe meiner Mutter unzählige Fragen gestellt. Nicht auf jede Frage bekam ich eine Antwort. Vor allem über meinen Vater konnte und wollte sie mir nichts erzählen, denn sie hatte ihm damals versprochen, seinen Namen nie zu nennen. Immer wieder schaute ich sie mir genau an. Das also war meine biologische Mutter! Ihre Nase hatte die gleiche Krümmung wie meine. Und ihre Gesichtszüge waren den meinen auch sehr ähnlich. Irgendwie kam mir das Ganze ein wenig surreal vor. Mit 30 Jahren sehe ich zum ersten Mal meine leibliche Mutter. Man kann gar nicht in Worte fassen, welche Gefühle einen in solch einem Moment durchströmen.

Ein paar Monate später kam es zu einer zweiten Begegnung, und zwischendurch haben wir uns gegenseitig mehrere Briefe geschrieben. Meine leibliche Mutter lud mich und meine Familie zu sich nach Hause zum Mittagessen ein. Wir stellten dann fest, dass unser Sohn ihr erstes Enkelkind war. Es lief leichte klassische Musik. Die Liebe zur klassischen Musik hatten wir also auch gemeinsam. Wir hatten eine gute Zeit miteinander, plauderten viel. Sie erzählte mir aus ihrem Leben. Ich erfuhr, dass es meine Mutter nicht einfach gehabt hat.
Aber das Rätsel um meinen biologischen Vater wollte ich auch gern gelöst haben. Da sie von sich aus nichts über sagte, bohrte ich nochmals nach. Doch meine leibliche Mutter konnte sich nur noch schwach an ihn erinnern. Nicht einmal sein Vorname fiel ihr ein. Meine leiblichen Eltern hätten sich an der Fasnacht kennen gelernt. Mein Vater sei ein lieber und sehr lustiger Mensch gewesen, der alle in seinen Bann gezogen hat. Er war groß, breitschultrig, hatte lockiges Haar und blaue Augen. Allerdings hatte er ihr damals verschwiegen, dass er bereits verheiratet war. Mehr erfuhr ich leider nicht.

Rückblickend muss ich sagen, dass ich froh darüber bin, es gewagt zu haben, mich auf die Suche nach meinen Wurzeln zu machen. Meine leibliche Mutter war nicht mehr abstrakt, ich hatte nun ein konkretes Bild von ihr. Obwohl ich gewisse Ähnlichkeiten zu mir feststellen konnte, blieb sie mir fremd. Es gelang mir nicht wirklich, eine Verbundenheit zu ihr herzustellen. Die verlorene Kindheit mit ihr kann nicht nachgeholt werden. Es vereinte uns keine gemeinsame Vergangenheit. So verspürte ich auch kein weiteres Bedürfnis, sie nochmals zu sehen und den Kontakt aufrechtzuerhalten.

«Gelingt dem betroffenen Menschen die Verarbeitung nicht, bleibt ihm nur die Möglichkeit, das Trauma von seinem Bewusstsein abzuspalten und in die tiefsten Tiefen seiner Psyche zu verbannen.»

(Lambeck, 2004)

Midlifecrisis: Die Aufarbeitung eines Traumas

Die Attacke kam plötzlich und völlig unerwartet, ohne Ankündigung. Wir fuhren gerade von einem Besuch mit dem Auto nach Hause, als ich aus heiterem Himmel das Gefühl hatte, keine Luft mehr zu bekommen. Es schien mir, als klemmte sich meine Luftröhre zu. Gleichzeitig begann mein Herz wie wild zu rasen. Ich öffnete das Autofenster, obwohl es ein kalter Dezembertag war, und erhoffte mir von der frischen Luft Linderung. Doch im Gegenteil: Es wurde immer schlimmer. Ich hatte das Gefühl, gleich ohnmächtig zu werden und die Kontrolle über meinen Körper zu verlieren. Ein grauenhaftes Gefühl. Eine Todesangst überfiel mich. Mein Mann brachte mich unverzüglich zum Notarzt. Mir wurde der Puls gemessen, ein EKG durchgeführt, alle wichtigen Funktionen getestet. Doch alle Werte bewegten sich im grünen Bereich. Es dauerte noch eine Weile, bis ich mich beruhigen konnte, aber langsam war der Spuk vorbei. Was war denn das gewesen? So etwas hatte ich in meinem Leben noch nie erlebt! Ich verstand überhaupt nicht, was da so urplötzlich über mich hereingebrochen war. Der Arzt drückte mir zwei Beruhigungstabletten in die Hand und entließ mich nach Hause mit der Aufforderung, mich in der folgenden Woche wieder bei ihm zu melden.

Als ich mich wie abgemacht die Woche darauf in seine Praxis begab, erklärte er mir, dass die Symptome, die ich verspürt hatte, vom vegetativen Nervensystem ausgelöst worden seien. Er wollte mir Antidepressiva verschreiben, doch ich weigerte mich, diese Medikamente zu nehmen, und musste eine entsprechende Erklärung unterschreiben. Ich fühlte mich überhaupt nicht depressiv. Zudem hatte ich das leidige Beispiel von meiner Mami vor Augen, die, einmal mit den Tabletten angefangen, ihr Leben lang nicht mehr von den Psychopharmaka losgekommen ist.

Ich fing wieder an, regelmäßig autogenes Training zu praktizieren, in der Hoffnung, dass sich mit der Zeit alles legen würde. Dem war leider nicht so. Trotz meiner Psychohygiene kamen diese merkwürdigen Anfälle mit Herzrasen, Atemnot und Schwindel immer wieder und traten immer häufiger auf. Unzufrieden mit dem anderen Arzt, suchte ich einen neuen Hausarzt auf. Er nahm sich viel Zeit für mich, sagte aber gleichzeitig zu mir, dass ich viel Geduld aufbringen müsse. Ich habe ihm zu verstehen gegeben, dass ich keine Medikamente nehmen möchte. Anstatt mir ein Rezept in die Hand zu drücken, schrieb er mir seine Telefonnummer auf und sagte zu mir, dass ich ihn im Notfall jederzeit, Tag und Nacht, anrufen könne. Es übermannten mich noch etliche und heftigere Anfälle, doch nie habe ich Gebrauch von seiner privaten Nummer gemacht. Allein das Wissen, dass dieser Arzt immer für mich da sein würde, war tausendmal besser als jedes Antidepressivum. Ich war häufig in seiner Sprechstunde. Eine Diagnose hatte ich noch nicht erhalten.

«Er führte lange intensive Gespräche mit mir und versuchte mir zu erklären, dass diese Anfälle mit meiner Lebensgeschichte zu tun hätten, mit meiner Adoption.»

Damals verstand ich den Zusammenhang nicht wirklich, erst Jahre später sah ich klarer.

«Jede Angst, jeder Hilferuf braucht Nähe: Jemanden, der einen in die Arme nimmt, umarmt. Vielleicht ist Ihnen das als Baby nicht erfüllt worden», meinte mein Arzt. Meine Midlifecrisis manifestierte sich nicht, wie es sonst üblich ist, mit einer gewissen Unzufriedenheit oder einer Perspektivlosigkeit sowie der Suche nach etwas Neuem, sondern es zeigten sich bei mir körperliche Symptome. Man kann mehr von einem Auftauchen des in der Kindheit erlebten Traumas sprechen. Doch bis ich das so nachvollziehen konnte, vergingen Jahre. Ich nenne diese Zeit Midlifecrisis, weil sie mitten in meinem Leben aufgetaucht ist.

Ich litt also unter diesen mir unerklärlichen Anfällen, hatte einen hervorragenden Arzt gefunden, aber immer noch keine Diagnose. Für diese körperlichen Störungen gab es anscheinend keinen Namen, dachte ich. Bis zu jenem Abend, an dem ich einen Beitrag in der Fernsehsendung «Quer» anschaute. Dort wurde über Menschen berichtet, die unter Schwindelanfällen, Zittern, Herzrasen, Kribbeln und so weiter litten – und ich erkannte auf einmal eine Parallele zu meinen Symptomen. Es gab offenbar auch noch andere Menschen, die unter diesen kuriosen Beschwerden wie ich litten. Es war also nicht bloße Einbildung! Und siehe da, die Krankheit hatte sogar einen Namen: Panikattacken. Ich hörte das zum ersten Mal. Doch irgendwie klang dieser Ausdruck für mich unverständlich. Ich hatte doch keine Panik! Beim nächsten Termin habe ich meinen Arzt daraufhin angesprochen und er bestätigte mir, dass ich unter Panikattacken leiden würde.

«Eine Frühtraumatisierung machen alle Pflege- und Adoptivkinder durch, die schon in einem sehr frühen Lebensalter, das heisst vor dem vollendeten dritten bzw. siebten Lebensjahr, von ihrer leiblichen Mutter getrennt werden.»
(Bonus, 2006)

Vielleicht zeigten sich in diesen Momenten doch Ängste, die aus der frühen Kindheit hochkamen. Die frühe Trennung von der leiblichen Mutter und die vielen Trennungen, die darauf folgten, hatten sicher ihre Spuren hinterlassen. Ich hatte mich immer in der Nacht gefürchtet, alleine zu Hause zu sein, wurde aber regelmäßig von meinen Eltern alleine gelassen. Die Angst des Verlassenwerdens verfolgt mich bis heute noch. Langsam begann ich, meine Krankheit zu verstehen und sie zu akzeptieren. Ich lernte kontinuierlich, wie ich damit umzugehen hatte. Mir war bewusst, dass die Symptome, sobald sie ihren Höhepunkt erreicht hatten, langsam wieder abklingen würden. Tausendmal hatte ich diese Attacken durch- und überlebt, bekam nie einen Herzinfarkt und fiel auch nie dabei in Ohnmacht. Zusammen mit meinem Arzt konnte ich durch die langen Gespräche meine Vergangenheit zum Teil verarbeiten. Ich arbeitete auch viel an mir selber mit positiven Autosuggestionen. Es war ein jahrelanger, schmerzhafter Prozess. Und ich war stolz, es ohne Medikamente geschafft zu haben.

«Das Erleben des Traumas ist so entsetzlich und so übermächtig, dass es dem Bewusstsein nicht zugänglich gemacht werden darf. Das Bewusstsein über das Trauma würde den betreffenden Menschen umbringen. Deswegen wird das traumatische Erleben vom Bewusstsein abgetrennt und vom Betroffenen in die Tiefe seiner Seele in eine abgeschlossene Seelenprovinz verbannt. Dort strebt es aber nach wie vor immer wieder an die Oberfläche, um vom Bewusstsein verarbeitet werden zu können. Erst dann könnte es sich auflösen.»

(Bonus, 2008)

Erst durch das Schreiben meines Erstlingswerks «Seitensprungkind» habe ich mich mit dem Thema Adoption und dem Trauma der frühen Trennung von der leiblichen Mutter intensiv befasst. Durch die Fachliteratur verstand ich allmählich, wieso das Erlebte wieder auftauchte. Ich habe eine Erklärung für meine Ängste gefunden und realisiert, wodurch sie entstanden sind. Endlich konnte ich mit meiner Geschichte Frieden schließen und das Trauma schließlich hinter mir lassen.

Fabienne sei Dank!

«Der Glauben, das Gesetz der Anziehung und die geistige Kraft sind die Auslöser für Synchronizität.»

Ich stelle das Kapitel Fabienne bewusst vorneweg, auch wenn sie nicht die erste aus der Reihe meiner Verwandten war, die ich kennen lernen durfte. Doch es ist uns Geschwistern allen bewusst, dass wir ohne ihr Wirken und ihren Impuls höchstwahrscheinlich nie voneinander erfahren hätten.

Fabienne ist die Tochter meiner Schwester Gabriela und somit meine Nichte.

Ich habe sie kennen gelernt, als ich meine Schwestern zum zweiten Mal traf. Doch wie kam es dazu, dass sie den Stein ins Rollen gebracht hat? Das ist eine etwas längere, aber sehr bewegende Geschichte.

Fabienne hatte es in ihrem Leben nicht leicht. Sie befand sich in einer schwierigen Phase, steckte tief in einer Lebenskrise. Obwohl sie sich damals am liebsten verkrochen hätte, raffte sie sich auf und besuchte einen Bauchtanzkurs. Damit beabsichtigte sie, in ihrem Leben wieder etwas Neues zu erfahren, um ihrem Alltag eine andere Richtung zu geben. Die Bewegungen, welche auf der «heilenden Acht» aufgebaut sind, und die Schwingungen, welche diese Tanzform auslösten, halfen ihr dabei, ihren Körper zu lockern und ihre Lebenssituation ein wenig entspannter anzugehen. Bei diesem Tanzkurs kam Fabienne in Kontakt mit einer Therapeutin, einer ehemaligen Krankenschwester und Physiotherapeutin, welche ihren großen Leidensdruck wahrnahm. Zu jenem Zeitpunkt fühlte sich Fabienne wirklich wie ein Häufchen Elend. Diese Frau nahm sich ihrer an. Sie lud Fabienne zu einer unverbindlichen Therapiesitzung ein.

Im Gespräch offenbarte Fabienne, dass sie inzwischen das Muster ihrer eigenen Mutter übernommen hatte. Da es ihrer Mami immer wieder mal emotional und mental nicht so gut ging, fühlte sich auch Fabienne schlecht. Sie hatte viele Ängste und ihr Selbstwertgefühl war an einem Tiefpunkt angelangt. Leider konnte sie mit ihrer Mutter nicht immer über ihre persönlichen Probleme sprechen. Fabienne war es stets eine Herzensangelegenheit, ihrerseits die Mutter nicht zusätzlich zu belasten, denn die Probleme ihrer Tochter hätten sie bestimmt sehr traurig gestimmt.

Sie wurde schließlich depressiv, musste ihre Arbeit aufgeben, Medikamente nehmen und begab sich in psychiatrische Behandlung. Das durch die Adoption erlittene Trauma der Mutter hatte sich unbewusst auf die Tochter übertragen und forderte dringend Verarbeitung. Seit Juni 2017 besuchte Fabienne regelmäßig ergänzende Therapiesitzungen die auf der Heilenergie Gottes basieren, bei jener Therapeutin, welche sie im gemeinsamen Tanzkurs kennen gelernt hatte. Dadurch gelang es ihr Schritt für Schritt, wieder mehr Lebenssinn und Zuversicht in ihr Leben zu bringen.

Nach und nach konnte Fabienne auch an Seminaren und Gruppenmeditationstreffen zur Aktivierung ihrer Selbstheilungskräfte teilnehmen und benötigte keine Medikamente mehr. Durch die Therapie lernte Fabienne zu erkennen, dass sie nicht ein ohnmächtiges Opfer irgendwelcher Zustände ist, auch wenn ihre schwierige Familiensituation einen nicht unwesentlichen Teil zu ihrer Depression beigetragen hatte. Sie ist zwar gut behütet in einer harmonischen Familie aufgewachsen, hatte auch viele schöne und fröhliche Momente mit ihren Eltern und Geschwistern erlebt. Sie hatten es durchaus gut miteinander. Aber zuhause habe sie sich manchmal nicht richtig frei gefühlt. Die zeitweisen trüben Gedanken und Ängste ihrer Mutter machten ihr zu schaffen. So sensitiv und mitfühlend, wie sie ist, wollte sie diese Fesseln durchbrechen und fragte sich des Öfteren, weshalb ihre Mutter wohl nie etwas über ihre Vergangenheit erzählte. Hatten diese traurigen Phasen vielleicht mit ihrer Biografie zu tun? Weshalb sprach sie nie über ihre eigene Adoption? Fabiennes größter Wunsch war es, dass es ihrer Mutter und dadurch auch all ihren nächsten Angehörigen und sich selbst besser gehen möge. Vielleicht, so überlegte sich Fabienne, wäre ihre Mutter glücklicher, wenn sie ihre leibliche Mutter finden würde. Um diesen Knoten zu lockern, wollte sie ihrer Vergangenheit und damit auch der ihrer Mutter – meiner Schwester Gabriela – nachspüren.

«Ich habe Heilung für mich und meine Familie gesucht.»

Fabienne vertraute mir später an, dass dies der wahre Beweggrund zur Suche nach ihrer Großmutter war. Was für ein schöner Gedanke!

Durch ihre Therapeutin ermutigt und unterstützt, begann Fabienne zu recherchieren. In der Biografie ihres Großvaters, die von ihrer Schwester Tanja als Diplomarbeit aufgeschrieben wurde, hatte Fabienne gelesen, dass die Platzierung ihrer Mutter durch eine Stelle in Rapperswil erfolgt war. Im Internet suchte sie nach diesem Amt. Schon bald stieß sie dabei auf die PACH, welche eine Plattform für Herkunftssuche (Wer bin ich? Woher komme ich?) bietet.

«Herkunftssuche für Adoptivkinder». Das wollte sie ihrer Mutter vorschlagen, um nach ihrer leiblichen Mutter zu suchen. Zu ihrer Enttäuschung teilte ihre Mutter zunächst jedoch nicht Fabiennes Begeisterung. Sie wusste einfach nicht recht, was sie mit dieser Idee anfangen sollte, denn sie trug nach all den vergangenen Jahren kein schönes inneres Bild ihrer leiblichen Mutter in sich. Vor allem konnte Gabriela nicht verstehen, dass eine Mutter ihre Kinder weggeben kann. Auch hatte sie das beklemmende Gefühl, dass aufgrund ihres wohl fortgeschrittenen Alters die leibliche Mutter wahrscheinlich nicht mehr am Leben sein könnte. Irgendwie gelang es Fabienne mit der Zeit dennoch, ihre Mutter zu motivieren, um mit ihr zusammen ein Antragsformular auszufüllen, mit welchem sie die Adoptionsstelle ermächtigten, nach der leiblichen Mutter zu suchen.

Genau zu jenem Zeitpunkt hatte ich selbst mein erstes Buch fertig geschrieben, und auch mein Bruder Mathias hatte, ohne mich damals zu kennen, zeitgleich seine Biografie zu seinem

50. Geburtstag verfasst. Rückblickend sind wir drei fest davon überzeugt, dass unsere parallele Auseinandersetzung mit unserer Vergangenheit und Familiengeschichte kein Zufall war. Ich habe Fabienne als eine feinsinnige, gutmütige Person wahrgenommen und Mathias als einen feinfühligen Menschen erleben dürfen. Offenbar haben sie beide, wie auch ich, die Energie gespürt, die unsere Gedanken und unsere Gefühle ausgesandt haben. Für uns ist es klar, dass es eine höhere Macht sein musste, die uns zusammenführte.

Was wir erleben durften, hat Bertrand Piccard in seinem Buch «Die richtige Flughöhe» treffend formuliert:

«Es grenzt an Magie, wie wir auf einmal in der Lage sind, Übereinstimmungen zwischen den verschiedensten Dingen wahrzunehmen. Wie eine vierte Dimension, die völlig unterschiedlich aussehende Wege versammelt, um sie einem gemeinsamen Ziel und Sinn zuzuführen.»

Schon bald meldete sich die PACH und teilte Gabriela mit, dass ihre leibliche Mutter leider bereits acht Jahre zuvor verstorben sei. Es gäbe allerdings noch einige Halbgeschwister, die sie bei Interesse kontaktieren könnte. Mit Gabrielas Einverständnis verfasste die PACH daraufhin einen Brief an uns Geschwister, der auf diesem Wege auch an mich gelangte.

Das Schreiben erreichte mich exakt eine Woche vor der Vernissage meiner Biografie «Seitensprungkind», brachte mich gleicherweise aus dem Tritt wie es mich auch mit großer Freude erfüllte. Und so kam das Zusammenfinden von uns Geschwistern ins Rollen.

Noch bevor ich Fabienne zum ersten Mal traf, hatte sie mit mir via Facebook Kontakt aufgenommen. Sie wurde auf mein Buch «Seitensprungkind» aufmerksam und hatte es sogleich verschlungen. Danach schrieb sie mir Folgendes: «Ich habe dein Buch gelesen und es hat mir gut geholfen, die Familiengeschichte zu verarbeiten und meine Ängste zu verstehen.» Fabienne hatte erkannt, dass sie sich mit der Vergangenheit ihrer Familie auseinandersetzen musste, um ein freieres Leben führen zu können.

Hätte Fabienne ihre Mutter nicht dazu bewegt, nach ihrer leiblichen Mutter zu suchen, hätten wir Geschwister uns vielleicht nie gefunden, uns nie kennen gelernt und wir hätten dieses Buch nicht schreiben können. Ich bin meiner Nichte unendlich dankbar dafür, dass sie den Mut fand, etwas Licht ins Dunkel ihrer Familiengeschichte zu bringen, um sich dadurch von alten Mustern zu befreien und das Trauma der Familie Stück für Stück zu verarbeiten. Danke, Fabienne!

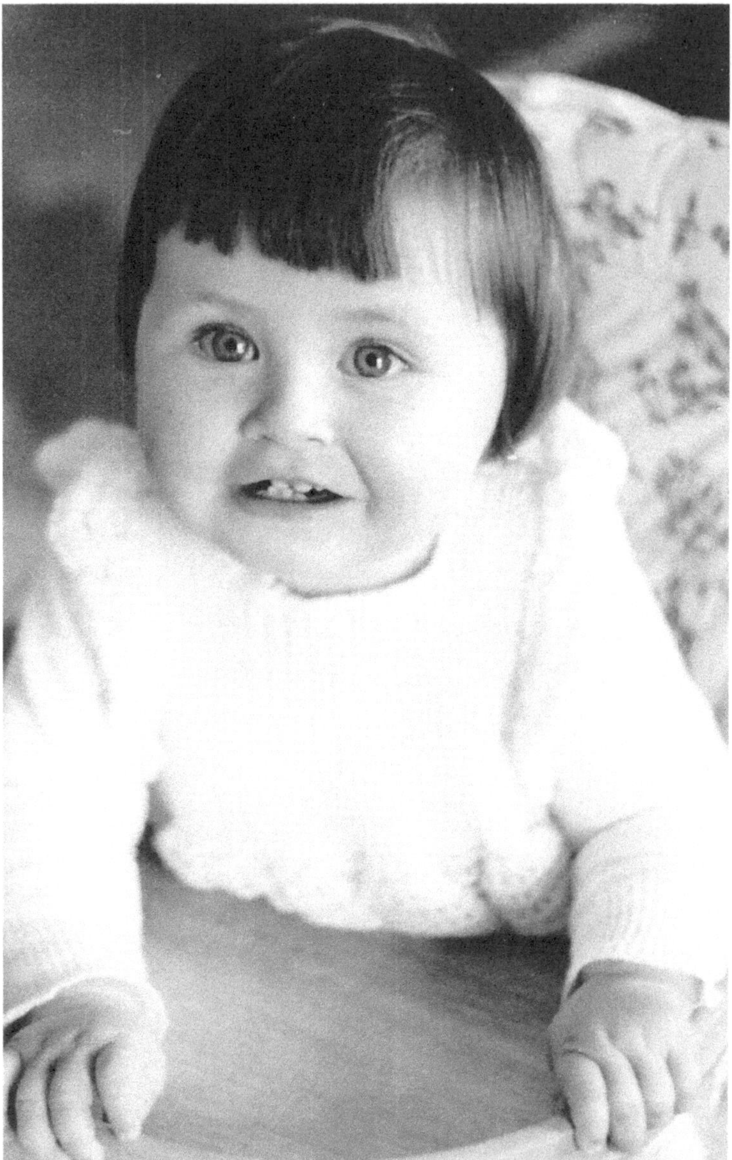

Gabriela

Gabriela, geboren am 16. Mai 1960 in Flawil als Monika Oertli, ist das fünfte Kind unserer Mutter Bettina. Sie kam im Alter von sechs Wochen zu ihrer Adoptivfamilie. Ihr leiblicher Vater war ein Italiener. Gabriela hat den Beruf Arztgehilfin erlernt. Sie ist glücklich verheiratet und hat drei liebevolle Kinder.

Gabriela war die erste Schwester, mit der ich in Kontakt kam. Sie hatte sich, motiviert durch ihre Tochter Fabienne, auf die Suche nach der leiblichen Mutter gemacht und uns Geschwister letztendlich zusammengeführt. Durch den Brief von der PACH erfuhr ich zum ersten Mal, dass ich eine Schwester namens Gabriela habe, die zwei Jahre nach mir auf die Welt gekommen ist.

Das erste Treffen mit Gabriela fand am 21. Dezember 2017 statt. An diesem Tag lernte ich nicht nur sie, sondern auch gleichzeitig meine beiden anderen Schwestern Regina und Bettina kennen. Was waren wir alle aus dem Häuschen! Wir hatten alle vier viel zu erzählen, jede von uns war gespannt auf die Geschichte der anderen. Es wurde ziemlich lebhaft und durcheinander geredet. Gabriela habe ich als eine liebenswürdige Person wahrgenommen, eher zurückhaltend und schüchtern. Bei dem Gespräch, das ich an diesem Tag mit ihr geführt habe, wiederholte sie mehrmals, dass sie nicht verstehen könne, was eine

Mutter dazu bringt, all ihre Kinder wegzugeben. Als sie sich auf die Suche nach ihren Wurzeln gemacht habe, hätte sie insgeheim schon damit gerechnet, dass die Mutter nicht mehr am Leben sei. Ich hatte den Eindruck, dass sie gut damit umgehen konnte, sie nicht mehr lebend gesehen zu haben. Gabriela sagte dann zu mir, dass sie mein Buch «Seitensprungkind» an einem halben Tag bis in die Nacht hinein in einem Zug und ohne Unterbrechung durchgelesen hätte. Dabei habe sie die ganze Zeit geweint. Das hat mich sehr berührt. So vieles hätte sie nachfühlen können; wir teilten die gleichen Ängste, dieselben Minderwertigkeitsgefühle.

Sie wuchs in einer guten Familie und in geordneten Verhältnissen auf. Ihre Mutter war streng, aber liebevoll; der Vater eine liebenswürdige Person, die gerne lachte. Mit seinen Erzählungen zog er alle in seinen Bann.

Bei der Geburtstagsfeier von Bettina, zwei Wochen später, habe ich das erste Mal auch den Ehemann von Gabriela kennen gelernt. Bei dieser zweiten Begegnung hat mir Gabriela noch ein bisschen mehr über ihre Adoptivfamilie erzählt. Ihr Adoptivvater sei Gymnasiallehrer für Geografie gewesen. Er hätte einige Jahre in Peru gelebt und dort in einer Schweizer Schule unterrichtet. Von diesen erlebnisreichen Jahren habe er immer viel erzählt. Ihre Adoptivmutter hätte drei Fehlgeburten erlitten, ihr Wunsch nach eigenen Kindern wurde ihr nie erfüllt. So entschieden sich ihre Eltern für eine Adoption. Sie hätten drei Säuglinge zur Auswahl, hatte man dem Ehepaar gesagt. Einen davon sollten sie sich aussuchen. Das war eine Entscheidung, die sie nicht treffen konnten, und so entschieden sie sich für das erste Kind, das ihnen vorgestellt wurde.

«Als sie die kleine Gabriela zum ersten Mal erblickten, haben sie sich gleich in sie verliebt.»

Mit ihrem dunklen Haarschopf hat sie ihre Adoptiveltern sofort entzückt. Nicht lange nach Gabrielas Aufnahme entschieden sich ihre Eltern dafür, noch ein zweites Kind zu adoptieren. Sie hatten erfahren, dass ein Schweizer Konzerndirektor einen persönlichen Kontakt zum Dalai Lama hatte und mit diesem zusammen tibetische Kinder von alleinerziehenden Müttern in die Schweiz bringen würde. Ohne zu zögern meldeten sie sich bei diesem Industriellen, kamen auf eine Liste und schon bald konnten sie ihr zweites Kind am Flughafen in Kloten in Empfang nehmen: ein quirliges fünfjähriges Mädchen aus Tibet. Gabriela pflegt noch heute einen guten Kontakt mit ihrer Adoptivschwester und ihrer liebenswürdigen Familie. Ihre Adoptivschwester ist eine wichtige Bezugsperson für sie.

Gabriela, so wie auch wir anderen Geschwister, wollten über unsere Herkunft mehr erfahren. So tauschten wir Informationen aus und animierten uns gegenseitig, unsere Suche zu intensivieren. Ich empfahl meinen Schwestern, ihr Dossier bei der PACH anzuschauen. Dort habe ich selber viel Neues über meine Adoption erfahren. Meinen Schwestern bot ich an, sie bei dieser Akteneinsicht zu begleiten. Am 24. April 2017 war es dann soweit: Gabriela, Regina und ich konnten zusammen zur Adoptionsstelle fahren.

Ich treffe mich bereits im Zug mit Gabriela. Während der Fahrt konnten wir einmal mehr Neues feststellen und ein paar Puzzleteile zusammenfügen. Da Gabriela (geb. 1960) wusste, dass ihr leiblicher Vater Italiener war, vermuteten wir erst, dass sie und Regina (geb. 1964) denselben Vater haben könnten. Ich erzählte ihr darauf, dass unsere Schwester Angelina (geb. 1963) Kenntnis davon habe, dass nach ihr noch ein Kind geboren wurde, das vom selben Mann stammen könnte. Regina und Angelina trennen nur 17 Monate, und damit war sie sehr wahrscheinlich gemeint. Dieser Mann, also wie vermutet Angelinas und Reginas gemeinsamer Vater, soll ebenfalls ein Italiener gewesen sein, jedoch um einige Jahre jünger als die leibliche Mutter. Das ließ Gabriela ausschließen, dass sie denselben Vater wie Regina hatte, da ihr leiblicher Vater Jahrgang 1929 und damit älter war als unsere Mutter.

Bei der Adoptionsstelle angelangt, konnte zu unserer Überraschung nur Gabriela ihr Dossier einsehen. Regina wurde dahingehend informiert, dass sich das Adoptionsgesetz seit Januar 2018 geändert hätte (wieder einmal mehr!) und damit auch die Zuständigkeiten für ein Akteneinsichtsgesuch und die Herkunftssuche in anderer Weise gehandhabt würden. Sie müsse ihr Gesuch an die neue zuständige Behörde – in ihrem Fall eine noch nicht bestimmte und auch noch gar nicht errichtete Amtsstelle im Kanton Zürich – stellen. Gabriela hatte Glück und konnte ihre Akten einsehen, weil sie ihre Anfrage um ihre Herkunftssuche noch vor 2018, sprich noch vor der Gesetzesänderung, gestellt hatte.

Die Sozialarbeiterin der PACH empfing uns freundlich und hatte die Akten von Gabriela bereits kopiert.

«Gabriela wurde gleich von Emotionen übermannt, es flossen ein paar Tränen.»

Nur gut, dass wir Schwestern uns auf diesem Weg begleitet haben. Es ist ein sehr emotionaler Moment, das eigene Dossier in den Händen zu halten und plötzlich mit unbekannten Tatsachen über sich selbst konfrontiert zu werden. Man weiß vorher schließlich nie, welche Informationen einen in diesen staubigen Ordnern erwarten würden und was das Wissen darum mit einem macht. Ich hatte diese Erfahrung schon hinter mir. Auch bei mir sind Tränen geflossen. Ich war damals ganz alleine. Diesen Augenblick werde ich nie vergessen.

Die Sozialarbeiterin ließ uns in Ruhe die Papiere studieren und kam nach gut einer Stunde wieder, da es Zeit war, die Türen zu schließen. Wir hatten noch ein freundliches Abschlussgespräch und diskutierten über das schwierige Unterfangen betreffend der Akteneinsicht. Unser Bruder Mathias holte uns dann ab und mit ihm verbrachten wir einen wunderschönen Abend.

Gabriela rief mich ein paar Tage nach unserem Besuch bei der PACH an. Es gab da etwas, das sie nicht mehr in Ruhe ließ. Immer wieder hat sie aus den Unterlagen erfahren, dass ihr leiblicher Vater sie unbedingt einmal hätte sehen wollen, aber die Behörden ihm das verweigert hätten.

«Vielleicht könnte sie ihrem leiblichen Vater den Wunsch doch noch erfüllen, seine Tochter (auch wenn jetzt erwachsen) einmal zu sehen.»

Sie war auch interessiert daran zu wissen, was es mit der Vaterschaftsklage, die in verschiedenen Papieren erwähnt wurde, auf sich hatte und was als deren Ergebnis letztendlich herausgekommen ist. Ich versprach ihr dabei behilflich zu sein, einen Brief aufzusetzen und herauszufinden, welche die richtige Amtsstelle für eine solche Anfrage wäre. Das war kein leichtes Unterfangen!

Ein paar Wochen später schrieb mir Gabriela, dass sie Unterlagen des Staatsarchivs St. Gallen erhalten habe. Sie wissen nun, wie ihr biologischer Vater heißt und wo er in Italien wohne. Das neue Wissen um ihren leiblichen Vater brachte Gabriela ganz durcheinander und auch ich war ganz gespannt und aufgeregt. Wie toll war es für mich, die eigene Schwester in diesem Prozess begleiten zu dürfen.

Gabriela hatte nach einer kurzen Bedenkzeit beschlossen, ihren leiblichen Vater zu kontaktieren. Ich habe ihr anerboten, ihn telefonisch zu kontaktieren, schließlich ist Italienisch meine Muttersprache. Gabriela hatte seine vermutliche Telefonnummer ausfindig machen können und war damit einverstanden, dass ich ihn versuche, ihren Vater anzurufen. Leider erfolglos: Ich konnte nie jemanden unter dieser Nummer erreichen, weder zu Tag- noch zu Nachtzeiten.

Gabriela entschied sich daraufhin, einen Brief an die Behörde der Wohngemeinde in Italien zu schreiben, in der ihr leiblicher Vater gelebt hatte. Als ich sie einige Zeit später per E-Mail anfragte, ob sie in der Zwischenzeit etwas mehr über die Familie ihres leiblichen Vaters erfahren hätte, hat sie mich gleich zurückgerufen. Sie hatte mir viele Neuigkeiten zu erzählen! Die Wohngemeinde hatte ihr mitgeteilt, dass ihr leiblicher Vater bereits verstorben sei und sie wegen des Datenschutzes keine weiteren Auskünfte geben dürften. Einige Zeit später hat sich Gabriela kurzentschlossen mit ihrem Mann in das kleine norditalienische Dorf begeben. Sie nisteten sich in einem kleinen Hotel ein und haben dann gleich mit ihren Recherchen begonnen. Zuerst suchten sie, unter gleißender Sonne, den örtlichen

Friedhof auf. Über 2 Stunden lang haben sie alle Gräber nach Namen überprüft, doch das Grab von Gabrielas Vaters war nirgends zu finden. Enttäuscht darüber wollten sie die Suche aufgeben, vorher aber zusammen noch ein wenig die Ortschaft erkunden. Als Gabriela einen schönen Baum auf einem Grundstück fotografierte, kam ein Mann auf sie zu und fing gleich ein Gespräch mit ihr an. Er sprach gut Deutsch und wollte wissen, was zwei Schweizer in diesem kleinen Dorf so interessant finden würden. Daraufhin hat Gabriela ihm den Grund für ihren Aufenthalt erklärt. Sie erfuhr von dem Mann, dass es noch einen anderen kleineren Friedhof in dieser Ortschaft gäbe. Sofort besuchten sie diesen. Und siehe da: Dort sind sie tatsächlich fündig geworden.

«Gabriela stand nun vor dem Grab ihres leiblichen Vaters. Ein überwältigender Moment.»

Wer aber war seine Familie? Hatte er noch andere Kinder? Wie hat ihr Vater gelebt? Und vor allem: Wie war er als Mensch? Sie hatte zwar eine Adresse, war sich aber nicht sicher, ob es sich dabei wirklich um die Anschrift der gesuchten Familie handelte.

Am nächsten Tag meldete sich Gabriela bei der Gemeindeverwaltung, und nach ein paar Formalitäten erhielt sie ein Certificato, auf dem die Namen ihres leiblichen Vaters, der Name der Großmutter sowie der Ehefrau und des Sohnes standen – jedoch ohne Angabe der Wohnadresse. Gabriela wollte trotzdem versuchen, das Haus der Familie zu finden. Auf der Straße fragte sie zwei Passantinnen, ob ihnen die Familie bekannt war. Und sie hatte Glück: Die Frauen konnten ihr genau sagen, wo die Angehörigen von Gabrielas Vater wohnten. Und diese Adresse war gar nicht weit von ihrem Standort entfernt.

Es war kurz vor 12 Uhr, als sie und ihr Mann sich auf den Weg dorthin machten. Als sie in die Nähe des Quartiers kamen, begegneten sie einer Frau, die sie bis zum Haus der gesuchten Familie begleitete und sogar für sie an der Tür klingelte. Sie hatten das Gefühl, dass die Angehörigen bereits informiert worden sind. Das Buschtelefon funktionierte in diesem kleinen italienischen Dörfchen bestens! Die Ehefrau des leiblichen Vaters öffnete die Tür, und noch bevor Gabriela etwas fragen konnte, befand sie sich schon in einer kleinen, einfachen Küche. Mit Händen und Füßen und mit ein paar Brocken Italienisch offenbarte meine Schwester ihr, wer sie war. Die Frau umarmte sie immer wieder ganz spontan, und Gabriela hoffte, dass die Frau doch alles richtig verstanden hatte – und zwar vor allem die Tatsache, dass sie die Tochter ihres verstorbenen Ehemannes ist! Gabriela vermutete, dass die Ehefrau vorher nichts von einem unehelichen Kind gewusst hatte.

Zwischenzeitlich kam auch noch ihr Sohn – und damit Gabrielas Halbbruder – dazu, und auch er reagierte sehr positiv auf diese große Überraschung. Bevor sie sich wieder verabschiedeten, hat der Sohn Gabriela noch ein Foto ihres gemeinsamen Vaters mitgegeben. Völlig aufgelöst liefen meine Schwester und ihr Mann wieder Richtung Hotel. Sie konnte es kaum glauben.

«Sie hatte zum ersten Mal die Familie ihres leiblichen Vaters kennen gelernt und mehr über ihren biologischen Vater erfahren.»

Gabriela machte sich im Nachhinein noch viele Gedanken, insbesondere darüber, ob ihr Vorgehen wohl richtig gewesen sei, ob sie am Ende die Familie zu fest brüskiert und ob die Witwe vielleicht doch einen Schock erlitten haben könnte. Am nächsten Tag fuhr sie mit ihrem Mann wieder zurück in die Schweiz und schrieb dann sogleich einen Brief an die Familie in Italien, um sich zu entschuldigen und mit der Bitte, sie sollten ihr doch auch ihre Gefühle mitteilen. Immer wieder schaute sie sich das Foto ihres leiblichen Vaters an und fragte ihre Familie wie auch uns Geschwister, ob wir nicht eine gewisse Ähnlichkeit zwischen ihnen feststellen konnten. Das konnten alle bestätigen, denn tatsächlich glichen sie sich. Gabriela war darüber erfreut.

Wir Geschwister bewunderten, mit welcher Hartnäckigkeit Gabriela nach ihrem leiblichen Vater gesucht hatte. Sie, die eher zurückhaltend ist, hat sich so vieles zugetraut! Und sie wurde für ihre Mühen schließlich belohnt.

Mit dem Einverständnis von Gabriela habe ich einen Teil ihrer Geschichte aufgeschrieben, Sachen, die sie mir bei unseren Begegnungen erzählt hat und was wir zusammen erlebt haben. Zuerst wollte sie beim Buchprojekt mitmachen, meinte dann aber, dass ihre Biografie zu wenig spannend und erzählenswert sei. Gabriela verspürte auch kein Bedürfnis, sich vertieft mit ihrer Vergangenheit auseinanderzusetzen. Sie habe eine unbeschwerte Kindheit erleben dürfen und für sie sei es gut so, wie es war.

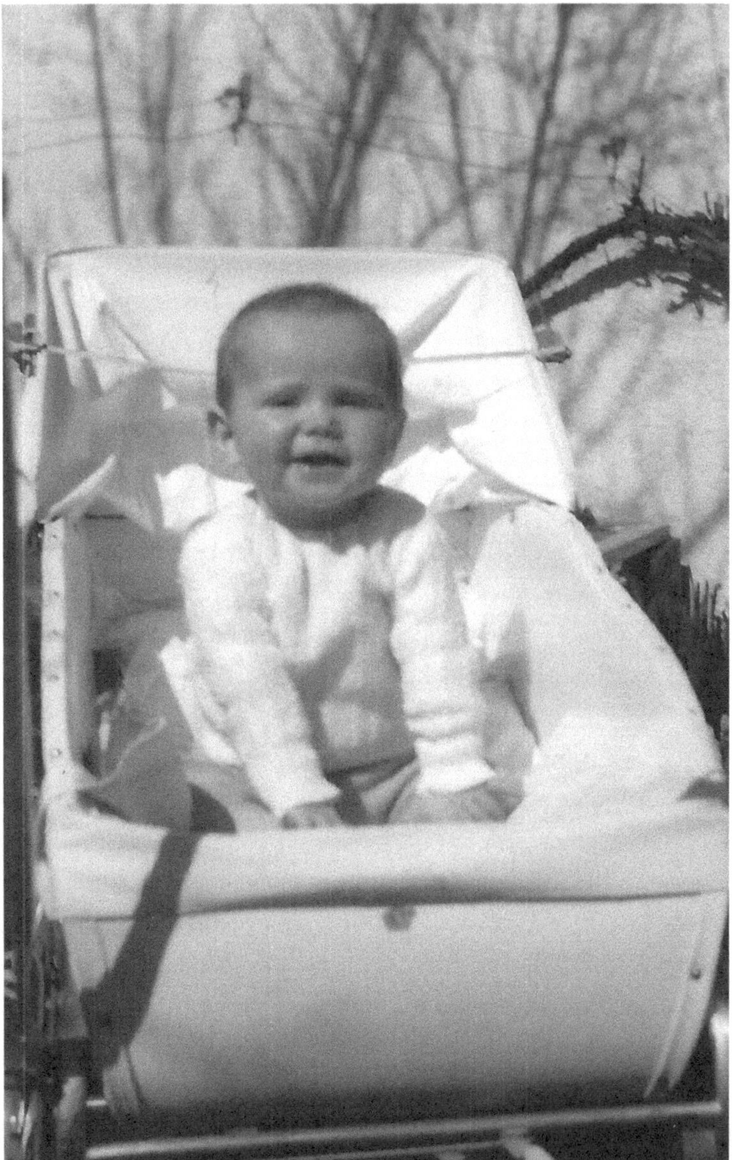

Regina

Regina, geboren in Zürich am 7. August 1964 unter dem Namen Maria Oertli, war das siebte Kind unserer Mutter Bettina. Sie wuchs zusammen mit einem Adoptivbruder in einer Familie auf. Ihr Adoptivvater verstarb, als sie erst 8 Jahre alt war. Der leibliche Vater soll angeblich ein Italiener mit blonden Haaren und blauen Augen gewesen sein.

Obwohl Gabriela mein erster Geschwisterkontakt war, war es aufgrund der geografischen Nähe dann Regina, der ich als erste aus der Reihe meiner Schwestern persönlich begegnen durfte. Unser Treffen fand im November 2017 statt und es war wohl die emotionalste Begegnung von allen, denn sie war der Auftakt der Geschwisterzusammenführung. Regina war die erste der Geschwister, die ich in meinem Leben zu Gesicht bekommen sollte! Man stelle sich das mal vor: Mit fast sechzig Jahren steht man zum ersten Mal vor seiner leiblichen Halbschwester, von deren Existenz man bis vor kurzem noch nicht einmal etwas geahnt hatte! Kurz nachdem ich ihre Adresse von Gabriela erhalten hatte, habe ich Regina angeschrieben. Wie ich wohnte sie im Kanton Aargau, nicht einmal weit weg von mir. Mein Mann und ich hatten eine Woche später sowieso geplant, eine Ferienmesse zu besuchen, die exakt in ihrem Wohnort stattfand. So habe ich die Gelegenheit beim Schopfe gepackt und

Regina gleich angefragt, ob wir uns vielleicht an jenem Wochenende zu einem Kaffee treffen könnten, worauf sie mich spontan angerufen hat. Es war so bewegend, ihre Stimme zum ersten Mal zu hören. Wir verstanden uns sofort gut. Sie wirkte auf mich sehr sympathisch und ausgeglichen. Fast eine Stunde haben wir bei diesem ersten Gespräch gleich zusammen geplaudert und uns für die nächste Woche in ihrem Wohnort zum Mittagessen verabredet.

Ich war total aus dem Häuschen! Würde ich wirklich schon bald meine Schwester sehen? Und damit zum ersten Mal in meinem Leben meine leibliche Halbschwester treffen? Wie würde sie aussehen? Würden wir uns gleichen? Wie war ihr Leben? Unglaublich viele Fragen schwebten durch meinen Kopf. Ich stellte gleich fest, dass unsere Namen die gleiche Bedeutung hatten: Regina, die Königin, und Regula, die kleine Königin.

Ich freute mich sehr auf unsere erste Begegnung. Wir trafen uns am Samstag, dem 25. November 2017, rund einen Monat nachdem wir den Brief von der PACH erhalten hatten. Ganz aufgeregt wartete ich am Eingang der Messe, wo wir uns verabredet haben. Ich schaute alle paar Sekunden auf die Uhr. Die Zeit schien still zu stehen. Bei allen Frauen, die in Richtung Eingang steuerten und vielleicht eine gewisse Ähnlichkeit zu mir hatten, schlug mein Herz etwas schneller. Und dann kam sie und umarmte mich fest. Es war Herzlichkeit auf den ersten Blick. Regina konnte mich rasch erkennen, da ich ihr gegenüber zu meiner Identifikation am Telefon erwähnt habe, dass im Internet momentan verschiedene Fotos von mir kursierten, denn erst gerade sei ein Buch von mir erschienen. Ich hingegen hätte sie sehr wahrscheinlich nicht sofort erkannt, denn Regina hat blondes Haar und blaue Augen und ist mir äußerlich nicht ähnlich. Dafür stellten wir schon bald andere Gemeinsamkeiten fest. Der Augenblick dieser ersten Begegnung ist in meinem Herzen eingemeißelt! Wir hatten beide sichtlich Freude daran, uns zu sehen, und es entstand sofort ein Gefühl des Wohlseins.

In einem nahen Restaurant haben wir einen Tisch in einer ruhigen Ecke am Fenster bekommen und mein Blick war direkt auf sechs Palmen gerichtet. Ich kam mir vor wie in meinem geliebten Tessin. Es war der ideale Ort, um den ersten sensiblen Kontakt herzustellen. Wir verstanden uns sofort und konnten von Anfang an ungezwungen miteinander plaudern. Regina und ich hatten beide ganze viele offene Fragen und wir wollten als erstes voneinander erfahren, wie es uns in der jeweiligen Adoptivfamilie ergangen ist. Regina erzählte, dass sie es auch nicht einfach mit ihrer Adoptivmutter hatte. Sofort erkannte ich Parallelen zu meiner Biografie, denn auch sie war ihr gegenüber kalt, hielt ihr Kind nie in den Armen. Das stimmte mich extrem traurig, da ich genau wusste, wovon sie sprach. Es gab mir einen Stich ins Herz. Auch meine Schwester musste sich immer unterordnen und anpassen. Das alles hatte auch ich genauso erlebt. Das zu erfahren tat mir weh, denn ich hatte eine so herzhafte, liebevolle Frau vor mir. Warum musste auch sie so leiden? Mir rollten die Tränen, ihre Erzählung hat mich zu sehr bewegt. Sie hat mir dann lange die Hand gehalten – eine so liebevolle Geste. Ich spürte viel Wärme ihrerseits. Sie hatte das Glück, wie ich einen liebevollen Vater an ihrer Seite zu haben, der leider viel zu früh starb. Bei seinem Tod war Regina erst 8 Jahre alt.

Es war eine wunderschöne Begegnung. Auch mein Mann war total begeistert von ihr und sie wurde gleich von ihm als Lieblingsschwägerin erkoren. Zudem sagte er zu mir, dass wir uns doch in unserer Art, in unserem Charakter gleichen würden. Es ist so überwältigend plötzlich zu wissen, dass man eine, ja, sogar mehrere Schwestern hat. Regina war auch sichtlich gerührt und freudig über unser Treffen. Ich wollte sie auf jeden Fall wiedersehen, fühlte mich sehr verbunden mit ihr. Als wir uns nach 3 Stunden verabschiedeten, waren wir beide erschöpft von all dem, was wir voneinander erfahren hatten, aber auch erfüllt mit einer tiefen Freude.

Gleich nach unserer ersten Begegnung bekam ich eine Nachricht von Regina.

«Liebe Regula. Unsere Begegnung gestern hat mich sehr berührt. Es ist fast unglaublich, dass ich nun sieben Geschwister habe. Ein grosses Danke. Auch herzlichen Dank für das Buch. Ich bin stolz, dass ich eine Schwester habe, die ‹ihr› Buch geschrieben hat. Vor allem über Dich und Dein Leben, Hut ab. Dies braucht Mut und viel Kraft. Du darfst stolz auf Dich sein, dass Du diesen Weg gegangen bist. Unser gemeinsames Mittagessen habe ich sehr genossen. Mit Dir, meiner Schwester, und Deinem Mann. Meine Schwester, das durfte ich noch nie schreiben. Deine Widmung in Deinem Buch hat mich sehr berührt.

Ich würde Dich sehr gerne wiedersehen. Ich wünsche Dir und Deiner Familie eine wärmende und lichtvolle Adventszeit. Alles Liebe, von Deiner Schwester Regina»

Kurz darauf haben wir wieder miteinander telefoniert. Regina sagte zu mir, dass sie mein Buch schon fast zu Ende gelesen habe und erstaunt ist, welch ein bewegtes Leben ich doch gehabt hätte. Sie sei wie ich ebenfalls hochsensibel, liebe Tiere und die Natur. Ich empfinde bei ihr eine tiefe Verbundenheit. Auch für sie war es schier unglaublich, dass sie nun plötzlich Geschwister hatte. Sie bekundete anfänglich noch etwas Mühe, die Bezeichnung Schwester auszusprechen, und mir ging es genauso.

Alle um sie herum waren überaus erstaunt und konnten es kaum glauben, dass Regina nun Schwestern hatte, von denen sie zuvor nichts gewusst hatte. Uns beiden ist es bewusst, dass es ein riesiges Weihnachtsgeschenk war, dass wir uns so kurz vor dem Fest der Liebe zum ersten Mal begegnen konnten.

Und jetzt erzählt Regina ihre herzergreifende Geschichte.

Reginas Geburt

Das Licht der Welt erblickte ich am 7. August 1964 in der Nacht um 1 Uhr morgens. Ich wurde auf den Namen Regina Maria getauft.

Mein Geburtsort war das Monikaheim in Zürich. Dieses Haus liegt am Standrand nahe einem Walde und wurde vom katholischen Fürsorgeverein gegründet. Ziel dieser Institution war und ist es noch immer, junge Frauen und Mütter in schwierigen familiären, gesellschaftlichen und finanziellen Verhältnissen zu unterstützen, sie bei der Geburt und der frühen mütterlichen Betreuung des Babys zu begleiten und ihnen eine Art «Zuhause» zu bieten. Als erwachsene Frau habe ich diesen Ort einmal besucht, um mir ein Bild von meiner Geburtsstätte zu machen.

Da war ich nun im Dachgeschoss des Monikaheimes zur Welt gekommen, in einem Raum mit bunten Fenstern, welche an Kirchenfenster erinnern. Die Farben gaben zwar ein Gefühl von Wärme, dennoch wirkte der Bau auf mich auf eigenartige Weise bedrückend.

Wie waren wohl die Gefühle meiner leiblichen Mutter in jener Sommernacht 1964? Welche Art von Bindung war vorhanden? Fiel es ihr schwer, mich zur Adoption freizugeben? Habe ich diese Gefühle meiner Mutter als Embryo und Säugling wahrgenommen?

Aus den wenigen schriftlichen Unterlagen, in die ich später Einsicht hatte, geht hervor: Ich wurde mit einem Gewicht von 3840 Gramm und einer Größe von 51 cm spontan geboren und gedieh im ersten Monat altersentsprechend. Laut der ersten Eindrücke wurde ich als ein gesundes und normales Kind beschrieben, ohne Anzeichen einer angeborenen oder erblichen Krankheit.

Adoption und frühe Kindheit

Meine Adoptivmutter erzählte mir später, dass ich am gesamten Körper einen schorfartigen Hautausschlag (auch Exsudat genannt) gehabt hätte und unterernährt war. Als meine Adoptivmutter sich im Monikaheim ein Kind «aussuchte», hatte sie Mitleid mit diesem «hässlichen» Kind, weshalb die Wahl auf mich fiel.

Im Alter von drei Monaten kam ich in mein neues Zuhause. Meine Adoptivfamilie bewohnte ein Einfamilienhaus in einer mittelgroßen, gutbürgerlichen Gemeinde im Kanton Aargau, etwa 35 Kilometer von meiner Geburtsstätte entfernt. Im Haus lebten meine Adoptiveltern, mein drei Jahre älterer Adoptivbruder und meine Großmutter mütterlicherseits, welche die obere Etage bewohnte. Ihr Ehemann, mein Großvater, war bereits verstorben. Das Haus war für damalige Verhältnisse großzügig gebaut, bot genügend Platz und Raum und hatte einen großen Garten mit einem kleinen Teich. Von außen betrachtet schien es schon fast ein Idyll und bot scheinbar gute Voraussetzungen für eine glückliche Kindheit. Doch für Gefühle war in unserem Haus nicht viel Platz.

Im neuen Zuhause angekommen, war die Großmutter entsetzt über dieses hässliche Kind und äußerte sich dahingehend, dass sie mit mir nicht auf die Straße gehen würde. Als ich später von dieser Äußerung erfuhr, war ich sehr verletzt, und es dauerte Jahrzehnte, bis diese Narbe geheilt war.

Für Außenstehende schien unser Familienleben intakt. Mein Adoptivvater war sehr liebevoll zu mir und auch ich liebte ihn sehr. Er nannte mich jeweils beim Kosenamen Zibi. Jahrzehnte später trat ich als Clownfrau auf Bühnen und Festen auf, und als ich mir einen Künstler- oder eben Clownnamen auswählen musste, war mir sofort klar: es sollte Zibi sein, allein schon als Zeichen meiner liebevollen Wertschätzung. Es fühlte sich einfach gut an.

Die frühe Kindheit mit Vater, Mutter und Bruder verknüpfe ich mit vielen freudigen und positiven Geschichten. Das Leben war ausgefüllt mit dem Haus, dem großen Garten und ebenfalls mit einem kleinen Gartengrundstück am Rande der Gemeinde, wo wir viel Gemüse- und Früchtebeete pflegten. Uns Kindern machte es großen Spaß, mit den öffentlichen Verkehrsmitteln zu reisen, denn ein Auto war finanziell nicht tragbar. Glückliche Stunden verbrachten wir in manchen Bahnwagen und Bussen mit Karten- und Rätselspielen, Kindergeschichten und vielem mehr. Die Großeltern väterlicherseits waren gern gesehene Reisebegleiter. Uns zog es in der gemeinsamen Freizeit mit Wanderschuhen, Rucksack, unserem Jagdhund in die nahe Umgebung. Wandern, Pausieren, Waldbäche stauen, Feuer machen, Würste grillieren ... das machte uns sehr viel Spaß. Wir spürten (vielleicht noch unbewusst), dass uns die freie Natur guttat, wenn wir die gefühlsmäßige Enge des Wohnhauses verlassen konnten.

Wir hatten immer viele Tiere, eine Art Mini-Zoo, in unserer bedächtigen Gemeinde. Wilde Tiere wie Vögel und Igel lebten bei uns, oft auch von Nachbarn gebracht, und wir pflegten diese Tiere dann jeweils über die kalten Wintertage und versorgten sie. Aber auch eigene Tiere wie Hunde, Katzen und Schildkröten gehörten zu uns. Als Kuriosum und mein persönlicher Favorit bewohnte die indische Laufente mit Namen Ratschu unser Anwesen. Diese Ente trieb ihr Unwesen und verteidigte ihr Revier wie ein Hund. Sie konnte mit ihrem Entenschnabel kräftig zupacken, bis unsere Haut mit blauen Flecken «geschmückt» war. Eine Geschichte bleibt mir bis heute in lebhafter Erinnerung. Meine Mutter hatte im Frühling frische Blumenzwiebeln in die Gartenerde gesetzt. Ratschu beobachtete dieses Treiben diebisch aus sicherer Distanz. Kaum hatte sich meine Mutter entfernt, schlich Ratschu verstohlen um das Haus, wohl in der Hoffnung, nicht beobachtet zu werden. Bei den Zwiebeln angekommen, grub sie einige Zwiebeln mit dem Schnabel aus dem Erdreich, packte sie und warf sie in den Gartenteich. Die Absicht, die Zwiebeln im Wasser durch Versenken zu verstecken, misslang jedoch kläglich. Ratschu war dann wohl etwas frustriert. Sie wurde sehr alt und verließ unsere Familie mit 12 Lebensjahren Richtung Entenhimmel.

Die angemieteten Gartenbeete versorgten uns reichlich mit Gemüse und herrlichen Früchten. Mein Vater war Postbote mit einem sicheren, wenngleich auch geringen Einkommen. Daher war die Selbstversorgung schon fast Pflicht. In Zeiten ohne Gefriergeräte haben wir Früchte eingekocht oder getrocknet. In der Nachbargemeinde bestand die Möglichkeit, Gefrierfächer günstig zu mieten, was wir auch taten. So haben wir manchen Sonntag die Erträge aus dem Pflanzgarten mit einem hölzernen Handwagen zum Gefrierfach transportiert. Jahre später schafften wir uns ein eigenes großes Gefriergerät an.

Das scheinbare Familienidyll zerbrach für mich innerhalb eines Jahres. Mein geliebter Vater hütete ein Geheimnis, an dem er mit den Jahren zu schwer zu tragen hatte. Es sollten Jahrzehnte vergehen, bis mir meine Mutter die wahren Hintergründe unserer «Familie» in Fragmenten erzählte. Wie wohl die meisten kleinen Mädchen, war ich mächtig stolz auf «meinen» Vater. So war es zum Beispiel ein gar «himmlisches» Gefühl, mit meinem Vater auf dem Moped – es war ein Vélosolex – in das örtliche Schwimmbad mitzufahren. Wie eine Königin kam ich mir dabei immer vor. Obwohl diese Erlebnisse für Außenstehende nichts Besonderes darstellen, bedeuten sie mir bis zum heutigen Tag sehr viel und ich trage diese in meinem Herzen. Dass mein Vater eine innere Spannung mit sich führte und keine «lebbare» Lösung fand, manifestierte sich im Umstand, dass Alkohol sein ständiger Begleiter wurde. So wurde mein Vater auch körperlich immer kränker. Meine Mutter litt sehr darunter und hatte ihre eigenen körperlichen Symptome.

Meinem Vater war wohl seine innere und äußere Verfassung bewusst und er wollte in einem wichtigen Punkt Klarheit schaffen. Ich erinnere mich nur schleierhaft an den Moment, als mir meine Eltern im Alter von 6 Jahren offenbarten, dass ich adoptiert wurde. Als kleines Mädchen konnte ich noch nicht die Tragweite erfassen und so war diese Adoption etwas Normales. Kindlich ausgedrückt war «Adoption» etwas, was es auf dieser Welt einfach gibt, wie Sonnenschein und Regen, und ich war davon betroffen.

Mein Vater wurde mit 41 Jahren in das Spital eingeliefert und danach in die Südschweiz zum Kuraufenthalt eingewiesen. Ich erinnere mich so klar, als wäre es gestern gewesen: Am 1. Mai 1972 um 6 Uhr in der Früh klingelte das Telefon. Meiner Mutter wurde mitgeteilt, dass ihr Ehemann, unser geliebter Vater, soeben verstorben sei. Ich war 8, mein Bruder 11 Jahre alt. Meine Mutter stand jetzt alleine da. Mit der eigenen Mutter und zwei Adoptivkindern, obwohl sie immer den Wunsch hatte, eigene Kinder zu bekommen. Mit der geringen Witwenrente und Pension musste nun der Alltag bestritten werden.

Regina als Kind und Jugendliche

Meine Mutter wurde nun plötzlich und zwangsläufig meine Hauptbezugsperson, wenn es darum ging, meine Bedürfnisse nach Wärme, Zuneigung und Liebe zu erfüllen. Um diese drei Dinge, auf die wir von Geburt an angewiesen sind, die uns das Leben Tag für Tag schenkt, zumal sie in finanzieller Hinsicht nichts kosten, habe ich viele Jahre gekämpft und bekam sie doch nie. Dies beschäftigte mich intensiv. War es der Umstand, dass meine Mutter zeitlebens selbst am Mangel von Liebe und Aufmerksamkeit litt? Um dies besser verstehen zu können, fragte ich sie im Laufe der Jahre über ihre Lebensgeschichte aus, welche sie mir, bruchstückhaft jeweils, erzählte. Doch am Ende ergab sich aus diesen Lebensfragmenten ein Gesamtbild. Seit ich dieses Bild in meinem Inneren sehe, kann ich verständnisvoll ihre und meine Geschichte akzeptieren und ihr verzeihen.

Meine Mutter wuchs in der Nähe von Aarau in einem schönen Haus zusammen mit drei Halbbrüdern auf. Ihr eigener liebevoller Vater war jung im Alter von 52 Jahren verstorben. Sie wollte als junge Frau heiraten und eine eigene Familie gründen, so wie das «alle» gemacht haben. Nach einer Liebschaft heiratete meine Mutter später meinen Adoptivvater. Der Wunsch nach eigenen Kindern sollte nicht in Erfüllung gehen, obwohl die Familie, Schwiegereltern und das soziale Umfeld so sehr hofften, dass meine Mutter endlich schwanger werden würde. Gesellschaftliche Akzeptanz in einer kinderlosen Ehe mitten in einer gutbürgerlichen Umgebung? Die gab es nur schwer. Der Kinderwunsch meiner Mutter und Großmutter war omnipräsent. Warum dieser nicht erfüllt wurde, fragte ich meine Mutter später. Darüber wird nicht gesprochen, war ihre harsche Antwort. Ich sollte es dennoch Jahre später erfahren.

Meine Großmutter führte im Haus ein strenges Regime, welches sich mit dem Tod meines Vaters noch verstärkte. Zuneigung, Wärme und Liebe konnte sie nicht annehmen und demzufolge auch kaum geben. Dieses Verhalten färbte dann auch auf meine Mutter ab.

Das herrische Regime offenbarte sich zum Beispiel in der weiteren Kontrolle meiner Mutter. So wollte die Großmutter jeweils Telefongespräche mithören, welche meine Mutter führte. Die Stufen der Treppe knarrten immer, wenn die Großmutter hinunterschlich, um das Gespräch besser verstehen zu können. Des Weiteren litt meine Mutter sehr unter dem Verlust einer engen Freundin, welche von der Großmutter böswillig vergrault wurde. Die Nachbarkinder hatten Angst vor der alten Frau mit dem strengen Blick und der farblosen, konservativen Kleidung. Meine Mutter erduldete dies stoisch und stand nie für ihre oder unsere Bedürfnisse ein. Sie schwieg.

Lichtblicke für mich und meine Mutter waren jeweils die Besuche von Tante Maria, einer äußerst warmherzigen Frau. Obwohl Maria selbst keine Kinder besaß, konnte sie sehr gut mit uns umgehen. Sie erzählte spannende Geschichten und widmete ihre Zeit uns Kindern. Wer nun annimmt, dass meine Tante ein leichtes Leben hatte und daher Liebe und Wärme verschenkte, der irrt. Maria pflegte unter finanziellen Nöten in einer kleinen Mansardenwohnung jahrelang ihren an Tuberkulose erkrankten Ehemann, bis dieser starb. Sie beklagte sich nie. Die beiden Schwestern waren in ihrer Art grundverschieden. Als unsere Tante Maria früh starb, war dies ein großer Verlust für uns alle. Durch ihren Tod war wieder etwas Wärme und Geborgenheit aus unserem Haus und unserem Leben gewichen.

Sowohl meine Großmutter als auch meine Mutter vertraten die Meinung, dass die männliche Schöpfung mehr wert sei als die weibliche. Des einen Glück, des anderen Leid. Während mein Bruder Sonderprivilegien genoss, musste ich im Haus kräftig mithelfen. Bevor ich im Freien mit meinen Freunden spielen durfte, musste ich beispielsweise immer erst an einem Paar Socken stricken. Das ansonsten liebevolle Ritual des Haarekämmens durch die Mutter oder in unserem Falle durch die Großmutter war schmerzhaft, da sie keine Rücksicht auf Haarknoten oder schorfartige Entzündungen nahm. Schmerzhaft war sie in Inneren und schmerzhaft im Äußeren.

Nun, aus heimischer weiblicher Hand war es schwierig, Zuneigung zu erhalten. Daher litt ich auch sehr unter dem Umstand, dass wir keine Nachbarkinder mit nach Hause nehmen durften. Fragte ich nach den Gründen, war die Antwort jeweils: «Es ist einfach so.»

Unsere Großmutter starb im Alter von 82 Jahren bei einem Autounfall. Ich hatte danach das Gefühl, dass meine Mutter dadurch erleichtert war. Sie konnte sich ihr Leben nun freier gestalten und sich von Zwängen lösen.

Das Verhältnis zur Großmutter im eigenen Haus war kühl bis kalt. Auch die Beziehung zu den Großeltern väterlicherseits war nicht erfüllt von einem liebevollen Umgang, aber sie boten uns Kindern viel Abwechslung. Die Großeltern besaßen ein kleines Haus in der Nähe und wir waren alljährlich zur Weihnachtsfeier dort. Der Großvater konnte sich als ehemaliger Stadtkassier jeweils kostenlos einen Tannenbaum im Gartenbauamt abholen. War es aus Mitleid oder einfach Blindheit, doch brachte er stets den kleinsten, krümmsten und unförmigsten Christbaum der ganzen Region nach Hause. Geschmückt mit kleinen Äpfeln und kreisrunden Ringkeksen (Willisauerringli) strahlte der Baum für uns Kinder dennoch den weihnachtlichen Zauber aus. Etwas betrüblich war die

Geschenkübergabe. Da kein Geld für Geschenke vorhanden war, wurden diese von uns Kindern aus Naturalien gebastelt. Diese «Kostbarkeiten», mit freudiger Erwartung den Großeltern überreicht, verschwanden stets wort- und kommentarlos in einer «Auf-nimmer-Wiedersehen-Schublade».

Da unsere Großeltern uns auch materiell unterstützen wollten, dies aber finanziell kaum konnten, brachten sie uns immer samstags Esswaren ins Haus. Für uns Kinder und die Mutter war das manchmal ein Horror. Die Lebensmittel waren teilweise verdorben oder für Kinder gänzlich unpassend. So kam es eines Tages, dass der Großvater mit einer Lieferung vor unserem Haus stand und sich die Familie «tot» stellte und die Tür nicht öffnete.

Meine Adoptiveltern hatten drei Jahre vor mir bereits einen Knaben bei sich aufgenommen, meinen Adoptivbruder. Wie sich mein Bruder fühlte, als da plötzlich – schließlich war dem keine neunmonatige Schwangerschaft vorausgegangen – eine kleinere Schwester im Hause einzog, erzählte er mir nie. Ich war für ihn immer nur «die Kleine». Das zu dieser Zeit gängige und in unserem Haus verstärkt gelebte Weltbild der unterschiedlichen Wertschätzung von Mann und Frau bekam ich durch das einzige männliche Geschöpf im Hause oft zu spüren. Mein Vater bot mir körperlichen und seelischen Schutz, doch nach seinem Tod war ich den Launen und Aggressionen einiger Familienmitglieder unwillkürlich ausgesetzt.

Brüder beschützen oft die kleine Schwester. Nicht so in unserer Gemeinschaft. Erschwert wurde die Beziehung durch eine Art unkontrollierten Jähzorn. So kam es, dass mein Adoptivbruder in einer solchen Phase mit seiner Faust Fensterscheiben zertrümmerte oder mir eine Essgabel oberhalb des Auges in die Haut rammte. Die dadurch entstandene Narbe ist heute noch sichtbar. Wie in einem billigen Horrorfilm ging er mit einer Säge auf mich los und meine langen Haare boten ihm oft Gelegenheit, mich festzuhalten. Ein Erlebnis prägte mich besonders: Als meine Mutter eines Tages aus dem Haus ging, fesselte und knebelte mich mein Bruder im Keller. Meine Mutter fand mich nach ihrer Rückkehr lange Zeit nicht. Als sie mich schließlich völlig verängstigt entdeckte, war von ihrer Seite keine Regung von Anteilnahme und Trost spürbar. Das Gefühl, als Mädchen und Frau in der engsten familiären Gemeinschaft keinen Schutz und Rückhalt zu haben, war für mich nur schwer zu ertragen. Fremde dunkle Räume meide ich bis heute, wenn kein dringender Bedarf besteht, sich dort hinein zu begeben. Öffnete ich mich meiner Mutter und berichtete ihr von meiner latenten Angst in diesem Hause, war sie unfähig, mir Halt und Schutz zu bieten.

Mit den Jahren entstand eine familiäre Konstellation, die kaum auszuhalten war. Was in der frühen Kindheit mit meinem Vater gut war, änderte sich nach seinem Tod. Meine Bemühungen, zu dem zurückzukehren, was einmal war und was für viele Familien selbstverständlich zu sein scheint – nämlich ein liebevoller, empathischer und respektvoller Umgang miteinander –, kostete viel Kraft und einstweilen auch den Verlust meiner Selbst. Mein Bruder glaubte, als einziger Mann im Hause Erziehungsaufgaben wahrnehmen zu müssen. Diese bestanden jedoch nur in Forderungen zu seinen Gunsten und Einschränkungen zu meinen Ungunsten. Konnte er sich verbal nicht durchsetzen, wurden körperliche Maßnahmen eingesetzt. Meine Mutter und der Bruder agierten hier auf einer gewissen Ebene zusammen, denn beide zogen Vorteile aus der Situation. Als ich eine Berufslehre in einer Gärtnerei und später im Detailhandel anfing, musste ich Miete bezahlen, die Wäsche und andere Hausaufgaben verrichten. Noch heute kann ich Bilder oder Filme von Schweizer Verdingkindern, wie sie auf Bauernhöfen für einen jämmerlichen Lohn an Körper und Seele ausgenutzt wurden, kaum ertragen. Meine Situation war vielleicht nicht so schlimm wie andere Schicksale, doch die Energie, welche diesem Missbrauch zugrunde liegt, ist zumindest ähnlich.

Mit zunehmendem Alter spürte ich den Mangel an Sicherheit, Geborgenheit und Nähe immer mehr, und mein geliebter Vater fehlte mir unendlich. Aus dieser seelischen Not heraus tauchte auch der Wunsch auf, meinen leiblichen Vater kennen zu lernen.

Ich gehe meinen Weg

Mit zunehmendem Alter wurde ich stärker, reifer und freier. Noch immer kämpfte ich um familiäre Nähe und Wärme, doch ich wusste, dass ich dies im Haus meiner Kindheit nicht bekommen würde. Im Urlaub den fernen Bekannten auf dem Bauernhof aushelfen und sich den Rücken krumm schuften: nein, danke. Die gesamte Hausarbeit inklusive Wäsche zu erledigen und überdies mein halbes Monatseinkommen für Kost und Logis abzugeben: nein, danke.

Was ich erlebt habe, kann ich nicht ändern. Doch ich kann mein Leben selbst in die Hand nehmen und es zulassen, auf dieses neue Leben aktiv zuzugehen. Um dem neuen Leben Raum zu geben, muss etwa Altes weichen. Mit 21 Jahren zog ich aus dem Haus meiner Kindheit aus. Meine Mutter war dagegen und ich bin dankbar, dass ich die Stärke besaß und diesen mutigen Schritt trotzdem vollzogen habe.

Dieses neue Leben empfing mich freundlich. Ich arbeitete im Detailhandel und hatte ein gutes soziales Umfeld, fand Freunde. Später kam mein Partner dazu und in unserer mittlerweile 13-jährigen Beziehung entdeckten wir die Liebe zum Reisen. Sowohl als Paar wie auch zusammen mit Freunden reisten wir in ferne Länder und suchten dabei oft fremde Wege abseits des Touristenstroms.

Neben anderen körperlichen Aktivitäten wie zum Beispiel Karate entdeckte ich meine große Leidenschaft für das Tauchen. Wunderschön und friedvoll erlebte ich diese Unterwasserwelt. Dass es mehr als nur ein Hobby war, zeigte sich in meinen Ausbildungen bis zur Tauchlehrerin. Dies war auch ein gutes Lernfeld um herausfinden, wie Menschen agieren und reagieren. Mit meinen Ausbildungen war ich im Bereich des Tauchens nun sehr erfahren und wollte dieses Wissen aus dieser vermeintlich machtvollen Position weitergeben. Statt mit Drohungen und Druck nahm ich mich mit Geduld, Spaß und Empathie den schwächsten Kursteilnehmern an. Meine Erfahrungen als Lehrerin waren beglückend und erfolgreich. Ich setzte menschliche Fähigkeiten ein, welche alle von uns in sich tragen: Anteilnahme, Aufmerksamkeit, Lob, Verständnis etc. Obwohl ich gab, bekam ich mehr zurück. Wie wunderbar war es, einem zuvor ängstlichen Menschen nach einem Tauchgang mit einer tiefen Zufriedenheit und Freude aus dem Neoprenanzug zu helfen und seine Dankbarkeit zu spüren! Nahrung für das Herz.

Die Jahre vergingen und das Verhältnis zu meiner Mutter wurde besser. Die Begegnungen waren jedoch noch immer geprägt von einer kühlen Distanz. Wieder waren da diese Fragen, warum kein natürliches Mutter-Tochter-Verhältnis entstehen konnte oder ob wir nicht zumindest gute Freundinnen sein könnten. Lag es an mir? Sollte ich mich noch mehr anstrengen? Sollte ich versuchen, diesen Menschen verstehen, was bekanntlich zu Verständnis und Akzeptanz führt? Verstehen beginnt mit Fragen. Und das tat ich.

Ihre Lebensgeschichte erfuhr ich allmählich, in Form von kleinen Puzzleteilen, als ich mit ca. 30 Jahren nach Antworten suchte. Meine Mutter war weit über 70 Jahre alt, als sie mir nach einer schweren Krankheit Einblick in ihr Leben und ihr Schicksal gab.

In ihrer Jugend lernte sie einen in der nahen Kaserne stationierten Soldaten kennen und verliebte sich in diesen Bauernsohn. Es war «die Liebe ihres Lebens», wie meine Mutter sagte. Es waren andere Zeiten, und ein jung verliebtes Paar hatte noch nicht die Möglichkeiten wie heute, in Kontakt zu treten und zu bleiben, geschweige denn sich nahe zu kommen. Es waren jedoch auch Zeiten, in denen die Eltern mitbestimmten, wer die Tochter heiratete, und man musste den Segen der Eltern, in ihrem Falle den meiner Großmutter, einholen. Der Großmutter war die Beziehung meiner Mutter zu diesem Bauernsohn nicht genehm und sie wusste, wie dem ein Ende zu setzen war. In Zeiten ohne Mobilkommunikation oder Internet schrieb man sich (Liebes-)Briefe. Diese Briefe wurden von der Großmutter abgefangen, versteckt und später vermutlich vernichtet. Meine Mutter ahnte nichts und glaubte, da sie nie eine Antwort auf ihre Nachrichten bekam, dass ihr Geliebter sie nicht liebte. Traurig ergab sie sich ihrem Schicksal. Was wäre gewesen, wenn die Großmutter dieses Verhältnis nicht verhindert hätte? Hätte meine Mutter diesen Mann geheiratet und mit ihm eigene Kinder bekommen? Hätte sie ihr Herz öffnen und glücklich sein können?

Wie es früher üblich war, wurde meiner Mutter dann ein «geeigneter» Mann zugehalten. Diesen Mann sah sie jeweils nur am Wochenende. Sie wurden ein Paar und meine Mutter heiratete diesen Mann – meinen späteren Adoptivvater – am 11. September 1954. Das jung vermählte Paar hatte keine eigenen finanziellen Mittel. Deshalb verkaufte meine Großmutter ihr Haus und zog mit dem jungen Paar in die Aargauer Gemeinde. Die materielle Abhängigkeit zur eigenen Mutter wurde als verheiratete Frau im gemeinsamen Haushalt fortgesetzt.

Man lebte in dieser Ehe seinen Alltag, hatte sicher auch schöne und erfüllende Stunden, doch die große Liebe war es im Rückblick sicherlich nicht. Obwohl mein Vater ein herzensguter Mensch war, führte er ein Doppelleben. Meine Mutter offenbarte mir im hohen Alter, dass ihr Ehemann, mein Vater, homosexuell war. Was heute offen gelebt und in der Gesellschaft akzeptiert wird, wurde in den 1950er Jahren verfolgt, geächtet und ausgegrenzt. Nur im Verborgenen wurden die Bedürfnisse ausgelebt und zum Schein und für die gesellschaftliche Akzeptanz heiratete man. Eigene Kinder? Mir wurde vieles klar. Nun wusste ich, wer der fremde Mann war, den ich am Grab meines Vaters manchmal weinen sah. Wie konnte meine Mutter jemanden lieben, wenn sie die Liebe selbst nie erleben durfte? Sie muss innerlich sehr gelitten haben und, anstatt ihr Herz zu öffnen, war sie gefangen in der Abhängigkeit ihrer kalten Mutter und der damaligen konservativ-gesellschaftlichen Enge. Ihr wurde ihr Geliebter vorenthalten, stattdessen musste sie einen für sie ausgewählten Mann heiraten und auf eigene Kinder verzichten. Ihr wurde von den Schwiegereltern oft vorgehalten, dass sie Schuld an der kinderlosen Ehe hätte. Trost und Wärme fand sie nicht bei Menschen, sondern bei Tieren und in ihrem Garten.

Welchen Einfluss hatte dieser tragische Lebensverlauf auf die Mutter-Tochter-Beziehung? Nun, ich war ein lebendiger Teil dessen, was meine Mutter nie wollte. Statt mit einem geliebten Mann eine eigene Familie zu gründen, wurde meine Mutter «ver-heiratet» und unter dem gesellschaftlichen Druck, Kinder mit einem (homosexuellen) Ehemann zu haben wurden diese dann adoptiert. Meine Mutter hatte ebenfalls einen liebevollen Vater und das Gegenteilige in weiblicher Gestalt. Sie sah auch, wie sich mein Vater liebevoll den Kindern widmete. Sie hingegen war unfähig dazu, mir Wärme zu geben. Was für ein Frauenbild muss sie in sich getragen haben? War nicht ich für sie die lebendige und sichtbare Verkörperung ihres leidvollen Schicksals und ihrer negativen Wahrnehmung von Frauen?

Abnabelung, Versöhnung und Spurensuche

Mit 40 Jahren, in einer schwierigen zweiten Beziehung mit vier Kindern aus der ersten Ehe und einer hohen beruflichen Belastung und ungeklärten Fragen, erkrankte ich körperlich und seelisch. Diagnose: Erschöpfungsdepression. Meine Psychologin sagte mir, ich sei wie ein U-Boot mit Torpedos bestückt. Abgetaucht hinter einer Mauer, nicht entfesselte Wut in mir. Kein Wunder, schrie mein Inneres nach Befreiung. In der Klinik feuerten die Psychologen die Wut zusätzlich an, bis die Mauer brach oder die Torpedos abgeschossen wurden. Gott sei Dank, welche Befreiung!

Ich sollte, durfte und konnte mein Leben auf eine neue Ebene bringen. Mir war bewusst, dass diese Reise schwer sein würde, doch ich wusste, dass ich daran wachsen und es sich lohnen würde. Der Start erfolgte mit der Kündigung meiner Arbeitsstelle. Mit dem Bezug von Arbeitslosenunterstützung musste ich zugewiesene Arbeiten verrichten, welche meinem Naturell nicht entsprachen. Als ich der Steuerbehörde dann belegen musste, wie ich mit diesem geringen Einkommen leben könne (inkl. alten Auto) war mir klar, dass ich meine Handlungsfreiheit verloren hatte. Der logische Schritt war die Kündigung jeglicher finanziellen Unterstützung und selbstbestimmend weiterzugehen. Irgendwie führte ein Schritt, eine aktive Tätigkeit zur nächsten, und so wurde ich im Pflegedienst tätig und fand eine Anstellung inklusive Ausbildung. Ich war wieder frei, doch Fragen meiner Kindheit und Jugend begleiteten mich. Und waren da nicht doch noch Brüder und Schwestern?

Der Wunsch wurde wieder laut, meine leibliche Mutter kennen zu lernen. Ich las viel über das Thema Adoption und stellte dabei fest, dass einer Zusammenkunft mit der leiblichen Familie nicht immer ein Happy End beschieden war. Trotzdem wollte ich Klarheit und stellte mich dem Prozess, indem ich das zuständige Amt kontaktierte. Dieses beschied mir einige Wochen später, dass meine leibliche Mutter keinen Kontakt wünsche. Somit war mir auch vorerst die Möglichkeit genommen, vermutete Brüder und/oder Schwestern kennen zu lernen. Enttäuscht und traurig bekam ich unverhofft Aufklärung und Hilfe aus einer wunderbaren Quelle. In einem sehr klaren Traum stand ich an einer Brücke und «jemand» sagte mir, dass die Gestalt auf der anderen Brückenseite meine Mutter sei. Als ich auf dem Weg zu ihr die Brücke betrat, drehte sich die schemenhafte Frau um und verschwand. Ich durfte diesen subtilen Kontakt in das Tagesbewusstsein hinübernehmen und konnte die Entscheidung meiner Mutter nicht verstehen, aber akzeptieren.

Im Jahre 2003 bekamen wir einen Anruf, dass meine Adoptivmutter in kritischem Zustand nach einem schweren Hirnschlag in die Notaufnahme des Regionalspitals gekommen sei. Was nun? Sie war halbseitig gelähmt und verlor durch den Hirnschlag ihr Sprechvermögen. Nun unfähig, ihren Alltag selbstbestimmend zu gestalten, versuchten wir, meiner Mutter neben den eigenen beruflichen und privaten Verpflichtungen materiell und fürsorglich beizustehen. So entsorgten wir in ihrem bereits verwahrlosten Haus drei gefüllte Baumulden (!) unbrauchbarer Dinge und sahen ebenfalls die Notwendigkeit, ihr einen Beistand zur organisieren. Dieser übernahm die meisten finanziellen und behördlichen Pflichten. In dieser Zeit kam ich an den Rand meiner eigenen Kräfte und war danach ausgelaugt.

Erfreulicherweise verlief die Genesung meiner Mutter durch ihren eisernen Willen und nach mehreren Klinikaufenthalten und Rehabilitationsmaßnahmen positiv und sie fand – mit leichten Einschränkungen – wieder in ihr Leben zurück. Zurück im Haus war sie jedoch weder dankbar über die Genesung noch über die vorgefundenen Veränderungen. Im Gegenteil: Ihre

Wut manifestierte sich haltlos, was uns sehr verletzte. Im Jahre 2005 waren meine Kräfte im Umgang mit meiner Mutter vollends aufgebraucht, denn sie verstand es immer wieder, mich tief zu verletzen. Ich löste mich von ihr. Ein schwerer und einschneidender Entscheid, doch war er heilsam für meine Seele. Ein Bemühen ihrerseits, den Kontakt aufrechtzuhalten, gab es nicht.

In dieser Zeit war mein Wunsch wieder präsent, die entstandene Lücke und Leere durch Menschen zu füllen, welche mich annahmen, wie ich bin. Freunde, auch sehr gute Freunde, waren sehr wohl vorhanden; doch diese nie erfahrene Bindung, welche nur eine Familie besitzt, fehlte mir auf subtile Weise. Lebten auf diesem Globus etwa noch Geschwister und suchten dasselbe Gefühl nach Verbundenheit?

Mithilfe des Beistandes konnte erreicht werden, dass meine Mutter noch weitere 5 Jahre in ihrem Haus leben konnte. Nach weiteren kleineren Hirnschlägen wurde sie jedoch in ein Pflegeheim gebracht und ihr Haus stand ab diesem Zeitpunkt leer. Etwa ein Jahr nach der Einlieferung in das Pflegeheim kontaktierte mich eine Seelsorgerin und ließ mir ausrichten, dass meine Mutter wünschte, mich zu sehen. Nach einigem Zögern stellte ich mich ihrem Wunsch und besuchte sie. Ich werde diese Begegnung und die Bilder nie mehr vergessen. Nachdem ich den Raum betrat, fragte ich meine Mutter, ob ich mich an ihr Bett setzen soll. Keine Antwort. Mit schwerem Herzen setzte ich mich dennoch hin und erzählte ihr von meinem derzeitigen Leben. Nach einigen Minuten drehte sich meine Mutter wortlos zur Seite. Wir hatten bei diesem letzten Treffen weder Blickkontakt noch fand eine vielleicht sanfte, aber dennoch heilende Berührung statt. Mit unendlich traurigem Herzen verließ ich ihr Zimmer.

Im Jahre 2010 verstarb meine Mutter im Pflegeheim mit 81 Jahren. Was ich mir von meiner Mutter wünschte - eine Versöhnung und das Gefühl, angenommen und geliebt zu werden –, konnte nun nicht mehr stattfinden. Das jedenfalls dachte ich - und irrte mich glücklicherweise. Mittlerweile arbeitete ich als Pflegefachfrau in einer spitalexternen Organisation (Spitex). Wir besuchten unsere Klienten in ihrem eigenen Zuhause und kamen somit viel in Kontakt mit den unterschiedlichsten Persönlichkeiten und deren Lebensgeschichten. Bezeichnenderweise ist es in meinem Beruf unerlässlich, auch mit dem Herzen zu arbeiten und das zu geben, was mir in der Adoptivfamilie verwehrt wurde. Etwa ein Jahr nach dem Heimgang meiner Mutter betreute ich eine Frau, welche lange Zeit ihres Lebens als Fahrende (Jenische) gelebt hatte. Man spürte die reiche Lebenserfahrung, wenngleich die Pflege dieser Frau besonders behutsam durchgeführt werden musste. Auch diese Frau hatte viel Leid in sich, und ich nahm darauf Rücksicht, so gut ich konnte. Bei einem meiner Besuche bemerkte ich einen sonderbaren Gesichtsausdruck an ihr. Die Frau war still und sagte plötzlich mit hoher Ernsthaftigkeit, dass ich jetzt gut zuhören solle, sie würde die folgenden Worte nur einmal sagen: «Ich sehe deine Mutter», erklärte sie und beschrieb sehr zutreffend ihr Aussehen, die Kleidung, die Haare oder ihre typisch schräge Kopfhaltung, wenn meine Mutter jeweils etwas Schwieriges sagen musste. Wortlos, ja schon fast erstarrt, hörte ich zu. Die Frau schilderte mir, dass meine Mutter erschienen sei, um mir mitzuteilen, dass es ihr leid tue, was sie mir angetan habe. Sie bitte um Verzeihung und Entschuldigung. Danach sagte die Frau, sie sei jetzt sehr müde und ich müsse nun gehen. Ergriffen und dankbar verließ ich die Frau und wusste, dass ich gerade ein großes, unbezahlbares Geschenk empfangen durfte. Nur kurz zuvor hatte ich einen klaren Traum von meiner Mutter, welche in einem nebligen Wald den Ausgang an das Licht nicht fand. Die jenische Frau mit ihren sinnlichen Gaben konnte und durfte hier Hilfe leisten.

Mittlerweile bin ich in der dritten Beziehung und durfte feststellen, dass eine enge Bindung zwischen zwei Menschen eine Königsdisziplin ist. Doch wer nicht wagt, der nicht gewinnt, und so beschlossen mein Partner und ich vor ein paar Jahren, ein kleines Haus zu erwerben, welches gut zu unserer Lebenssituation passt. Beruflich durfte ich mich mit Weiterbildungen weiterentwickeln und meine Fähigkeiten im Pflegebereich engagiert und vielfältig einsetzen.

Meine Geschwister: Ein unerwartetes Geschenk

An Weihnachten erhalten wir oft und vielleicht etwas erwartungsvoll Geschenke. Ein Geschenk ganz anderer Art und gänzlich unerwartet bekam ich am 16. Oktober 2017 in Form eines Briefes. Der Absender war die Organisation «Pflege- und Adoptivkinder Schweiz», kurz PACH. Dem Brief war zu entnehmen, dass eine Halbschwester auf der Suche nach mir sei. Die Tochter dieser Halbschwester nutzte die neuen gesellschaftlichen Freiheiten und forderte Aufklärung über ihre Großmutter. Sie war anscheinend erfolgreich. Meine Mutter war im Jahr 2009 verstorben, eine Akteneinsicht nun möglich. Unsere leibliche Mutter habe mehrere Kinder geboren und diese zur Adoption freigegeben, war den Berichten zu entnehmen. Mehrere? Tausend Gedanken kreisten in meinem Kopf. Was kam da auf mich und auf uns zu? Sind wir gar eine Großfamilie? Wie sehen diese Geschwister aus? Was haben sie erlebt? Sind Ähnlichkeiten vorhanden und wie hat sich diese Trennung der Familie auf die Persönlichkeit jedes Einzelnen ausgewirkt?

Man sagt, dass starke, d.h. energiereiche Herzenswünsche irgendwann von unserem Universum, dessen Teil wir alle sind, erfüllt werden. Es schien, dass es jetzt soweit war. Eine tiefe Dankbarkeit erfüllte mich und ist noch immer präsent.

Ich sah schon einen großen Tisch vor meinem inneren Auge, gedeckt mit allerlei Köstlichkeiten. Ringsherum saßen frohe, interessante, besinnliche, dankbare, verrückte, illustre, glückliche und vor allem wunderbare Menschen – meine Familie, ein Teil von mir!

Die PACH unterstützte mich mit seiner jahrelangen Erfahrung und ich war dankbar über die Empfehlungen. Jede Zusammenführung von Familienmitgliedern nach so vielen Jahren ist einzigartig, sehr emotional und man muss mit allem rechnen: mit süßen Hollywood-Tränen wie auch mit grenzenloser Enttäuschung. Um das Zweite möglichst zu vermeiden, sind einige Punkte zu beachten. Geduld und besonnene Bescheidenheit sind hilfreiche Begleiter. Nachdem sich der erste innere Wirbelsturm etwas gelegt hatte, gab ich der PACH meine Kontaktinformationen und das Okay für den weiteren Prozess der Zusammenführung. Zwei Tage später erreichte mich ein Telefonanruf. Zum ersten Mal nach 53 Jahren – zum ersten Mal in meinem Leben – hörte ich die Stimme meiner Schwester Gabriela. Es gibt keine Worte, um dieses Gefühl treffend zu beschreiben. Wie wunderbar ist es, wenn eine innere Leere, mit welcher man sich «arrangiert» hat, nun füllt und der Wunsch Wirklichkeit wird.

Meine Schwester berichtete mir, dass ich weitere Geschwister habe. Unfassbar! Meine Vorahnung wurde durch Gewissheit abgelöst. So nahm nun die Geschichte ihren Lauf. Ich traf meine Schwester Regula mit ihrem Ehemann, und das Treffen war voller Freude. Regula hatte kurz zuvor ihr erstes Buch unter dem Titel «Seitensprungkind» veröffentlicht. Die Chemie zwischen uns stimmte und ich spürte langsam, wie es sich anfühlt, mehr als nur Freunde zu haben, sondern von einer Familie umgeben zu sein. Die Stunden vergingen wie im Fluge und ich erfuhr, wie viele Schwestern und Brüder zu unserer Familie zählten.

Mit weiteren Schwestern wurden nun Zusammenkünfte organisiert. Wie man sich vorstellen kann, verliefen auch diese sehr emotional und tränenreich. Tränen der Freude und Ergriffenheit kullerten über unsere Wangen, Tränen vom vielen Lachen, Tränen über ebenfalls nicht einfache Lebenswege meiner Geschwister, stille Tränen der Dankbarkeit.

Sehr speziell ist es auch, wenn man das erste Mal auf einen seiner Brüder trifft. Wir «Mädels» saßen vor dem ersten Kennenlernen mit unserem Bruder Mathias aufgeregt unruhig auf unseren Stühlen im Restaurant. Unser Bruder Mathias empfing uns mit großer Herzlichkeit und wir hatten uns viel zu erzählen. Endlich hatte ich einen «richtigen» Bruder, welcher mich als Frau respektierte und als Schwester wahrnahm.

Da wir nun eine familiäre Gemeinschaft sind, welche eine gemeinsame Geschichte eint, wurden die weiteren Aktivitäten, was die Aufarbeitung der Vergangenheit anbelangt, so gut als möglich und gewünscht gemeinsam durchgeführt. Es folgten Anträge an Amtsstellen und örtliche Besuche mit Akteneinsichtsicht. Wer mein leiblicher Vater ist, konnte dabei noch nicht festgestellt werden, ebenso wenig weiß ich bisher, ob ich eine Schwester habe, die vom gleichen Vater abstammt. Ob diese beiden Fragen irgendwann einmal zweifelsfrei geklärt werden können, ist weiterhin offen, und vielleicht lösen die Antworten weitere Rätsel. In diesem Prozess erkannte ich auch, dass wir in die Vergangenheit blickten und nichts daran ändern können. Das gewachsene Verständnis soll uns für die Zukunft hilfreich sein und auf diese nun gemeinsame Zukunft möchte ich meinen Fokus und meine Kraft lenken. Denn nur die können wir steuern.

Bei unseren Treffen war Regulas Buch «Seitensprungkind» immer wieder Thema. Bald wurden wir mit der spannenden Idee konfrontiert, dass ein zweites Buch erscheinen soll. Es wird die aktuellen Ereignisse festhalten und wir wurden eingeladen, bei diesem spannenden Projekt mitzuwirken.

Erkenntnisse

«Am Ende wird alles gut! Und wenn es noch nicht gut ist, ist es noch nicht das Ende.» Diese sinnhafte und für mich berührende Botschaft hat anscheinend Oscar Wilde einmal geprägt. Meine persönliche Geschichte zeigt mir, dass diese Botschaft wohl sehr viel Weisheit enthält.

Der Körper braucht Sauerstoff, Nahrung und Wärme, damit er überleben kann. Unser Herz oder unsere Seele (unser ureigenes ICH) braucht menschliche Anteilnahme, Verständnis, Wärme, Geborgenheit und Liebe. Erhalten wir diese grundlegenden Dinge nicht, so sterben wir zwar nicht physisch, doch wir leben kaum das Leben, zu welchem wir fähig sind. Als erwachsene Person kann ich frei entscheiden, ob ich Bedürfnisse selbständig erfüllen und mich zu dem liebevollen und «guten» Menschen entwickeln kann, welcher ich sein möchte.

Meine Adoptivmutter konnte ihr ebenfalls schweres Schicksal nur teilweise überwinden. Wir Adoptivkinder wurden Teil ihrer schweren Geschichte. Sie konnte die ihrerseits empfangene Kälte und die Zwänge nicht durchbrechen und gab sie an uns weiter. Doch wie durchbrechen wir diesen Kreis? Wer macht den Anfang?

Ist es wirklich so, dass ich nur Liebe weitergeben kann, wenn ich sie vorher erhalten habe? Das wäre eine Abhängigkeit, denn es muss etwas von außen eintreten, damit ich aktiv werde. Wenn ich nun also den ersten Schritt wage und liebevoll agiere, dann werde ich Liebe zurückerhalten. Ja, ich glaube das kann gut funktionieren.

Um diesen Kreis durchbrechen zu können, sollten wir lernen, liebevoll zu geben. Kann es schwerfallen, ein «ich liebe dich» auszusprechen? Vielleicht. Wie wäre es mit «du bist mir wichtig», oder dem Satz «das hast du gut gemacht», oder «ich mag dich sehr», oder aber «bitte hilf mir und ich werde dir dankbar sein», vielleicht auch einfach mal «schön, dass es dich gibt» zu sagen.

Auch wenn dieser Weg schwer sein mag, so ist er sicher lohnend. Diese Herzensnahrung kostet nichts. Jeder trägt sie in sich und bewirkt damit so unendlich viel. Speziell bei Kindern sind diese Botschaften und vor allem das Gefühl dahinter immens wichtig.

Ich musste lange auf diese Herzensnahrung warten, doch: «Am Ende wird alles gut! Und wenn es noch nicht gut ist, ist es noch nicht das Ende.»

It's all about Love

Bettina

Bettina, geboren am 2. Januar 1953, kam als erstes Kind unserer Mutter Bettina auf die Welt. Obwohl sie eine eheliche Tochter war und nicht zur Adoption freigegeben wurde, konnte auch sie nur für kurze Zeit bei ihrer leiblichen Mutter bleiben. Ihre Eltern ließen sich scheiden, und Bettina wuchs zuerst bei den Großeltern und später bei ihrem Onkel – einem strengen Pfarrer – auf. Ihr leiblicher Vater heiratete wieder und gründete eine neue Familie, bei der für sie ebenfalls kein Platz war.

Bettina sah ich zum ersten Mal am 21. Dezember 2017, zusammen mit Regina und Gabriela. Bevor wir uns zum ersten Mal getroffen haben, hatten wir schon regen Mailkontakt. Ihre erste Reaktion auf die gewaltigen Neuigkeiten war Folgende:

«Liebe Schwestern, schön, dass es euch gibt! Ich habe es zwar erst vor zwei Tagen von Gabriela erfahren und war schon ein wenig schockiert. Schade, dass wir uns nicht schon früher gefunden haben. Ich wünschte mir schon immer eine grosse Familie. Wie ich erfahren habe, wohnt Regula in Gränichen, wo ich ab und zu in die Brocki gehe. Vielleicht sind wir uns ja schon mal begegnet, wer weiss. Ich würde mich sehr freuen, bald etwas von euch zu erfahren und hoffe, dass es mit dem Treffen am 21. Dezember klappt.»

Auch Bettina wusste demzufolge nichts von den vielen Geschwistern, obwohl sie die Erstgeborene war und wir eigentlich davon ausgingen, dass sie die Mutter am meisten zu Gesicht bekommen hätte. Ich war extrem gespannt, sie kennen zu lernen, denn ich erwartete, dass sie uns vieles über unsere leibliche Mutter erzählen könnte. Bei unserem ersten Treffen brachte sie ein paar Fotoalben mit und wir waren total gespannt auf die Bilder von unserer Mutter. Leider mussten wir erfahren, dass es kaum Aufnahmen von ihr gab. Doch nichtsdestotrotz konnten wir uns wortwörtlich ein Bild von ihr machen. Regina und Gabriela sahen ihre Mutter zum allerersten Mal auf einem dieser Fotos! Dabei verspürten sie keine großen Gefühle, für sie war diese Frau eine völlig fremde Person. Bettina erzählte uns, dass sie unsere Mutter auch nicht oft gesehen hätte. Immer wenn sie sie am meisten nötig gehabt hätte, sei sie nie anwesend gewesen. Eine traurige Geschichte. Jetzt wo sie wusste, dass unsere Mutter nach ihr noch so viele Kinder zur Welt gebracht hatte, vermutete sie, dass sie mit ihren ständigen Abwesenheiten ihre Schwangerschaften zu verbergen versucht hatte.

Wir Schwestern verbrachten zusammen einen wunderbaren Nachmittag und ich fühlte mich auch bei Bettina sichtlich wohl. Gewisse Ähnlichkeiten konnten wir ebenfalls feststellen. Als ich erzählte, dass ich bei der ersten Begegnung mit der Mutter bemerkt hatte, dass wir die gleiche Nasenkrümmung hätten, zog sie ihre Brille ab und zeigte mir ihre Nase von der Seite – natürlich mit der gleichen Kontur! Bettina hatte außerordentlich Freude daran, nun plötzlich Schwestern zu haben, und am liebsten hätte sie uns von nun an jede Woche getroffen. Es ist unglaublich, dass wir doch so nahe beieinander wohnten, lediglich eine halbe Autostunde entfernt, und erst jetzt erfahren haben, dass wir Schwestern sind! Ab jetzt konnten wir unsere frische Beziehung dank unserer geografischen Nähe noch weiter vertiefen.

Bettina hat uns Geschwister – Gabriela, Regina und mich – zusammen mit unseren Partnern zu ihrem 65. Geburtstag am 2. Januar 2018 eingeladen.
Nach diesem schönen Ereignis schrieb sie:
«Liebe Schwestern, es war so schön, euch alle bei mir zu haben. Ihr seid alle drei so herzliche Menschen, ich könnte mir keine besseren Schwestern vorstellen. Wir hatten einen wunderbaren Nachmittag und die Zeit verflog so schnell. Ich freue mich schon sehr darauf, euch bald wieder zu sehen oder etwas von euch zu hören.»

Da ich auch Bettina mein Buch «Seitensprungkind» beim ersten Treffen geschenkt habe, schrieb sie mir daraufhin eine liebevolle Mail, in der sie mir zum Buch gratulierte. Sie sagte zu mir, dass sie meinen Mut zu diesem sehr offenen und ehrlichen Buch bewundere sowie den Durchhaltewillen, den ich zum Verfassen benötigt hätte. Auch sie war davon überzeugt, dass das Schreiben dieses Buches mir sicher bei der Aufarbeitung meiner Kindheit geholfen hätte.
Ihre Zeilen haben mich sehr gefreut. Ich weiß, dass für Bettina das Zurückschauen in die Vergangenheit nicht einfach war. Auch ihr hat es einige schlaflose Nächte bereitet. Das Aufarbeiten von schlechten Zeiten tat ihr weh. Umso mehr bin ich ihr dankbar, dass sie es für dieses Buch gewagt hat. Ich weiß es zu schätzen.

Und hier die bewegende Biografie von Bettina
Meine Mutter Bettina kam am 24. August 1931 als zweitjüngstes von neun Geschwistern in Glarus zur Welt. Im Alter von fünf Jahren verlor sie ihre Mutter. Als ihr Vater wieder heiratete, wurden alle Geschwister bei Verwandten untergebracht. So kam es, dass sie fast ihre ganze Kindheit bei ihrer Tante (der Schwester ihres Vaters) verbrachte, welche einen Blumenladen in Glarus führte. Die neue Frau ihres Vaters wollte seine Kinder nicht bei sich haben.

Als junges Mädchen absolvierte meine Mutter ihr Haushaltslehrjahr in einer Gärtnerei in Wohlen, wo sie neben dem Haushalt auch in der Gärtnerei mithalf. Mein Vater hatte dort die Gärtnerlehre abgeschlossen und war als junger Gärtner angestellt. Meine Mutter war ein sehr hübsches und fröhliches Mädchen und sie gefiel meinem Vater sehr. Deshalb brachte er sie auch zu seinen Eltern nach Hause, die aber nicht viel von der jungen Verbindung hielten.

Weil meine Mutter noch sehr jung war, beendete mein Vater schließlich die Liaison und meine Mutter ging zurück nach Glarus, wo sie im Blumengeschäft ihrer Tante eine Ausbildung zur Floristin machte. Mein Vater besuchte sie dann später dort, und das Techtelmechtel begann von vorne. Eines Tages brachte er sie schließlich wieder nach Hause zu meinen Großeltern.

Im Alter von 21 Jahren (mein Vater war drei Jahre älter als meine Mutter) wurde meine Mutter mit mir schwanger. Am 9. Oktober 1952 haben meine Eltern dann in Zürich zivil geheiratet und in der Stadt auch eine Wohnung gemietet, weil mein Vater inzwischen dort arbeitete.

Über Silvester/Neujahr 1952/53 waren sie bei meinen Großeltern in Wohlen zu Besuch, obwohl die Geburt kurz bevorstand. Mein Vater verbrachte einen Abend beim Tanzen mit seiner Schwester im Bären, als bei meiner Mutter die Wehen einsetzten. Der notfallmäßig gerufene Hausarzt bestätigte, dass es höchste Zeit war, ins Spital zu gehen. Für eine Fahrt in die Frauenklinik nach Zürich war es zu spät, deshalb kam ich am frühen Morgen des 2. Januar 1953 im Spital in Muri AG zur Welt. Nach einem kurzen Mutterschaftsurlaub brachten mich meine Eltern zu meinen Großeltern nach Wohlen, da meine Mutter auch arbeiten musste. Sie hatten kein Geld für eine Wohnungseinrichtung und mussten die Möbel abbezahlen.

«So war ich im zarten Alter von ungefähr zwei Monaten schon die meiste Zeit bei meinen Großeltern.»

Im gleichen Haushalt lebten noch meine jüngste Tante, ein Onkel sowie die älteste Tante, welche geschieden war, mit ihren zwei Kindern. Weil mein Großvater sehr wenig verdiente, war meine Großmutter gezwungen, als Putzfrau etwas dazuzuverdienen, und die noch zu Hause lebenden Kinder mussten einen Teil ihres Lohnes abgeben.

Meine jüngste Tante, die damals gerade 20 Jahre alt war, musste mich in ihrer Freizeit oft hüten. Darüber war sie natürlich nicht sehr glücklich, schließlich musste sie im Gegensatz zu ihren noch zu Hause lebenden Brüdern auch sonst schon sehr viel im Haushalt mithelfen. Dazu kam erschwerend hinzu, dass mein Vater jeweils seine Wäsche auch noch nach Hause brachte und sich die fertig gebügelten Hemden per Post wieder nach Zürich schicken ließ. Auch da musste seine jüngste Schwester mit anpacken.

Ich schlief im Schlafzimmer meiner Großeltern, meine Tante bewohnte das Zimmer daneben.

«Die Zimmerwände waren dünn und laut der Aussage meiner Tante habe ich nachts sehr viel geweint. Wahrscheinlich vermisste ich meine Mutter.»

Meine Eltern kamen meistens am Wochenende zu Besuch und ließen sich von der Großmutter verwöhnen. Anscheinend fiel es meinem Vater nie ein, etwas für die entstandenen Unkosten beizutragen. Für ihn war es normal, dass zuhause alles gratis war. Es war deshalb verständlich, dass bei den übrigen Geschwistern und Schwiegertöchtern eine gewisse Eifersucht entstand.

Die kleine Familie wächst – und zerfällt

Am 11. September 1955, ich war gerade 1,5 Jahre alt, kam mein Bruder Hans zur Welt. Nach seiner Geburt durfte ich wieder zu meinen Eltern nach Zürich. Kurz danach beschlossen meine Eltern, einen Blumenladen an der Fabrikstrasse in Zürich zu übernehmen und die dazugehörige Wohnung zu beziehen. Mein Vater arbeitete bei der städtischen Gartengesellschaft und war viel auswärts tätig. Meine Mutter führte den Blumenladen, war jedoch überfordert mit zwei kleinen Kindern und der enormen Arbeit im Geschäft. In dieser Zeit brachte sie mich immer zu ihrer älteren Schwester, die ebenfalls in Zürich verheiratet, jedoch kinderlos war. Anscheinend ging das aber nicht gut, und so landete ich wieder bei meinen Großeltern in Wohlen.

Der Blumenladen lief gut und meine Eltern hatten unter anderem viele Aufträge für Trauerkränze und Gestecke. Weil meine Mutter nicht alles alleine schaffte, musste mein Vater jeweils abends noch mithelfen. Erschwerend kam hinzu, dass ein Teil des Wohnzimmers als Ladenfläche benutzt werden musste. Die ersten Unstimmigkeiten entstanden und es fing in ihrer Ehe zu kriseln an. Trotzdem war meine Mutter kurze Zeit später wieder schwanger. Noch während der Schwangerschaft verließ mein Vater sie, er hatte anscheinend eine andere Frau kennen gelernt.

Mein Bruder Peter kam dann Ende November 1956 auf die Welt. Er hat seinen leiblichen Vater nie kennen gelernt. Der wohnte schon mit seiner neuen Frau zusammen, die einen Sohn mit in die Beziehung gebracht hatte. Da meine Mutter nun auf sich allein gestellt und der großen Belastung nicht gewachsen war, musste sie das Blumengeschäft schlussendlich verkaufen.

Mit meinen beiden Brüdern Hans und Peter zog meine Mutter nach Wil SG. Damit sie arbeiten konnte, gab meine Mutter die beiden Buben während der Woche ins dortige Kinderheim. Wie ich später erfahren habe, ist zu jener Zeit meine Halbschwester Regula in St. Gallen zur Welt gekommen und wurde auch für einen Monat in ein Kinderheim verbracht.

Ich blieb bei meinen Großeltern, die in der Zwischenzeit in den oberen Teil der Steingasse gezogen waren. Im gleichen Haus gab es sogenannte öffentliche Bäder, in denen man gegen ein Entgelt ein Bad nehmen konnte. Viele Haushalte hatten zu dieser Zeit noch kein eigenes Badezimmer. Da meine Großmutter für die Reinigung der Bäder verantwortlich war, konnte sie von einem günstigeren Mietzins profitieren.

«Ich verbrachte eine unbeschwerte Zeit bei meinen lieben Großeltern.»

Mir fehlte es an nichts bei meinen Großeltern und ich fühlte mich sehr wohl dort. Mein Großvater hatte einen Stall mit Kaninchen, mit denen ich spielen durfte. Zum Glück bekam ich nicht mit, dass diese Kaninchen auch geschlachtet wurden und auf dem Teller landeten.

Als gelernter Zimmermann hatte mein Großvater großes handwerkliches Geschick. Er baute mir zu Weihnachten eine Puppenstube mit Möbeln und meine Großmutter nähte dafür die Vorhänge, Polster, Kissen etc. Einmal schenkte mir mein Großvater auch einen wunderschönen Teddybär, den ich heute noch habe. Er nahm mich auch stets mit, wenn er seinen Wein trinken ging, und ich durfte dann einen Sirup und einen Nussgipfel haben.

Als mein Pate Paul, einer der Söhne von meinen Großeltern und damit mein Onkel, 1959 ein Haus kaufen konnte, durften die Großeltern die Räume im Parterre beziehen und ich bekam ein Zimmer im Obergeschoss. Mein Patenonkel und seine Frau bekamen dann im 1960 einen Sohn und 1962 eine Tochter.

Meine Mutter war in der Zwischenzeit von Wil nach Zürich in die Josefstrasse gezogen und meinte, dass ich nun zu ihr kommen könne. Ich war 9 Jahre alt und ging in die 3. Klasse. Dieses Abenteuer dauerte nur gut 5 Wochen (gemäß Zeugnis der Schule in Zürich vom 4.6.1962 bis 13.7.1962), also bis zu den Sommerferien. Sie schickte mich in den Sommerferien zu meinem Patenonkel beziehungsweise zu den Großeltern nach Wohlen und befand dann am Ende der Ferien, dass ich wieder in Wohlen bleiben sollte, weil ich mit den Brüdern nicht auskam und wir ständig stritten.

«Rückblickend weiß ich aber, dass sie zu diesem Zeitpunkt schon wieder schwanger war und das wohl der Grund für die Rückgabe gewesen sein dürfte.»

Tod des Großvaters: Das Ende einer schönen Kindheit

Im August 1962 verstarb mein Großvater, und meine Großmutter zog danach zu ihrem ältesten Sohn in eine Vorortsgemeinde von Luzern, wo er Kaplan war und sie ihm den Haushalt besorgte.

Ich beendete die Primarschule und begann dann auch noch die 1. Sekundarklasse bis zu den Sommerferien 1965 in Wohlen. Während meiner Schulzeit in Wohlen verbrachte ich die Freizeit häufig mit meiner gleichaltrigen Cousine, die im Nachbarhaus wohnte. Wir heckten zusammen einige Dummheiten aus, die dann auch entsprechend bestraft wurden.

In der Pubertät stritt ich mich oft mit meinem kleinen Cousin, weil er mich ständig ärgerte. Er zerstörte immer wieder Sachen von mir und spielte mir Streiche. Eines der wenigen Geschenke von meiner Mutter war ein Puppenwagen mit einer Echthaarpuppe, die seine Angriffe nicht überlebte. Eines Tages ärgerte er mich dermaßen, dass ich den Pinsel ergriff, mit dem vorher die Gartenbank grün gestrichen wurde, und ihm damit über die Haare strich. Diese Farbe war natürlich nicht wasserlöslich und infolgedessen mussten die Haare abgeschnitten werden. Die ständigen Streitereien waren wahrscheinlich auch der Grund, weshalb beschlossen wurde, dass ich zu meiner Großmutter und meinem Onkel gebracht wurde, wo ich dann die 6. Klasse nachholen beziehungsweise beenden musste. (In Luzern geht man von der 6. Klasse in die Oberstufe.)

Ich habe dort schnell Freundschaften geschlossen, unter anderem auch mit einem Mädchen, welches von einem kinderlosen Ehepaar adoptiert worden ist. Sie wurde meine beste Freundin, wir konnten einander alles erzählen. Leider wurde sie nach der 6. Klasse in ein Internat geschickt und wir konnten uns ab diesem Zeitpunkt nur noch schreiben. Nach «Hause» durfte ich keine von meinen Schulkameradinnen nehmen, das wollte mein Onkel, der Kaplan, nicht.

Wir wohnten zusammen in einem alten Chalet, das keine Zentralheizung hatte. Damit man es im Winter warm hatte, musste der Holzofen in der Küche angefeuert werden. Dieser hatte eine Verbindung zum Kachelofen in der Stube. Das waren die einzigen beheizbaren Räume. Die Schlafzimmer hatten keine Heizung. Wir mussten jeweils Bettsocken anziehen und uns zusätzlich zu den Daunendecken mit Wolldecken einmummeln. Es war bitterkalt, da das Chalet auch über keine Dämmung verfügte. Und wenn ich ein Bad nehmen wollte, musste ich den Badeofen einheizen.

Mein Onkel hatte sein Reich im obersten Stock. Leider behandelte er seine eigene Mutter nicht sehr freundlich. Sie war eine ausgezeichnete Köchin und hielt den Haushalt tipptopp in Ordnung. Trotzdem hatte er ständig etwas auszusetzen. Auch zu mir war er nicht nett und sprach kaum ein Wort mit mir.

Am Morgen musste sie ihn immer wecken, damit er nicht zu spät in der Kapelle erschien, um dort die Messe zu halten. Er war kein glücklicher Mensch, und sein negatives Verhalten war wahrscheinlich darauf zurückzuführen, dass er als ältester Sohn einer katholischen Familie verpflichtet wurde, ein Theologiestudium zu absolvieren. Er hätte viel lieber etwas anderes studiert, jedoch konnten seine Eltern ihm dies leider aus finanziellen Gründen nicht ermöglichen. Das einzige Studium, das damals für Studenten aus ärmlichen Verhältnissen möglich war, war das Theologiestudium. So erging es wohl vielen katholischen Söhnen jener Zeit.

In der Zeit, als meine Großmutter ihrem Sohn den Haushalt besorgte, kam auch häufig ihre zweitälteste Tochter mit ihrer Familie zu Besuch und ließ ihre drei Kinder bei der Großmutter in den Ferien, damit sie mit ihrem Mann auf Reisen gehen konnte. Auch meine Mutter brachte einmal meine beiden Brüder in die Ferien vorbei. Leider endete das in einem Desaster, denn mein Bruder Hans ging mit dem Messer auf die arme Großmutter los. So kam es, dass meine Mutter die beiden sofort wieder abholen musste. Hans ließ verlauten, dass er nicht so jähzornig wäre, hätte er einen Vater. Er wusste ja nicht, dass er diese Eigenschaft von seinem Vater geerbt hatte.

Nur 2 Jahre nach dem Tod meines Großvaters, im Frühling 1967, erlitt meine liebe Großmutter einen Schlaganfall und musste ins Kantonsspital Luzern eingeliefert werden, wo sie leider an einer Lungenentzündung erkrankte und bald darauf verstarb. Ich erinnere mich daran, wie schlimm es für mich war, als ich sie im Spital besuchte.

«Meine Großmutter war für mich der Mutterersatz. Ich hatte nun keine Bezugsperson mehr.»

Nach ihrem Tod musste ich weiterhin bei meinem Onkel bleiben und die Schule beenden. Es war keine schöne Zeit mit ihm. Ich war in einem Alter, in dem man eine Bezugsperson gebraucht hätte.

Weil mein Onkel nun keine Haushälterin mehr hatte, erklärte sich die Frau der im Parterre wohnenden Familie bereit, sich um die Wäsche und auch um die Reinigung der vom Onkel bewohnten Dachwohnung zu kümmern. Sie kochte auch für uns. Frau S. hatte einen Sohn, welcher ein Jahr älter war als ich und den sie sehr verwöhnte. Ich wurde zwar freundlich aufgenommen und durfte sogar ein- oder zweimal mit dieser Familie ins Tessin in die Ferien, aber ich merkte immer, dass ich nicht dazugehörte. Unser Verhältnis war eher distanziert und ich konnte mich niemandem anvertrauen.

Einstieg ins Berufsleben

Ursprünglich hatte ich den Wunsch, den Beruf der Säuglingsschwester zu erlernen. Leider konnte man aber diese Lehre erst mit 18 beginnen und sollte vorher Sprachaufenthalte machen. Mein Onkel war jedoch strikt gegen einen Sprachaufenthalt in der Westschweiz oder im Tessin, da er befürchtete, dass ich schwanger nach Hause kommen könnte. Er wollte, dass ich eine Ausbildung zur kaufmännischen Angestellten machte und suchte mir eine Lehrstelle im Dorf in einem Betrieb für sanitäre Installationen. Die kaufmännische Berufsschule besuchte ich in Luzern. Den Bürobetrieb führten eine kaufmännische Angestellte und ich. Schon nach einem halben Jahr ging diese Frau mit ihrem Mann für ein Jahr nach Brasilien, wo er als Mitarbeiter in einem Marktforschungsinstitut eine Niederlassung aufbauen sollte. Ich wurde also ins kalte Wasser geworfen und musste die ganze Büroarbeit allein machen, inklusive der Buchhaltung und Lohnabrechnungen. Das gefiel mir allerdings ganz gut und stärkte meine Selbständigkeit und mein Verantwortungsbewusstsein.

Als ich 18 war, wäre ich gerne tanzen gegangen, durfte aber nicht. Die Leidenschaft dafür habe ich wohl von meinem Vater geerbt, der ein ausgezeichneter Tänzer war.

So schlich ich mich am Samstagabend heimlich davon und ging nach Luzern ins Dancing, den legendären Alpengarten. Das ging natürlich nicht gut und wurde bald aufgedeckt. Ich bekam wochenlang Stubenarrest. Als ich es wieder versuchte und es abermals bemerkt wurde, wurde sogar das Jugendamt in Zürich hinzugezogen. Ich erhielt Besuch von einer Mitarbeiterin des Jugendamtes und anschließend ein Schreiben, in welchem sie mir vorschrieben, dass ich unter der Woche gar nicht und am Samstag höchstens bis 22 Uhr ausgehen durfte. Das war bitter, schließlich war ich doch schon über 18 Jahre alt – und ich hatte mich zum ersten Mal verliebt. Mein Onkel sagte mir immer wieder, dass ich sicher eines Tages schwanger nach Hause käme. Nun ja: Erst mit 39 war ich schwanger und «musste» dann heiraten.

Ich war froh, als ich im Herbst 1972 meine Lehre als kaufmännische Angestellte beendet hatte und endlich fortkonnte. Ich suchte mir eine Stelle in der Westschweiz, um meine Französischkenntnisse zu verbessern. In Broyetal fand ich eine Stelle als

Sekretärin in einem Mädcheninstitut. Später zog es mich dann nach Lausanne, wo ich ein paar Jahre blieb. Mir gefiel es ausgezeichnet in der schönen Stadt und ich hatte an meinem Arbeitsplatz in Pully meine beste Freundin gefunden (die Freundschaft hielt immerhin mehr als 30 Jahre). Ich wäre auch gerne in der Westschweiz geblieben, hätte ich nicht meinen ersten Mann dort kennen gelernt: ein Deutschschweizer, der ebenfalls zum Französischlernen in Lausanne war. Als er sich wieder eine Anstellung in der Deutschschweiz suchte und nach Olten zog, blieb ich vorerst in Lausanne. Wir pendelten dann am Wochenende abwechselnd zwischen den beiden Städten. Nach einem halben Jahr beschloss ich schweren Herzens, zu ihm nach Olten zu ziehen. Ich hatte in Lausanne zuvor ein paar gute Freunde gefunden und auch wieder Kontakt zu meiner Cousine aufgenommen, die etwa 30 Minuten entfernt auf dem Land wohnte. Schon mit 19 Jahren bin ich die Patentante von ihrem Sohn geworden. Deshalb fiel es mir umso schwerer, wieder in die Deutschschweiz zurückzukehren.

Eine eigene Familie

In Wangen bei Olten fand ich eine Stelle als Bereichsleitungssekretärin bei der Firma Kleider Frey. Es gefiel mir sehr gut dort, die Arbeit war interessant. Ich konnte meine Französischkenntnisse gebrauchen und mich in Protokollführung üben. Schon bald war aber mein späterer Mann mit seinem Job in Olten nicht mehr zufrieden und er suchte sich etwas in Zürich. So kam es, dass wir bald wieder umzogen. Wir gingen in die Nähe von Regensdorf ZH, wo wir 1979 heirateten.

«Wir wollten bald eine Familie gründen, ich wurde aber nicht schwanger.»

Erst nach ein paar Jahren stellte sich heraus, dass nicht ich, sondern mein Mann unfruchtbar war. Unsere Ehe war nicht glücklich, als im Herbst 1984 ein neuer Mitarbeiter seine Stelle bei meinem damaligen Arbeitgeber antrat und ich mich Hals über Kopf in ihn verliebte. Ein halbes Jahr später trennte ich mich von meinem Mann und zog in eine eigene Wohnung.

Mit meinem neuen Freund Bernhard ging die Umzieherei weiter. Wir gingen vom Kanton Zürich in den Aargau, wo wir fast alle zwei Jahre woanders hinzogen. Doch wir waren glücklich und genossen die Zeit zusammen. Da ich meinem Freund klarmachte, dass ich wenn möglich noch vor meinem 40. Geburtstag schwanger werden wollte, beschlossen wir es zu versuchen und zu heiraten. Schon nach zwei Monaten war ich schwanger und überglücklich, endlich Mutter zu werden. Wir heirateten im Sommer 1992 und Mitte Dezember, kurz vor meinem 40. Geburtstag, kam unsere erste Tochter Isabelle auf die Welt. Es war eine schwere Geburt. Nach 30 Stunden musste mein Baby letztendlich mit der Saugglocke herausgezogen werden, da die Nabelschnur um die Schultern gewickelt war und es nicht herunterrutschte. Ich verlor bei der Geburt enorm viel Blut und der Arzt hatte Angst um mein Leben. Isabelle war auch schon blau angelaufen, doch Gott sei Dank kerngesund. Nach dieser schweren Geburt wollte ich eigentlich kein zweites Kind mehr, doch das war bald vergessen. Im September 1994 gebar ich meine zweite Tochter, Madeleine. Bei ihr ging alles sehr schnell. Wir hatten kaum Zeit, ins Spital Muri zu fahren.

Nach einer Stunde war die Geburt schon vorbei, eine Sturzgeburt, bei der sich Madeleine das Schlüsselbein brach. Glücklicherweise heilte das bald wieder von selbst.

Das Glück wäre vollkommen gewesen, wenn mein Mann zu jener Zeit nicht immer wieder seinen Job verloren hätte. Die Schweiz litt seit 1992 unter einer Wirtschaftskrise, die auch auf uns Auswirkungen zeigte. Er war längere Zeit arbeitslos und ich fand mit zwei kleinen Kindern auch keine Arbeit.

«Wir hatten mehrere Jahre zu kämpfen und mussten mit wenig Geld auskommen.»

Heute denke ich oft darüber nach, wie wir das nur geschafft haben. 1996 zogen wir in die Nähe von Brugg, wo die Kinder erst in den Kindergarten und dann in die Primarschule gingen. Da wir schon lange davon träumten, am Hallwilersee zu wohnen, machten wir uns auf die Suche nach unserem heutigen Zuhause. Obwohl wir kein Geld hatten und nur das Pensionskassen-Ersparte von meinem Mann einsetzen konnten, bekamen wir die Hypothek von unserer Bank. Heute sind wir davon überzeugt, dass dies eine der besten Entscheidungen unseres Lebens war. Wir wohnen nun schon seit 15 Jahren hier und fühlen uns sehr wohl. Unsere Mädchen sind erwachsen und teilen sich eine Wohnung in Aarau. Isabelle hat ihr Studium beendet und Madeleine ist noch mittendrin. Ich bin nun schon fast 2 Jahre pensioniert und verbringe im Sommer viel Zeit in meinem Blumengarten. Mein Mann wird in vier Jahren pensioniert und wir freuen uns, dann hoffentlich noch viel miteinander unternehmen zu können.

Wiedersehen mit meiner Mutter

Meine Mutter sah ich fast nie mehr. Ich kann mich nur schemenhaft an ihr Erscheinen bei meiner 1. Kommunion erinnern, wahrscheinlich auch nur, weil ich ein Foto davon habe. Später fuhren dann meine Großmutter und meine jüngste Tante, welche die Patentante von meinem Bruder Hans war, zu dessen 1. Kommunion. Er war damals zusammen mit Peter in einem Heim am Steinerberg untergebracht.

Ansonsten kann ich mich nicht daran erinnern, dass ich meine Mutter in meiner Kindheit noch gesehen oder dass sie mir geschrieben oder mit mir telefoniert hätte. Der Vater kam auch nur hie und da zu Besuch. Ein einziges Mal lud er mich mit meiner Großmutter in die Ferien nach Schmitten im Albulatal ein, wo er mit seiner neuen Familie eine Ferienwohnung gemietet hatte. Für mich waren meine Eltern zu Fremden geworden. Eine Zeitlang hasste ich meinen Vater sogar. Und als ich dann vor ein paar Jahren erfuhr, dass er meiner Mutter nie Alimente gezahlt hatte, war ich erst recht böse auf ihn. Dazu muss allerdings gesagt werden, dass meine Mutter mithilfe ihrer älteren Schwester beim Gericht ein Besuchsverbot erwirkt hatte, wodurch er seine Söhne Hans und Peter nie mehr sehen durfte. Das war sicher auch nicht einfach für ihn. Im Jahr 1987, im Alter von nur 59 Jahren, verstarb mein Vater an Lungenkrebs. Er ist als Gärtner mit 30 Jahren an Tuberkulose erkrankt und musste sich damals umschulen lassen. In der Folge arbeitete mein Vater als Deckenbauer, u. a. mit Asbest. Die gesundheitsschädigende Wirkung von Asbest, von der man damals noch nichts wusste, förderte sicherlich sein später einsetzendes Lungenkrebsleiden.

Meine Mutter sah ich erst im Herbst 1990 auf der Hochzeit von meinem Bruder Peter wieder.

«Es war seltsam, sie nach 25 Jahren als ältere Frau wiederzusehen.»

Später, im Jahr 1993, nahm ich dann wieder mit ihr Kontakt auf, als meine erste Tochter geboren war. Schließlich wollte ich ihr das Enkelkind nicht vorenthalten. Sie besuchte uns an unserem damaligen Wohnort in der Nähe von Brugg und freute sich über ihr angeblich erstes Großkind. Ich wusste zu diesem Zeitpunkt natürlich nicht, dass sie mit dem Sohn meiner Halbschwester Regula bereits einen Enkel hatte.

Im Sommer 1993 wollte meine Mutter den jüngsten Bruder meines Vaters, welcher in Spanien lebte und dort ein Restaurant betrieb, besuchen, und lud mich mit meiner kleinen Tochter ebenfalls ein. Leider wurde die Stimmung getrübt, weil sie sich während unseres Aufenthaltes beschwerte, dass ich nicht genügend Zeit für sie hätte. Ich musste mich jedoch um mein Baby kümmern, aber das wollte sie nicht verstehen. Nach den Ferien brach der Kontakt zu ihr wieder ab. Ich versuchte es nochmals, als meine jüngere Tochter geboren wurde. Kurzzeitig war dann auch alles wieder in Ordnung, aber schließlich wendete sich das Blatt wieder.

Meine Mutter hat nie nur mit einem Wort erwähnt, dass ich noch mehrere Halbgeschwister habe. Dabei hatte ich einen begründeten Verdacht, dass da noch mindestens eine Schwester von mir geboren wurde. Das kam so: Die Tochter meiner ältesten Tante, also meine Cousine, absolvierte 1962/63 im Institut in Menzingen ihr letztes Schuljahr. Das war zur gleichen Zeit, als meine Brüder Peter und Hans dort waren. Meine Tante erzählte mir dann Jahre später, dass sie meine hochschwangere Mutter gesehen hätte, als sie meine Brüder besuchte. Die dortigen katholischen Schwestern hätten ihr später auch berichtet, dass meine Mutter ein Mädchen geboren habe, das den Namen Angelina bekommen hätte. Als ich meine Mutter später einmal darauf ansprach, stritt sie alles ab.

«Ich vergaß es aber nie und beschloss vor 20 Jahren, nach meiner Halbschwester zu forschen.»

Ich schrieb am 3.2.1998 an das Zivilstandsamt Oberurnen, weil meine Mutter damals in diesem Dorf gewohnt hatte. Diese Behörde verwies mich an die Adoptionsbehörden des Kantons Aargau. Die Mitarbeiter durften mir aufgrund der gesetzlichen Bestimmungen keine Auskunft über Zivilstands-Angelegenheiten erteilen. Es verging ein Jahr, bis ich wieder meinen ganzen Mut zusammennahm und am 27.5.1999 an die Sektion Bürgerrecht und Personenstand in Aarau schrieb und um Auskunft über die Adoption meiner im Jahr 1963 geborenen Halbschwester bat. Da Angelina jedoch nicht mehr Bürgerin von Wohlen war, sondern einer Gemeinde im Kanton Zürich, wurde ich gebeten, mich an diese Gemeinde zu wenden, was ich am 5.7.1999 auch tat. Ich bekam umgehend eine kurze Mitteilung, dass Angelina inzwischen in Basel wohnte. Kurz darauf nahm ich telefonisch mit meiner Halbschwester Kontakt auf. Wir hatten ein langes Telefongespräch und ich freute mich darauf, sie bald einmal persönlich kennen zu lernen. Sie stand kurz vor einem Umzug, darum verzögerte sich das Treffen. Als ich dann nichts mehr von ihr hörte, fragte ich nach und bekam zu verstehen, dass sie keinen Kontakt mit mir wünschte. Sie habe von ihrer Pflegefamilie schon eine Halbschwester, die im Kanton Zürich lebte, und zu ihr habe sie einen guten Kontakt. Ich war natürlich ziemlich enttäuscht, musste ihre Entscheidung aber akzeptieren.

So vergingen wieder 10 Jahre, bis unsere Mutter im Sterben lag, worüber ich durch das Pflegeheim, in welchem sie seit wenigen Monaten wohnte, informiert wurde. Ich hatte schon lange keinen Kontakt mehr zu meiner Mutter. Trotzdem fühlte ich mich verpflichtet, die Abdankung, mit allem, was dazugehört, zu organisieren. Mein Bruder Hans, welcher seit Jahren bei der Mutter lebte, jedoch psychisch beeinträchtigt war und in einer Behindertenwerkstatt arbeitete, war nicht in der Lage für eine solche Aufgabe. Er hatte einen Beistand, der uns bei der Organisation mit Rat und Tat beiseitestand. Meine Schwägerin, die Frau meines Bruders Peter, begleitete mich in Glarus zu den Ämtern, auf dem Weg zum Pfarrer und so weiter, und sie half mir bei den Vorbereitungen für die Beisetzung. Wir suchten auch nach den noch lebenden Brüdern meiner Mutter, weil wir sie zur Beisetzung einladen wollten. Allerdings kannten wir keinen ihrer Brüder persönlich und wussten nicht, wer noch lebte. Anhand des Auszugs aus dem Zivilstandsregister, den uns der Beistand von Hans besorgt hatte, konnten wir die Adressen der meisten noch lebenden Brüder ausfindig machen. Sie alle kamen zur Urnenbeisetzung.

«So lernte ich zum ersten Mal meine Onkel mütterlicherseits kennen.»

Erst einige Monate nachdem unsere Mutter gestorben war, erfuhren wir durch den Beistand meines Bruders Hans von der Existenz unseres Halbbruders Mathias. Wir waren alle sehr erstaunt, dass noch ein Halbgeschwister existierte. Zwischen Weihnacht und Neujahr 2009 trafen wir uns dann in Glarus und besuchten zusammen das Grab der Mutter. Ich freute mich, Mathias, seine Frau und seine drei Kinder endlich kennen zu lernen. Angelina blieb aber auch diesem Treffen fern.

Ein Schreiben verändert mein Leben

Als ich am 16.10.2017 von der PACH (Pflege- und Adoptivkinder Schweiz) ein Schreiben bekam, dass eine meiner Halbschwestern nach mir suchte, fiel ich aus allen Wolken. Ich wollte sie natürlich unbedingt kennen lernen und meldete mich umgehend bei der PACH. Mitte November erhielt ich dann einen Brief von meiner Halbschwester Gabriela. Ich rief sie an und sie erzählte mir, dass es neben ihr und Angelina noch zwei weitere Halbschwestern gäbe. Sie hatte auch zu ihnen Kontakt aufgenommen und so erfuhr ich, dass zwei meiner Halbschwestern ebenfalls im Kanton Aargau wohnten – Regula nur knapp 20 Minuten von unserem Wohnort entfernt und Regina in einer Vorortsgemeinde von Brugg. Meine Freude war grenzenlos, endlich Schwestern zu haben.

Die ersten Kontakte zu meinen Schwestern verliefen vorerst per Mail, bevor wir kurz vor Weihnachten 2017 ein Treffen in einem Lokal in der Aarauer Altstadt vereinbarten. Ich war sehr aufgeregt, schließlich wusste ich nicht, wie sie aussahen und vor allem, wie meine Geschwister waren. Als ich das Lokal betrat, steuerte ich jedoch sofort den Tisch an, um den bereits zwei Frauen saßen: meine Schwestern Regina und Gabriela. Sie lachten mir schon entgegen und begrüßten mich sehr herzlich. Als dann noch Regula dazukam, war das Kleeblatt voll. Wir hatten uns so viel zu erzählen, dass wir gar nicht merkten, wie rasend schnell die Zeit verging. Auf Anhieb verstanden wir uns und es herrschte eine sehr fröhliche Stimmung. Regula erzählte uns von ihrem kürzlich erschienenen Buch und schenkte uns allen ein Exemplar mit persönlicher Widmung. Jede hatte ein kleines Geschenk für die anderen Schwestern dabei.

Weil schon bald mein 65. Geburtstag bevorstand, lud ich Regina, Gabriela und Regula kurzerhand ein, diesen mit mir zu feiern. Es war herrlich, endlich eine große Familie zu haben. An meinem Geburtstag lernte ich auch ihre sehr sympathischen Partner kennen. Wir verbrachten ein paar wunderbare Stunden zusammen und erfuhren noch mehr voneinander. Fortan mailten wir uns regelmäßig oder telefonierten zwischendurch. Ein erneutes Treffen war geplant, an dem ich aber leider nicht teilnehmen konnte, da mich ausgerechnet zu diesem Zeitpunkt eine heftige Grippe plagte. Im Frühling lud uns Regula zu sich nach Hause ein. Bei diesem Anlass war dann auch unser Halbbruder Mathias mit seiner Frau dabei, mit dem sie in der Zwischenzeit Kontakt aufgenommen hatte.

Jetzt fehlte nur noch eine. Regula schrieb Angelina an und konnte sie davon überzeugen, sich mit ihr zu treffen. Angelina wünschte, sich einzeln mit uns zu verabreden. Ich sah sie im Sommer 2018 zum ersten Mal bei einem Treffen in einem Restaurant am Hallwilersee. Wir hatten ein langes und intensives Gespräch und erzählten uns unser halbes Leben.

Im September luden wir alle Halbgeschwister zu einem Gartenfest zu uns ein. Es war einfach unglaublich, wie gut wir uns verstanden und ich fragte mich häufig, was wohl unsere Mutter dazu sagen würde, wenn sie uns so sehen könnte.

Emotionale Wiedersehen

Ende April 2018 veranstaltete der Frauenverein von Gränichen eine Lesung aus dem «Seitensprungkind». Regula lud uns auch dazu ein. Meine beiden Töchter begleiteten mich. Während der Lesung meiner Schwester kamen mir ständig die Tränen. Ich kannte das Buch zwar schon, doch als Regula diverse Abschnitte vorlas, wühlte mich das emotional sehr auf.

Anfang Oktober 2018 konnte Regula ihren 60. Geburtstag feiern und sie lud alle Halbgeschwister samt Kindern zu diesem Anlass ins Schloss Liebegg ein. Der Apéro fand im Rosengarten auf der Terrasse statt. Wir lernten dort viele ihrer zahlreichen Freunde kennen und mussten uns natürlich auch für Fotos aufstellen. Dabei stellte ich fest, dass sich ein paar Geschwister ziemlich ähnlich sehen. Am Abend durften wir ein feines Essen in einer der Räumlichkeiten des Schlosses genießen und uns an den clownesken Künsten unserer Schwester Regina erfreuen.

Auch Thomas, Regulas Mann, unterhielt uns köstlich mit von ihm inszenierten Anekdoten aus Regulas Leben. Es war ein gemütlicher und ausgelassener Abend und wir freuten uns, mit unseren Geschwistern zusammen zu sein.

Schon bald eröffnete uns Regula, dass sie ein zweites Buch schreiben möchte über die Begegnung mit ihren Halbgeschwistern. Als sie ihr Vorhaben ihrem Verleger erläuterte, war dieser hell begeistert. Und so kam es, dass wir von Regula gebeten wurden, auch unsere Lebensgeschichte aufzuschreiben, damit diese ein Teil ihres neuen Buches werden konnten.

Mathias

Mathias, geboren als Martin Oertli am 24. Juni 1967, ist das achte und damit jüngste Kind unserer Mutter Bettina. Mathias war die «Folge» eines One-Night-Stands und, so wie Regula, eines Seitensprungs. Sein leiblicher Vater war Künstler, Musiker und bereits verheiratet. Mathias wechselte seinen Namen fünf Mal, wuchs zuerst in einer Pflegefamilie auf, wurde dann in einem Schulheim platziert und schließlich im Alter von 47 Jahren adoptiert.

Mathias bin ich zum ersten Mal am 10. Februar 2018 begegnet, etwa drei Monate nachdem ich von Gabriela am Telefon von seiner Existenz erfahren habe.

Wir haben uns zum ersten Mal in einem Restaurant in Aarau getroffen. Mit dabei waren meine «neuen» Schwestern Regina, Gabriela und deren Tochter Fabienne. Die älteste Schwester Bettina konnte leider nicht dabei sein, weil sie krank war.

Mathias – das war Liebe/Sympathie auf den ersten Blick! Ja, wir Schwestern waren vom ersten Moment an entzückt von unserem neuen kleinen Bruder. Er umarmte uns sofort ganz herzlich und zog uns mit seinen Erzählungen in seinen Bann. Was für ein charmanter und herzlicher Mensch! Es war eine überaus spannende Begegnung. Er berichtete aus seinem Leben und wollte selbstverständlich auch wissen, wie es uns so ergangen ist. Mathias zeigte uns bei diesem Treffen ein Fotoalbum mit Bildern seiner zwei Häuser im Tessin, die er ein paar Jahre zuvor von seiner Adoptivmutter geschenkt bekommen und mit viel Geschmack renoviert hatte. Als ich das Wort Tessin hörte, war ich natürlich schon völlig hingerissen. Mathias besitzt in meinem Heimatkanton ein Feriendomizil! Das ließ mein Herz höher schlagen.

Die Zeit verging im Nu und es war allen klar, dass wir uns bestimmt bald wiedersehen würden. Kurz bevor wir uns auf den Weg nach Hause machten, übergab Mathias jedem von uns seinen Lebenslauf: vier voll gefüllte Seiten mit den Stationen seines Lebens. Zum Anlass seines fünfzigsten Geburtstags hatte er diesen Lebenslauf aufgeschrieben. Die Gäste, welche er zu seinem Fest eingeladen hatte, mussten damals ein Quiz mit Fragen über sein Leben beantworten. Da erwartete uns eine spannende Lektüre, die ich, kaum zuhause angekommen, in Angriff nahm. Auch ich übergab ihm mit meinem Buch «Seitensprungkind» ebenso meine ein Jahr zuvor niedergeschriebene Lebensgeschichte. War das Zufall? Mathias und ich hatten also gleichzeitig unsere Biografien redigiert und wir haben uns zeitgleich mit unserer Vergangenheit beschäftigt. Erst im Nachhinein haben wir diese Synchronität festgestellt, die sicher auch eine gewisse Rolle dabei gespielt hat, dass wir uns gerade zu jenem Zeitpunkt gefunden haben.

Bei einem unserer Geschwistertreffen, als bereits feststand, dass wir es wagen wollten, unsere Lebensgeschichten gesammelt zu veröffentlichen und wir die Gestaltung und den Vorgang unseres gemeinsamen Werks besprachen, hat mir Mathias dann seinen ganz persönlichen Ordner überlassen. Was für ein

Vertrauen er mir damit entgegenbrachte! Am selben Abend fing ich an, die Unterlagen zu lesen, die über sein Leben seit der Geburt berichteten. Ich konnte kaum aufhören. Was ich dabei erfahren habe, hat mich ziemlich stark erschüttert. Mein liebster Bruder Mathias, den ich als so tollen und liebenswürdigen Menschen voller Tatendrang kennen lernen durfte, musste in seiner Kindheit so viel Schweres durchmachen. Man hatte ihm die Liebe und die Zuwendung, die er dringend gebraucht hätte, nicht erfüllen können. Die Nacht darauf konnte ich kaum schlafen. Ich musste dauernd an meinen kleinen Bruder denken und wie er als Kind so gelitten hatte. Mein Herz schmerzte. Zudem habe ich in den Berichten, welche über Mathias geschrieben wurden, viele Parallelen zu meiner Gefühlswelt entdeckt, die mich an meine Kindheit erinnerten. Die große Angst vor der Dunkelheit, die Angst vor dem Alleinsein, die ständigen Bemühungen und Anpassungen, um Anerkennung zu gewinnen, das Gefühl der dauernden Unsicherheit, die unterdrückten Aggressionen gegen die Pflegeeltern, das große Bedürfnis nach Geborgenheit und Zärtlichkeit, das nicht befriedigt wurde. Als ich Mathias kennen lernte und ihn als so fröhlichen und liebevollen Menschen erlebte, hatte ich von Anfang an das Gefühl, dass sich hinter seiner Heiterkeit eine tiefe Traurigkeit versteckte, die in der Vergangenheit zu suchen war. Mein Gefühl hat mich nicht getäuscht.

Mathias hatte uns von Anfang an gesagt, dass er in seinem Leben immer nach vorn geschaut hat. Das war und ist seine Lebensphilosophie. Ich denke, das war auch seine Überlebensstrategie. Ich bin ihm sehr dankbar, dass er nun für dieses Buch noch einmal zurückgeblickt hat, obwohl dies sicher für ihn nicht ganz einfach war. Ich habe versucht, ihm möglichst viel dabei zu helfen und ihn tatkräftig zu unterstützen, stand ihm bei seiner spannenden Reise in seine Vergangenheit bei, die zwar ein Happy End hat, aber auch nachdenklich stimmt.

Doch nun ist es Zeit für die unverwechselbare Geschichte von Mathias.

Am Abend des 24. Juni 1967, kurz vor 22 Uhr, kam ich als Martin Oertli in Zürich auf die Welt. In den Akten hieß es: «Das Kind ist lebensfrisch.» Meine leibliche Mutter, eine Floristin aus Glarus, arbeitete zu jener Zeit in Zürich im Geschäft von Walter W., einem Grafiker, Kunstmaler und Musiker. In einer Nacht, Ende Oktober 1966, vereinten sich die beiden, soviel ich weiß, für ein einziges Mal, was mich zur Folge hatte. Meine Mutter war eine alleinstehende und geschiedene Frau, die schon für ein paar andere Kinder zu sorgen hatte. Sie war in finanzieller Not und konnte leider nicht auch noch für mich aufkommen. Mein leiblicher Vater war bereits verheiratet. Von Seiten der Behörden gab es dazumal keine Unterstützung: Eine alleinstehende Frau wurde gezwungen, ihr Kind wegzugeben, wenn sich nicht eine Lösung bei Verwandten anerbot.

«Es war auch eine Zeit, in der eine Frau mit einem unehelichen Kind von der Gesellschaft geächtet wurde.»

So wurde ich die ersten Wochen meines Lebens im Säuglingsheim Ottenweg in Zürich untergebracht.

In dieser Zeit hatte sich das adoptionswillige Ehepaar Koch bei der Vormundschaftsbehörde gemeldet. Sie hatten den Wunsch, neben ihrem ersten Pflegekind René noch einen zweiten Buben aufzunehmen. Im zarten Alter von knapp sechs Wochen kam ich dann zu dieser jungen Familie nach Zollikon und hieß seitdem Martin Koch.

Meine neuen Eltern, bei denen ich vorerst nur in Pflege war, sorgten sich liebevoll um mich. Leider weiß ich nicht mehr viel über meine Kleinkindzeit. Meine Pflegemutter erzählte mir, dass ich als Baby sehr viel geweint habe. War dies die Folge der frühen Trennung von der leiblichen Mutter? Soviel ich weiß, entwickelte ich mich recht gut. Leider ließen sich meine Pflegeeltern scheiden, als ich ungefähr drei Jahre alt war. Wir zwei Buben, die sich als Brüder fühlten, wurden getrennt. René blieb beim Pflegevater Koch und ich zog mit meiner Pflegemutter in eine neue Wohnung.

Meine Pflegemutter heiratete darauf ein zweites Mal im Jahre 1972, als ich 5 Jahre alt war. Zusammen mit meinem neuen Pflegevater Hans-Ruedi Vetsch bezogen wir eine Wohnung in Küsnacht, in welcher meine Pflegemutter heute noch lebt.

Ich erinnere mich, dass mein erster Pflegevater mich des Öfteren mit dem Auto abpasste, um mich von der Schule nach Hause zu fahren. Er wollte mich immer wieder sehen und hatte es nie richtig verkraften können, dass ich nicht bei ihm bleiben durfte. Heute denke ich, dass er der bessere Pflegevater gewesen wäre.

Als ich im April 2017 meinen Fast-Bruder René, der bei ihm aufwachsen konnte, als erwachsenen Mann wiedertraf, erzählte auch er mir, dass er mich damals gerne bei sich gehabt hätte.

Kurz bevor ich meinen ersten Schultag absolvierte, entschieden sich meine Pflegeeltern, mich in Bruno umzubenennen. So wurde aus mir also Bruno Vetsch. Warum es zu diesem Namenswechsel kam, weiß ich nicht genau. Ich könnte mir vorstellen, dass meine Pflegeeltern eine bewusste Trennung zu meiner leiblichen Mutter herbeiführen wollten und dass ich durch die neue Identität nun eher Teil ihrer Familie wurde. Auch dachten sie dabei wahrscheinlich auch an eine mögliche spätere Adoption.

Meine Pflegemutter hatte zwei Schwestern, deren Kinder in meinem Alter waren. Ich konnte viel Zeit mit meinen Cousinen und meinem Cousin verbringen, was mir sehr gefiel. Weihnachten feierten wir jeweils im großen Orgelsaal des Großelternhauses in Goldbach. Das waren immer schöne Erlebnisse. Die Großmutter war ein liebenswürdiger Mensch und ich habe sehr gute Erinnerungen an sie. Im Sommer durfte ich dort Zeit verbringen und genoss das Baden im Pool. Auch wurde ich von meiner Tante auf ihr Schiff, die «MS Muc II», auf den Zürichsee eingeladen. Meine Passion für das Segeln ist vielleicht dadurch entstanden. Die älteste Schwester meiner Pflegemutter wohnt noch immer mit ihrem Mann im Großelternhaus in Goldbach.

Ein schwerer Start in die Schulzeit

Im April 1974, ich war noch nicht ganz sieben Jahre alt, war mein erster Schultag in der Primarschule in Küsnacht, obwohl ich im Kindergarten für «nicht schulreif» erklärt wurde. Wahrscheinlich erfolgte die frühe Einschulung auf Druck meiner

Pflegeeltern. Von Anfang an hatte ich Mühe in der Schule. Im zweiten Schuljahr wurde ich erstmals schulpsychologisch abgeklärt. Dabei wurde meine Intelligenz mit einem IQ von 128 als überdurchschnittlich beurteilt. Man sagte, ich sei lebhaft, an vielem interessiert und aufgeschlossen. Mein schulischer Leistungsabfall sei vor allem auf die ungenügende Arbeitshaltung zurückzuführen. Es hieß, ich ließe mich zu schnell ablenken und störe den Klassenbetrieb. Es wurde aber auch festgestellt, dass meine Probleme vorwiegend auf dem Boden der Familiensituation entstanden seien: einerseits sei ein Erziehungsproblem vorhanden, andererseits eine ungenügende affektive Zuwendung, da ich anscheinend sehr oft mir selbst überlassen war. Des Weiteren wurde eine Legasthenie diagnostiziert. In der Folge wurde eine Legasthenie-Therapie eingeleitet und den Pflegeeltern eine Erziehungsberatung empfohlen. Die psychologische Betreuung der Pflegeeltern kam nicht zustande, weil sie dies nicht für nötig erachteten. In dieser schwierigen Zeit ging ich manchmal in die nahegelegenen Wälder statt in die Schule.

Ab in die Sonderklasse – und wieder ein Namenswechsel

Ende der zweiten Primarklasse wurde ich in die 3. Sonderklasse umgeschult, da ich den Unterricht sehr stark störte, Spannungen mit den Kameraden auftraten und meine Schulleistungen weit unter meinen Fähigkeiten lagen. Es kam zu einer schulpsychologischen Nachuntersuchung mit dem Ergebnis der Einweisung in die Sonderschule Erlenbach. Dort besuchte ich die 3. und die 4. Klasse.

Auch zu Hause wurde die Lage immer angespannter. Mitte des 4. Schuljahres verlangte mein Pflegevater eine Aussprache mit der Primarschulpflege und ersuchte diese, mich wieder in die Regelklasse nach Küsnacht zurückzuversetzen. So wechselte ich wieder in die 4. Klasse zurück und wurde dort zur Beobachtung und nur provisorisch aufgenommen. Nach kurzer Zeit, so steht es in den Berichten, meldete die Lehrerin der Schulbehörde, dass ich in ihrer Klasse untragbar sei. Es hieß, dass ich den Schulbetrieb störe und meine Mitschüler durcheinanderbringe. Mir drohte sogar eine definitive Schuldispensation, wenn von Seiten der Pflegeeltern nichts unternommen würde. Meine Pflegeeltern nahmen mich daraufhin aus der Schule und ich bekam Privatstunden.

In dieser Zeit empfand ich plötzlich meinen Vornamen als unpassend. Ich war nun gut 10 Jahre alt und wollte ab sofort Matthias genannt werden. Mir hatte der Name Bruno nie gefallen! Meine Pflegeeltern waren zu meinem Erstaunen mit dem neuen Vornamen einverstanden. Also änderte sich mein Name erneut und ich hieß seitdem Matthias Vetsch.

Im selben Jahr kam es zu einer ersten kinderpsychiatrischen Untersuchung durch die Psychiatrische Poliklinik für Kinder und Jugendliche Zürich. Das kam auf Wunsch meiner Pflegemutter zustande. Im Bericht steht:

«Beim ersten Gespräch wurde Matthias von der Pflegemutter als ‹Schutzli› beschrieben, der seine Pflegeeltern ärgere durch unanständiges Essen und Herumfuchteln bei Tisch. Er sei zerfahren bei den Hausaufgaben und könne Frustrationssituationen überhaupt nicht ertragen. Er sei äusserst ermüdbar und motorisch sehr unruhig. Ausserdem zeige

er Kopfwackeln bei Einschlafen seit seiner Kleinkinderzeit und habe Ängste vor dem Einschlafen.»

Meine Pflegeeltern sagten, sie wären von mir enttäuscht, beunruhigt wegen meiner Stehlereien und meiner Schulschwierigkeiten. Sie äußerten gar ihre Angst, ich leide an einem «Charakterfehler» (So steht es im Bericht!). Von Seiten der Untersucher wurden die Pflegeeltern wie folgt beurteilt:

«Beide Pflegeeltern sind Matthias gegenüber überfordernd, beide werden als geschäftlich stark engagiert erlebt. Sie waren in den Gesprächen emotional wenig spürbar und es musste als fraglich beurteilt werden, inwieweit es ihnen möglich war, dem Knaben die notwendige Geborgenheit und erzieherische Führung zu geben. Das familiäre Milieu wurde als mehrheitlich geschäftlich ausgerichtet und emotional karg beurteilt.»

Die Fachpersonen hatten also gleich erkannt, wo das Problem lag.

«Ich hatte die dringend benötigte Nestwärme und die Aufmerksamkeit, die ein Pflegekind doppelt braucht, nicht erhalten.»

Meine Auffälligkeiten kamen nicht von ungefähr. Über das persönliche Gespräch mit mir steht dann im Bericht:

«Matthias selber erschien als dunkelhaariger, schmaler, äusserst verängstigter und unsicherer Junge, der immer wieder ein grosses Kontaktbedürfnis zum Untersucher zeigte. Er sei ein ‹Zablibueb› [Zappelphilipp] und könne nicht stillsitzen, sagt er von sich selbst. Die Schulschwierigkeiten wurden von ihm stark bagatellisiert und abgewehrt. Er äusserte ferner, dass er manchmal grosse Ängste habe, insbe-

sondere am Abend, wenn es dunkel wird, wo er offenbar recht viel allein war. Im Gespräch und in den Tests war zu Matthias ein guter Kontakt herstellbar, sobald aber intensive Forderungen an ihn gerichtet wurden, oder emotionale Bereiche angesprochen wurden, geriet er in eine ausgeprägte Widerstandshaltung, hielt mit seinen Äusserungen stark zurück, lenkte sich ab und wurde motorisch sehr unruhig. Seine intellektuelle Anlage wurde als durchschnittlich bis überdurchschnittlich beurteilt. Matthias konnte sich in allen Belangen recht differenziert und präzise ausdrücken, zeigte eine rege Phantasie und gute gestalterische Fähigkeiten. Daneben war er aber im psychosozialen Bereich stark retardiert. Seine eigene Persönlichkeit war noch schlecht ausdifferenziert, sein Selbstwertgefühl so schwach, dass er es nicht wagt, eigene Bedürfnisse in adäquater Weise durchzusetzen. Matthias zeigte sich als hilfloser, verlassener und einsamer Knabe, dem weitgehend das Vertrauen in eine gute Welt fehlte. Seine Resignation und Depression waren tief verdrängt, in seiner Phantasie baute er sich eine heile und gute Welt auf. Die Elternfiguren wurden als abwesend oder kontrollierend und überwachend erlebt. Matthias bemühte sich um Anpassung, um auf diese Weise etwas für sich zu gewinnen. Hintergründig zeigen sich aber massive Aggressionen vor allem auch Elternfiguren gegenüber, die er unterdrückte und staute. Wenn diese, was immer wieder passierte, zum Durchbruch kamen, lösten sie in ihm Schuldgefühle aus. Eine echte und tiefe Beziehung zu seinen Eltern musste als fehlend beurteilt werden, seine grossen Geborgenheits- und Zärtlichkeitsbedürfnisse konnten nicht befriedigt werden. Der Knabe wehrte seine Gefühle sehr stark ab, versuchte immer wieder seine Ängste wegzudiskutieren, Angst und Traurigkeit mit fröhlichem Getue zu überspielen oder zu leugnen. Wenn er sich bedroht fühlte, verfiel er in regressives Trotzverhalten, hielt dann Phantasien und Emotionen gänzlich zurück. Seine

Angst vor Verlassenheit, Angst vor den eigenen Aggressionen und das Gefühl der dauernden Unsicherheit machten ihm sehr zu schaffen, wodurch er auch in seiner Kontaktfähigkeit stark beeinträchtigt war.»

Die diagnostische Beurteilung dieser ersten kinderpsychiatrischen Untersuchung ergab die Diagnose einer affektiven Deprivation bei gestörter Eltern-Kind-Beziehung, das heißt, dass die Stabilität, Wärme und Geborgenheit von Seiten der Familie als äußerst ungenügend beurteilt wurde. Es zeigten sich neurotische Reaktionen, die bedingt waren durch meine emotionale Situation. Im Weiteren erkannte man Anzeichen dafür, dass ich in erzieherischer Hinsicht nicht genügend betreut wurde.

«Ich habe mein Leben lang keine richtigen Eltern gehabt, weder eine Mami noch einen Papi.»

Meine Pflegeeltern hatten nie Zeit für mich und ich fragte mich immer wieder: Was passiert mit mir? Ich wurde immer mehr mir selbst überlassen und es machten sich in mir Verlust- und Trennungsängste breit. Ich erinnere mich, dass ich in der Schule immer mehr den Unterricht störte; ich war verhaltensauffällig und suchte nach Aufmerksamkeit. Zu jener Zeit war die Verbindung zur Pflegemutter intensiver als zum Pflegevater. Bei ihm hatte ich nicht das Gefühl, dass er mich als seinen Sohn ansah und dass er mich sogar manchmal als einen Störenfried wahrnahm. Er war gerade sehr beschäftigt mit der Gründung seines eigenen Unternehmens und hatte nie wirklich Zeit für mich. Meine Pflegemutter engagierte sich auch immer mehr im Geschäft. Ich verbrachte viel Zeit bei einer liebevollen Familie auf einem Bauernhof in der Nähe. Sie waren Imker. Bei ihnen durfte ich das Mittagessen einnehmen. Ich erinnere mich, dass unter dem Vordach eine Schaukel angebracht war, die ich besonders liebte. Ich konnte stundenlang schaukeln und dabei ein wohliges Gefühl erleben. Wollte ich vielleicht das schöne Gefühl im Mutterleib zurückholen?

Langsam zur Ruhe kommen: Im Schülerheim Orn

Nach vielen Gesprächen zwischen den Pflegeeltern und der Amtsvormundschaft Zürich wurde man sich darüber einig, dass es für meine weitere Entwicklung das Beste sei, mich in einem ländlichen Schülerheim zu platzieren.

So kam ich im Jahr 1978, im Alter von 11 Jahren, ins Schülerheim Orn in das Zürcher Oberland. Das Heim lag unterhalb des Bachtels, immer über dem Nebel. Geleitet wurde das Heim vom Ehepaar Hoffmann. Wir waren insgesamt 10 Kinder, darunter waren vier leibliche Kinder des Ehepaars. Ich wiederholte die 4. Klasse, und bis zur 6. Klasse ging ich im kleinen Schulhaus Unterbach in der Nähe des Schülerheims in einer Mehrklassenschule zur Schule. Dort fühlte ich mich sofort wohl, diese ländliche Gegend war perfekt auf mich zugeschnitten. In Küsnacht, an der Goldküste von Zürich, musste ich mich zuvor in einer Welt bewegen, welche nicht meinen Bedürfnissen entsprach. Der Druck in der Schule war enorm und die großen Erwartungen, die an mich gestellt wurden, konnte ich nicht erfüllen. Ich spürte, dass ich meinem Pflegevater nie genügen konnte. Anstatt mich unter reichen Leuten mit teuren Autos und Villen mit Swimmingpools zu bewegen, ging ich lieber beim Bauern Milch holen oder baute im Wald meine Pfeilbogen.

Irgendwann in dieser Zeit wurde bei mir die Diagnose POS (heute ADHS) gestellt und ich bekam für einige Zeit das Medikament Ritalin verschrieben.

Wie schlecht es mir zu jener Zeit wirklich ging, wurde mir erst richtig bewusst, als ich in Vorbereitung auf dieses Buch die Rapporte des Heimleiters las. Manfred Hoffmann hatte mir später bei der Auflösung des Heims meinen persönlichen Ordner übergeben. Dort war nachzulesen, wie mein Gemütszustand war, als ich frisch ins Heim kam, und wie sich dann alles mit der Zeit verbesserte. Hier ein Auszug aus dem Journal, das von dem Heimleiter geführt wurde:

«Matthias wird als traurig, gefühlsmässig antriebsarm, Gefühle sind abgeklemmt, zugedeckt erlebt [...] Matthias taut emotional etwas auf. Massive Schlafstörungen [...] Eltern setzen ihn enorm unter Druck [...] Ansprüche von Matthias werden masslos, was die Nähe der Erwachsenen angeht. Ist doch etwas ruhiger geworden. Machte in der Schule zum ersten Male drei 6-er. Telefonierte mit dem Vater und erzählte ihm dies ganz unterwürfig (bat um Liebe), wurde aber ‹abgesägt›. [...] Hat Mühe in der Gruppe, ist immer der gleiche Aussenseiter wie am Anfang.»

5 bis 8 Monate später:
«Wirkt eher gelöster [...] Hat Heimweh, versucht oft bei den Eltern anzuläuten, will dass sie ihn besuchen kommen. [...] Kommt langsam aus dem Busch, in der Gruppe etwas mutiger. [...] Lager: Machte überall freudig mit. Sehr interessiert an Fragen der Sexualität mit Bezug auf seine Herkunft. Bei kleinen ‹Verletzungen› neigt er zu übersteigerten Reaktionen. [...] Zurzeit kein Ritalin. Bis jetzt keine negativen Auswirkungen festgestellt. Eher etwas ruhiger. Weniger Heimweh. [...] Scheint wieder etwas mehr Heimweh zu haben. [...] Öfter wieder traurig vor allem beim Essen.»

Im ersten Jahr im Heim durchliefen meine Gefühle offenbar eine Berg- und Talfahrt. Ich denke, ich war immer hin- und hergerissen zwischen meinen Pflegeeltern und dem Heim. Nach dem zweiten Jahr im Schülerheim fühlte mich integriert, was auch die Berichte bestätigen. Auch die Beziehung zum Heimleiterpaar Hoffmann war sehr gut. Gerade aber zu jenem Zeitpunkt, als ich Fortschritte in jedem Bereich gemacht habe, wollten meine Pflegeeltern mich wieder zurück zu sich nach Küsnacht nehmen.

«Jetzt, wo ich mich heimisch fühle, soll ich schon wieder ein vertrautes Heim aufgeben.»

Zwar machten sich meine Pflegeeltern Sorgen, ob sich meine POS-Krankheit immer noch zeigte, aber sie waren fest entschlossen, mich wieder zu sich zu nehmen. Aus der Sicht des Heimleiterehepaars war das Schülerheim der richtige Ort für mich, da man in meiner emotionalen und kognitiven Entwicklung große Fortschritte feststellen konnte. Eine Umplatzierung wäre wieder schädlich gewesen. Es kam zu einem regelrechten Machtkampf zwischen dem Heimleiter zusammen mit der Vormundschaftsbehörde gegen meine Pflegeeltern. Letztere zeigten sich völlig uneinsichtig und von einer penetranten Sturheit, wurde geschrieben. Gleichzeitig war ich selber immer mehr der Überzeugung, dass ich im Heim bleiben wollte. Dies fühlte sich für mich stimmig an.

1980 kam es zu einer zweiten kinderpsychiatrischen Untersuchung, zwei Jahre nach meiner ersten. Ich war nun 13 Jahre alt.

Im Bericht steht:
«Matthias verlebte die letzten beiden Jahre im Schülerheim Orn. Beim Eintritt war er nach Angaben der Heimleiter verängstigt, hintergründig depressiv, nach aussen fast ohne Emotionen und äusserst überangepasst. Es habe lange gedauert, bis der Zugang zu dem Knaben gefunden werden konnte, doch heute besteht eine gute Beziehung zwischen ihm und den Heimleitern und auch umgekehrt. Der Knabe habe anfänglich grosse Mühe gehabt, sich in der Kindergruppe zu integrieren, zeigte auch schulisch grosse Schwierigkeiten. Heute ist es Matthias gelungen, zum Heim und zu den anderen Kindern eine gute Beziehung aufzubauen, er ist in der Gruppe integriert. In schulischer Hinsicht zeigte sich eine deutliche Verbesserung, auch wenn noch immer die Tatsache bleibt, dass Matthias weniger leisten kann, als es ihm von seinem Potential her möglich wäre. Matthias hat somit in intellektueller, sozialer und auch emotionaler Hinsicht eindeutig Fortschritte gemacht.»

Was den affektiven Bereich betrifft, wird Folgendes protokolliert:
«Matthias erscheint durch die erneute kinderpsychiatrische Untersuchung äusserst beunruhigt. Er reagierte darauf mit einem Versuch, die Dinge rational zu begreifen, sich anzupassen und kooperativ zu sein. Dies gelang ihm dann aber nicht, wenn die an ihn gestellten Forderungen nicht durchschaubar und nicht kontrollierbar waren. Der Knabe wirkt nach aussen angepasst und vernünftig, zeigt hinter dieser Fassade ein grosses Bedürfnis nach Sicherheit und Stabilität. Deshalb ist es ihm auch sehr wichtig, Gewissheit und Kontrolle über die Dinge zu erhalten, die vor sich gehen. Matthias zeigte immer wieder Angst, etwas von sich preiszugeben, schützte sich in Konfliktsituationen und zog sich sehr schnell zurück. Andererseits konnte er aber immer wieder klar Stellung nehmen, dass er im Heim in Orn bleiben möchte. Dabei plagten ihn

aber Schuldgefühle den Pflegeeltern gegenüber, die er auch nicht verletzen möchte. Matthias fühlt sich nach beiden Seiten hin verpflichtet. Diese ‹Sandwich-Stellung› führt unweigerlich in eine Konfliktsituation, der er sich nur entziehen kann, indem er sich verschliesst und passiv verhält. Im Vergleich zur früheren Untersuchung besteht demzufolge auch weiterhin die Beunruhigung durch die familiäre Situation. Die Identitätsfindung und die Autonomieentwicklung des Knaben sind demzufolge auch heute noch gestört. Der Knabe zeigt deutliche neurotische Reaktionen, die einerseits auf dem Boden der ständigen Konfliktsituation zwischen Heim und Pflegeeltern, andererseits auf dem Boden eines über Jahre dauernden affektiven Zukurzgekommenseins zu sehen sind. Die Vorgeschichte des Knaben ist geprägt von Verlusten von Bezugspersonen und Mangel an echter Geborgenheit und Stabilität. Unseres Erachtens spielt auch die Frage der Adoption eine nicht unwesentliche Rolle, die seit vielen Jahren zur Diskussion steht, bis heute nicht durchgeführt wurde, was für den Knaben eine zusätzliche Verunsicherung bedeutet.»

Von Seiten der Psychiatrischen Poliklinik suchte man auch das Gespräch mit meinen Pflegeeltern. Noch bevor die Begutachtung abgeschlossen war, wollten meine Pflegeeltern wissen, ob für mich ein Verbleib im Schülerheim Orn noch gerechtfertigt sei. Sie wollten mich unbedingt wieder zu sich nach Hause nehmen, da sie auch der Meinung waren, dass ich in Orn schulisch unterfordert wäre. Die Psychologen erlebten meine Pflegeeltern als stark engagiert bezüglich meines schulischen und beruflichen Weiterkommens, dafür zeigten sie aber wenig Gespür bezüglich eines emotionalen Engagements. Sie bekamen auch den Eindruck, dass es den Pflegeeltern vor allem um die Frage ging, wer den Kampf um mich gewinnt. Sie führten dabei vor allem einen Kampf gegen die Heimleiter in Orn, die offenbar zu einer recht großen Konkurrenz für meine Pflegeeltern geworden waren. Die Heimleiter haben von ständigen Schwierigkeiten in der Zusammenarbeit mit meinen Pflegeeltern berichtet, sie hielten sich nicht an Termine und Abmachungen. Hingegen erlebten die Psychologen die Heimleiter als sehr engagierte Leute, welche meine Schwierigkeiten gut spüren konnten, damit umzugehen wussten und denen mein Wohl sehr am Herzen lag.

Die Schlussbeurteilung der Ärztin der Poliklinik lautete, dass es richtig sei, mich im Schülerheim zu belassen, da ich dort Konstanz und Stabilität erfahre, und es nicht verantwortbar wäre, mich wieder herauszunehmen und in eine nicht klare Situation bei den Pflegeeltern zu verbringen. Als Ergebnis der Untersuchungen der Kinderpsychiatrie und deren Empfehlungen blieb ich vorerst im Schülerheim Orn. Ich fühlte mich im Heim bei der Familie Hoffmann sehr wohl. Die Beziehung zu den Pflegeeltern wurde immer schwächer und die Nähe zu Küsnacht schwand.

1981 kam ich in die Oberstufe nach Hinwil. Unser Lehrer in der Realschule hatte etliche Klassenlager durchgeführt und es entwickelte sich ein guter Klassengeist, der noch bis heute anhält. Im Sommer 1982, als ich 15 Jahre alt war, nahm mich die Familie Hoffmann auf eine vierwöchige Skandinavienreise bis ans Nordkap mit. Ein besonderes Erlebnis war für mich, dass ich im Vorfeld mithelfen konnte, den VW-Bus für diese Reise auszubauen.

Der Bruch mit meinen Pflegeeltern

Gegen Ende der 2. Oberstufe, nach einigen Schnupperlehren, entschied ich mich, das Angebot für eine vierjährige Lehre zum Schreiner beim Familienbetrieb E. Oertli in Hinwil anzunehmen. Was für ein Zufall: Oertli hieß ich bei meiner Geburt mit Nachnamen! Viele Jahre später sollte ich erfahren, dass mein leiblicher Großvater väterlicherseits ebenfalls von Beruf Schreiner war.

Meine Pflegeeltern wollten indes immer noch, dass ich wieder definitiv zu ihnen nach Küsnacht zurückkomme. Die Wochenenden musste ich stets bei ihnen verbringen, im Heim war ich nur von Montag bis Freitag untergebracht. Dies wurde zunehmend schwieriger für mich, denn im Jugendhaus Hinwil traf sich mein ganzer Freundeskreis. In Küsnacht kannte ich niemanden mehr. Da ich seit der 4. Primarklasse aus dem Ort weg war, hatte ich im Grunde genommen auch nie wirklich gute Kontakte dort. Leider ging auch der Kontakt zu meinen Cousinen und zu meinem Cousin verloren. Das hat mich traurig gemacht, denn mit ihnen hatte ich als Kind eine wirklich schöne Beziehung.

Nach vielen Überlegungen und einigen schmerzlichen Gesprächen entschied ich mich Ende 1982 im Alter von 15 Jahren, definitiv nicht mehr zu den Pflegeeltern zurückzukehren. Meine Vormundin hat mich bei diesem Entscheid unterstützt. Sie selber hatte auch ihre Mühe mit dem aufsässigen und rechthaberischen Verhalten meiner Pflegeeltern. Ich fühlte mich ganz zur Familie der Heimleiter zugehörig.

«Es war für mich von großer Wichtigkeit, endlich ein richtiges Daheim gefunden zu haben, wo ich voll akzeptiert wurde.»

Ich informierte meine Pflegeeltern bei einem persönlichen Treffen darüber, dass ich nicht mehr nach Küsnacht zurückkehren wollte und dass ich die Lehre zum Schreiner in Hinwil antreten werde. Es hat mich schon viel Mut gekostet, meinen Pflegeeltern ins Gesicht zu sagen, dass ich nicht mehr nach Hause zurückkommen würde. Ich wusste aber, dass das der richtige Entscheid für mich war. Eine wirkliche Nähe zu ihnen hatte ich nie erlebt. Sie waren nicht meine Mami und mein Papi. Der Heimleiter Manfred Hoffmann hat mich durch diese schwere Zeit begleitet und mich auch in diesem wichtigen Entscheid unterstützt.

Ein Jahr später, 1983, wurde das Pflegeeltern-Mandat durch die Amtsvormundschaft definitiv aufgehoben. Bei dieser Gelegenheit beantragte ich eine Namensänderung auf Mathias Hoffmann, welche am 19.01.1983 gutgeheißen wurde. Das war bereits die fünfte Namensänderung, und ich war zu diesem Zeitpunkt gerade erst 15 Jahre alt! Mit diesem Schritt wollte ich bekunden, dass ich nun ganz zu meiner neuen Familie gehörte. Ich erinnere mich, dass ich vor meiner ganzen Schulklasse gestanden bin und allen mitgeteilt habe, dass ich ab sofort nicht mehr Vetsch hieße, sondern Hoffmann.

Ich hatte keinen Bezug mehr zu meinen Pflegeeltern, eher nur schlechte Erinnerungen. Daher wollte ich auch nicht mehr ihren Namen tragen. Eigentlich war ich froh, dass meine Beiständin dafür besorgt war, dass die Adoption durch meine früheren Pflegeeltern nie zustande gekommen ist. Sie hatte gespürt, dass ich mich bei ihnen nie richtig wohl gefühlt hatte.

Ein neuer Name, ein neuer Lebensabschnitt

Mit großer Freude begann ich 1984 mit 17 Jahren die Lehre als Schreiner. Gerne hätte ich die Kunstgewerbeschule besucht, das war mein großer Traum. Ich spürte in mir eine gewisse Künstlerader. Zuhause hatte ich ein kleines Fotolabor, kreierte Objekte aus Holz und machte gerne Musik. So besuchte ich in der Musikschule Pfister bei Felix Bachmann den Gitarrenunterricht. Erst viel später habe ich erfahren, dass mein leiblicher Vater ein sehr kreativer Mensch war. Er hatte gemalt, eine Holzspielsachenfabrik gegründet und in einer Band Musik gespielt. Wir haben in unserem Leben viele ähnliche Sachen gemacht.

In der Musikschule lernte ich Helena kennen, die bei Pfister die Lehre im Verkauf absolvierte. Sie war meine erste große Liebe und wir gingen von da an einen langen gemeinsamen Weg durch einen wichtigen Teil meines Lebens. Noch vor Ende der Lehre zum Schreiner designte ich meinen ersten Salontisch mit einer Marmorpyramide, auf dem eine Glasscheibe schwebte.

«Das war meine Leidenschaft, selber etwas zu erschaffen.»

Nach dem erfolgreichen Abschluss der Berufslehre im Frühjahr 1988 absolvierte ich die Rekrutenschule auf dem Gotthard und war danach in der Verlegung in Acquarossa im Tessiner Bleniotal stationiert. Ganz in der Nähe, in Lottigna, habe ich als Kleinkind eine schöne Zeit erleben dürfen, vielleicht die schönsten Momente mit meinen Pflegeeltern. Sie besaßen in diesem kleinen Dörflein einen Hof und ich konnte dort unbeschwert Freiheit und Natur genießen. Das Bleniotal – das Tal der Sonne – hat mich schon als kleines Kind in seinen Bann gezogen. Heute besitze ich zwei Häuser in diesem wunderschönen Tal. Zudem konnte ich für einen Freund die Möbel und den Innenausbau eines Rusticos in diesem Tal gestalten. Das war meine erste größere Innenraumgestaltung. Hier konnte ich endlich meine wirkliche Begabung ausleben.

Anschließend begann für mich die Zeit des Reisens. 1990, als ich 23 Jahre alt war, begab ich mich zusammen mit Helena auf eine längere Reise durch Schweden, mit Rucksack und Zelt. Zwei Jahre später machte ich eine der schönsten Reisen mit meinem Freund Urs: 42 Tage mit dem Motorrad rund um die Südinsel Neuseelands. Mit Helena besuchte ich 1992 ihre Pflegeschwester in Südafrika. Wir bereisten dieses schöne Land insgesamt drei Wochen lang.

Den Kopf voller Ideen

Nach ein paar Jahren Berufserfahrung wechselte ich vom Schreinerberuf in den sozialen Bereich und übernahm eine Stelle bei der Kantonalen Berufsabklärung für die Invalidenversicherung (IV). Es reizte mich, im sozialen Bereich tätig zu sein, da ich ja so einige persönliche Erfahrungen in diesem Bereich gesammelt hatte. Ich wollte mit Menschen zu tun haben; das war und ist für mich das Schönste. Meine letzte Stelle als Schreiner hatte ich in Küsnacht, just in dem Dorf, in dem meine Pflegeeltern wohnten.

«Immer wieder stand ich vor der Türe ihrer Wohnung, habe mich aber nie getraut zu läuten. Ich wollte wissen, wie es meiner Pflegemutter ging. Der Pflegevater interessierte mich nicht.»

Ich selber wohnte in einer Wohngemeinschaft in Hombrechtikon, und dies war eine coole Zeit. In den jungen Jahren hatte ich meine Leidenschaft fürs Segeln entdeckt. Regelmäßig segelte ich mit meiner Jolle Charis auf dem Zürichsee, später wagte ich mich mit Freunden auch auf größere Segeltörns auf das Meer.

Nach einer schönen zehnjährigen Beziehung mit Helena kam es dann zur Trennung.

Um dies zu verarbeiten, schrieb ich sechs Songs, die ich zusammen mit sieben Freunden einspielte. Daraus entstand meine erste CD. Ich taufte sie «True Friends» – denn wahre Freunde waren und sind für mich extrem wichtig. Meine engsten Freunde waren für mich stets die Familie, die ich nie hatte.

Nicht nur meine musikalische Kreativität lebte ich zu jener Zeit aus. Mein Kopf war immer voller Ideen. Mit 28 Jahre gründete ich das Label «the art of design». Es entstand eine ganze Möbel-Kollektion, angefangen vom Sofa, über Tische, Stühle, Leuchten und Spiegel bis zu Accessoires. Da mich auch das «Flüssige für den Geist» faszinierte, produzierte ich neun sortenreine Schnäpse und verkaufte diese unter dem Namen «the art of spirit».

Die Stelle bei der IV befriedigte mich nicht mehr richtig. Meine Tätigkeit war mir zu wenig auf den Menschen bezogen, ich musste nur über die Menschen urteilen. Daher suchte ich eine neue Anstellung und wurde bei der Arbeitsstätte Züriwerk für Menschen mit einer geistigen Behinderung in Bubikon fündig. Bei der direkten Tätigkeit mit den geistig beeinträchtigten Menschen konnte ich ihre Nähe besser spüren. Das Jahr 1995 zeichnete sich als ein ganz besonderes Jahr aus. Die WG in Hombrechtikon wurde aufgelöst und ich zog auf den Bauernhof Brandlen in Bubikon. Nach der Trennung, der CD, der neuen Stelle und dem neuen Arbeitsort kam dann auch eine neue Frau dazu. Bei einem Tanzkurs lernte ich die Liebe meines Lebens kennen: meine künftige Ehefrau Irene.

Ich, der eigentlich nie heiraten wollte, machte Irene an einem speziellen Ort mit romantischem Rahmen einen Heiratsantrag. Bevor wir uns ein halbes Jahr später zivil trauen ließen, machte ich meine bis heute letzte größere Reise, indem ich vier Wochen lang mit dem Kanu und zu Fuß durch einen Nationalpark in Kanada reiste.

Vater und Sohn

Es dauerte nicht lange, und schon bald kam unser erstes Kind, Daniel, zur Welt. Mit der Geburt unseres Sohnes und dem Glück meiner eigenen kleinen Familie tauchte das Bedürfnis auf, meinen leiblichen Vater kennen zu lernen. Durch die Vormundschaftsbehörde erfuhr ich den Namen meines Vaters und dass er im Tessin lebte. Die Behörde nahm schriftlich Kontakt mit ihm auf und er willigte für ein Treffen mit mir ein.

«Wie wird er wohl aussehen? Hat er die gleichen Vorlieben wie ich?»

Ich wusste rein gar nichts über meinen leiblichen Vater. Vor dem ersten Treffen war ich sehr aufgeregt und äußerst neugierig. Ich wollte ihm ohne Vorurteile begegnen, wollte neutral und offen sein. Kurz vor meinem 31. Geburtstag traf ich meinen Vater beim «Treffpunkt» im HB Zürich. Wir hatten beide sichtlich Freude, dass wir uns endlich kennen lernen durften. Bei unserem Treffen ging es uns nicht um Schuldzuweisungen, wir wollten nicht zurückblicken. Wir beide wollten nach vorne schauen, offenbar eine Eigenschaft, die ich von ihm geerbt hatte. Er erzählte mir von seinem Leben und dass seine erste Frau, eine Pianistin, früh verstorben sei. Er hat dann nochmals geheiratet. Leider hielt seine zweite Ehe nicht lange. Kam vielleicht zu jener Zeit meine leibliche Mutter ins Spiel und war sie der Auslöser für die Scheidung? Er erzählte mir den Grund, warum es zur Trennung kam, nicht, und ich wollte ihn auch nicht danach fragen. Was ich aus meinen Akten aber wusste, war, dass mein Vater sich «ohne Umschweife» zur Vaterschaft bekannt hatte. Er verpflichtete sich auch dazu, monatliche Unterhaltsbeiträge für mich zu zahlen. Erst viel später, meinen leiblichen Vater kannte ich schon seit acht Jahren, habe ich auch von seinen zwei Töchtern erfahren. Ich hätte sie eigentlich gerne kennen gelernt, aber – warum auch immer – er wollte das nicht.

Auch er hatte zu ihnen kaum noch Kontakt. Erst nach seinem Tod lernte ich beide dann kennen.

Mein Vater wanderte ins Tessin aus und gründete eine Spielwarenfabrik in Minusio. Dort lebte er zusammen mit seiner Lebenspartnerin. Bei den Taufen unserer Kinder und bei Familienfesten war er immer dabei. Eine besondere Beziehung hatte er zu meinem Sohn Daniel, denn er kannte ihn von klein auf.

«Meinen leiblichen Vater kennen zu lernen war sicher eine Bereicherung in meinem Leben.»

Es war frappant, wie viele Eigenschaften und Parallelen ich zu meinem Vater feststellen konnte. Er war eindeutig mein Erzeuger. Mich selbst sah ich immer als einen kreativen Menschen, Künstler und Musiker. Das waren die Anlagen, die mein leiblicher Vater mir mitgegeben hatte. Es gibt Dinge, die einem in die Wiege gelegt werden und die man auf dem Weg mitbekommt, ohne dass sie einem vorgelebt werden. Was ich in mir hatte, war nicht das, was mein Pflegevater sehen wollte. Er hat meine Begabungen und meine Wünsche nicht nachvollziehen können und wollte aus mir einen Kaufmann machen. Er konnte und wollte meine künstlerische Ader nicht erkennen. Bei meinem leiblichen Vater habe ich mich intuitiv besser verstanden gefühlt. Er stand mir näher, obwohl ich meine Kindheit fern von ihm verbracht hatte. Je mehr die Zeit verging, je älter er wurde, desto nachdenklicher wurde er und er bereute einiges, was geschehen war. Ich hatte das Gefühl, dass es ihm leidtat, dass ich in einem Heim aufwachsen musste.

Meine Familie: eine Einheit

1998 heirateten Irene und ich in der Kirche Grüningen und gleichzeitig tauften wir unseren Sohn Daniel. Mein Eheversprechen an Irene habe ich musikalisch vorgetragen und das Lied «Mit Dir durchs Läbe gah» für sie komponiert. Dieser Moment war für mich von enormer Bedeutung, denn mein größter Wunsch ging in Erfüllung, einmal eine Familie für mich zu haben. Meine Familie.

Es ist für mich besonders wichtig, dass meine Familie zusammenhält, dass sie eine Einheit ist. Meine Kinder kommen bei mir an erster Stelle, ich will immer für sie da sein. Sie sollen die Geborgenheit spüren, die ich nie erfahren durfte.

Unsere junge Familie blieb nicht lange zu dritt, denn zwei Jahre später kam mit einer raschen Geburt unsere Tochter Désirée gesund auf die Welt.

Kurz darauf stand wieder eine berufliche Veränderung bevor. Ich verließ die Sozialarbeit gründete die Firma «hoffmann raumidee» und machte mich selbständig. Ein Traum ging in Erfüllung. Endlich konnte ich meine Kreativität ausleben. Bei der Gründung und beim Aufbau der Firma wurde ich von Familie und Freunden sehr unterstützt und begleitet.

Für mich war die über neunjährige berufliche Selbständigkeit eine überaus schöne Zeit, denn ich konnte meine eigenen Ideen verwirklichen. Ich kreierte meine eigenen Möbel und Accessoires, beriet Kunden in der Gestaltung ihres Wohnraumes oder Küchenbaus und verkaufte schöne Möbel und Innendekorationen. Doch aus finanzieller Sicht war es ein harter Kampf. Eine zuerst vier-, dann fünfköpfige Familie musste ernährt werden und meine Einkünfte aus der Selbständigkeit reichten nicht aus. Meine Frau trug mit ihrem Job als Lehrerin zu unserem Familieneinkommen bei. Es war für mich und meine Familie auch oft eine Zeit der Ungewissheit. Die Beziehung zwischen mir und meiner Frau wurde hart strapaziert, ich hatte kleine Kinder daheim und war aber die meiste Zeit im Geschäft engagiert.

Zwei Jahre nach der Gründung meiner Firma schloss sich die dritte Seele unserer Familie an. Unsere Tochter Natalie kam gesund zur Welt.

Nach langem Ringen und fast 10 Jahren der Selbständigkeit musste ich mich dann leider entscheiden, eine der beiden Firmen, «hoffmann raumidee», zu liquidieren und die andere Firma «hoffmann mietidee» zur Weiterführung an meine Mitarbeiterin zu übergeben. Dies war für mich ein schwerer Entscheid, da ich alles, was ich aufgebaut hatte, wieder aufgeben musste.

Meine leibliche Mutter

Und plötzlich kam meine Ursprungsfamilie ins Spiel. Den Kontakt zu meiner leiblichen Mutter hatte ich bis dato nicht gesucht. Warum ich diesen Schritt nie gewagt habe, kann ich mir nicht genau erklären. Vielleicht wollte ich bei ihr nicht das schlechte Gewissen wecken, wollte sie nicht daran erinnern, dass sie mich weggegeben hatte. Es war für sie sicher eine schwierige Entscheidung gewesen.

Ende April 2009 bekam ich einen Brief mit der traurigen Nachricht, dass meine leibliche Mutter, Bettina Oertli, am 1. April 2009 gestorben sei. Ich war sehr überrascht, dass ich angeschrieben wurde, denn ich dachte, ich würde das gar nie erfahren. Aber da ich ja bis dahin nicht adoptiert worden bin, blieb die Verbindung zu meiner Ursprungsfamilie bestehen, und aus diesem Grund wurde ich über den Tod meiner leiblichen Mutter informiert.

«Und dann realisierte ich, dass ich die Chance verpasst hatte, meine leibliche Mutter lebendig zu sehen.»

Dieser Gedanke hat mich sehr traurig gestimmt und noch heute bereue ich, den Kontakt zu meiner Mutter nie gesucht zu haben.

Ich wurde mit einem Schreiben von einem Nachlassverwalter zur Regelung des Nachlasses nach Glarus eingeladen und erfuhr, dass meine Mutter neben mir noch weitere Kinder auf die Welt gebracht hatte. Unglaublich, aber wahr! Meine leibliche Mutter hatte mit ihrem ersten Ehemann die drei Kinder Bettina, Hans und Peter und nach ihrer Scheidung noch zwei weitere Kinder mit den Namen Maria und Angelina geboren. Maria, die später in «Regina» umbenannt wurde, wurde zur Adoption freigegeben, Angelina dagegen wurde wie ich nie adoptiert. Es folgte darauf ein Treffen, bei dem ich meine drei ältesten Halbgeschwister kennen lernte. Es waren die drei Kinder, die während der Ehe meiner leiblichen Mutter zur Welt gekommen sind. Eine Fortsetzung dieses Treffens mit meinen drei Halbgeschwistern Hans, Peter und Bettina sollte es nicht geben. Die Stimmung unter den zwei „echten" Brüdern und der Schwester war angespannt und das Bedürfnis von ihrer und meiner Seite nach weiteren Treffen war nicht vorhanden. Das fand ich zwar schade, aber ich akzeptierte es.

Die nächste berufliche Veränderung steht an

Im selben Jahr, ich war nun 42 Jahre alt, konnte ich eine neue Stelle als Projektleiter in der Verkaufstechnik der Migros Zürich antreten. Diese berufliche Umorientierung war für mich wie auch für die ganze Familie wieder eine große Veränderung. Doch das regelmäßige Einkommen brachte auch wieder eine gewisse Sicherheit und Stabilität in meine Familie.

In dieser Zeit erfuhr ich, dass sich meine Heimeltern, die Hoffmanns vom Schülerheim Orn, getrennt hatten und es zur Scheidung gekommen ist. Leider kam Manfred Hoffmann mit der Situation nie zurecht, die psychische Belastung ließ ihn später schwer erkranken. Er starb mit 66 Jahren an Bauchspeicheldrüsenkrebs. Dies war sehr traurig für mich und meine Familie, denn er war für mich eine sehr wichtige und wegleitende Bezugsperson gewesen und für unsere Kinder ein liebvoller «dritter Großvater». Später habe ich erfahren, dass er mich als Kind gerne hätte adoptieren wollen, es aber nicht konnte, weil der von Gesetzes wegen vorgeschriebene Altersunterschied zwischen mir und der «Heimmutter», seiner Ehefrau, zu gering war. Wie hätte ich mich über Adoptiveltern wie die Hoffmanns damals gefreut!

Versöhnung

Schon seit einiger Zeit schwebte bei mir der Gedanke im Kopf herum, mit meiner ersten Pflegefamilie wieder Kontakt aufzunehmen, denn ich wollte ihnen mit Stolz von meiner eigenen Familie erzählen. Seit über 30 Jahren hatte ich meine ehemalige

Pflegefamilie mittlerweile nicht mehr gesehen. Ende Juli 2014, ich war 47 Jahre alt, fuhr ich nach der Arbeit ganz spontan nach Küsnacht und klingelte an ihrer Wohnungstüre. Meine Pflegemutter begrüßte mich mit einer herzlichen Umarmung und sagte: «Jetzt isch min Bueb ändli wieder da!» Sie war extrem berührt, erfreut und überrascht, mich zu sehen. Mein Pflegevater war drei Jahre zuvor gestorben.

Irgendwie musste ich gespürt haben, dass meine Pflegemutter sich meine Nähe gewünscht hatte. Wir kamen rasch in einen guten und engen Kontakt. Sie war zu jenem Zeitpunkt gesundheitlich schon recht angeschlagen. Wegen ihres Alkoholproblems stürzte sie häufig. Ich fühlte mich verpflichtet, meiner zunehmend pflegebedürftigen Pflegemutter beizustehen, damit sie den Alltag und das Leben im Alter meistern konnte. Noch im selben Jahr fuhr ich mit ihr nach Lottigna ins Bleniotal. Sie wünschte sich, dass ich mit meiner Familie den 1518 erbauten Hof weiter pflege und übergab mir die Schlüssel für das Haus. Ich war völlig überrascht, bewegt und freute mich über diese großzügige Geste und dass sie mir einfach dieses schöne Anwesen überließ. In den Jahren davor war ich ein paar Mal daran vorbeigefahren, um zu schauen, ob das Haus noch stand. Die schönsten Erinnerungen meiner Kindheit waren nämlich die Ferien, welche wir in Lottigna verbracht hatten.

Das Haus war in der Zwischenzeit jedoch ziemlich renovierungsbedürftig geworden und wir machten uns sofort an die Restauration und das Einrichten des Hauses. Auch mit der Hilfe von vielen Freunden haben wir das Anwesen wieder auf Vordermann gebracht und ich muss zugeben: Heute ist es ist ein Bijou! Wir verbringen viel Zeit im wunderschönen Tal der Sonne und genießen dort die Ruhe und die Natur.

Ein Jahr nach unserem Zusammenkommen äußerte meine Pflegemutter den in ihr immer noch präsenten Wunsch, ihren «Buben», wie sie mich immer nannte, endlich adoptieren zu können.

«Es war schon etwas Spezielles und nichts Übliches, einen erwachsenen Mann von 47 Jahren adoptieren zu wollen.»

Nach der Überprüfung durch die KESB Küsnacht und der Zustimmung meiner ganzen Familie wurde die Erwachsenenadoption am 5. März 2015 amtlich durchgeführt. Meine Frau, meine Kinder und ich mussten vorübergehend den Namen meiner Pflegemutter annehmen und dann zwei Monate später ein amtliches Gesuch um Namensänderung stellen, damit wir wieder zur Familie Hoffmann wurden. Eine verrückte Geschichte.

Die aufgrund ihres Alters zunehmende Verschlechterung der geistigen wie auch der körperlichen Gesundheit meiner Pflegemutter verlangte nach einer Beistandschaft. Von der KESB wurde ich angefragt, ob ich mich als Beistand zur Verfügung stellen würde. Auf Wunsch meiner Pflegemutter und mit der Hilfe eines Freundes, welcher als Treuhänder tätig ist, nahm ich die Beistandschaft an.

Abschied nehmen

Zeitgleich mit meiner Adoption starb 2015 mein leiblicher Vater. Seit ein paar Jahren lebte er schon in einer Altersresidenz in Minusio und war schwer erkrankt. Ich war froh und dankbar, ihn kennen gelernt zu haben. Wir durften 16 Jahre lang eine schöne Beziehung pflegen und haben uns regelmäßig, vier bis fünf Mal pro Jahr, gegenseitig besucht. Papi konnte ich nie zu ihm sagen, ich nannte ihn stets bei seinem Vornamen. Eine Vater-Sohn-Beziehung war daraus nicht entstanden, konnte nicht daraus entstehen, denn es fehlte die Verbindung während meiner ersten 30 Jahre. Er wurde für mich aber ein guter Freund. Irgendwie waren wir schon verbunden durch die vielen Gemeinsamkeiten. Beide waren wir doch sehr aktiv, Pioniere, extrem kreativ und sehr sozial. Ja, ich konnte mich in ihm widerspiegeln. Endlich hatte ich jemanden gefunden, einen Blutsverwandten, in dem ich mich zum ersten Mal wiedererkannte.

Die Asche meines Vaters habe ich in meinem Rebberg in Lottigna verstreut. Ich denke, das wäre in seinem Sinne gewesen und er wird so immer bei mir sein.

Seine Töchter aus seiner Ehe – also auch zwei Halbschwestern von mir – wollten nichts mehr von ihrem Vater wissen. Anlässlich der Beerdigung und der Räumung der Alterswohnung lernte ich erstmals eine der beiden Frauen kennen. Die andere Tochter verzichtete auf ein Kennenlernen mit mir. Da war noch so viel Unverdautes und Groll vorhanden, von dem ich mich abgrenzen musste. Ihre Entscheidung akzeptierte ich. Wahrscheinlich sahen sie mich als den Sündenbock für ihre gescheiterte Familie an. Ich weiß bis heute nicht, ob meine Vermutung wahr ist.

Dann kam das Unerwartete

Bis zu diesem Zeitpunkt hatte ich meinen Lebenslauf anlässlich meines 50. Geburtstags aufgeschrieben, für mich, für meine Familie und für meine Freunde. Ich war davon überzeugt, dass das alles aus meiner Vergangenheit gewesen wäre, mehr gäbe es nicht zu sagen. Dann kam das Unerwartete. Und was daraus folgte, war einfach nur unbeschreiblich schön.

Nur ein paar Monate nach meinem Geburtstag habe ich, so wie auch meine anderen Halbgeschwister, den Brief von der PACH erhalten und wurde angefragt, ob ich meine Halbschwester Gabriela kennen lernen wollte. Ich war erfreut und gleichzeitig überrascht. Toll, dachte ich mir, meine Geschichte geht weiter! Ich habe der Organisation sofort eine Mail geschrieben und meine Adresse bekannt gegeben. Meine Halbschwester Gabriela hat mich daraufhin kontaktiert. Von ihr habe ich erfahren, dass es neben ihr auch noch zwei weitere Schwestern gibt, die zur Adoption freigegeben wurden und die sich gerne mit mir treffen würden. Wahnsinn, welche Neuigkeiten da auf mich zukamen!

Unser erstes Zusammentreffen fand am 10. Februar 2017 in Aarau statt. Zum ersten Mal sah ich dabei meine neuen Schwestern Gabriela, Regina und Regula. Ich war sehr aufgeregt und freute mich, meine überraschend dazugewonnene neue Familie zu treffen. Ich war neugierig, aber auch ein wenig vorsichtig. Doch sofort hatte ich ein gutes Gefühl und wir unterhielten uns prächtig. Zu diesem Anlass hatte ich meine Biografie mitgebracht und jeder meiner Schwestern ein Exemplar davon mitgegeben. Regula hat mir ihre Biografie in Form des Buches «Seitensprungkind» geschenkt. Ich habe ihr Päckli gleich aufgemacht und das schöne Cover bestaunt, auf welchem meine Schwester als kleines Mädchen abgebildet war.

«Unglaublich! Wir hatten unsere Lebensgeschichte gleichzeitig, im gleichen Jahr, aufgeschrieben. Das war sicher kein Zufall, dass wir uns gerade jetzt trafen.»

Es war wirklich eine tolle Begegnung und ich kam mit vielen Fragen nach Hause. Ob es wohl weitere Zusammentreffen gibt? Wollen die Schwestern mich wiedersehen?

Ja, das wollten sie. In der Zwischenzeit haben wir uns schon öfter getroffen und wir hatten und haben immer eine tolle Zeit zusammen. Es fühlt sich stets sehr vertraut an, wenn wir zusammen sind. Zu meiner Schwester Regula fühle ich mich besonders hingezogen. Die Geschwister, welche unsere Mutter noch kannten, haben gesagt, dass Regula der Mutter am meisten gleiche, sehr ähnliche Gesichtszüge wie sie habe und hauptsächlich ihre Haarpracht erinnere sie fest an die Mutter. Ist es vielleicht diese Ähnlichkeit, die mich unbewusst so anzieht? Sehe ich vielleicht in Regula meine verlorene Mutter? Oder könnte es sein, dass sie die gleiche Stimme hat wie die Mutter? Die Stimme, die mir so vertraut war, die ich während neun Monaten im Mutterleib immer gehört habe und die dann plötzlich verschwunden war? Es ist ganz eigenartig, aber wenn ich Regula reden höre, dann gibt mir das ein unheimlich wohliges Gefühl. Ich könnte ihr stundenlang zuhören. Viele meiner Bekannten und Verwandten haben zudem eine große Ähnlichkeit zwischen uns beiden festgestellt. Das ist etwas ganz Besonderes für mich, plötzlich einen Menschen auf der Welt zu haben, welcher mir gleicht. Ein wunderbares Gefühl!

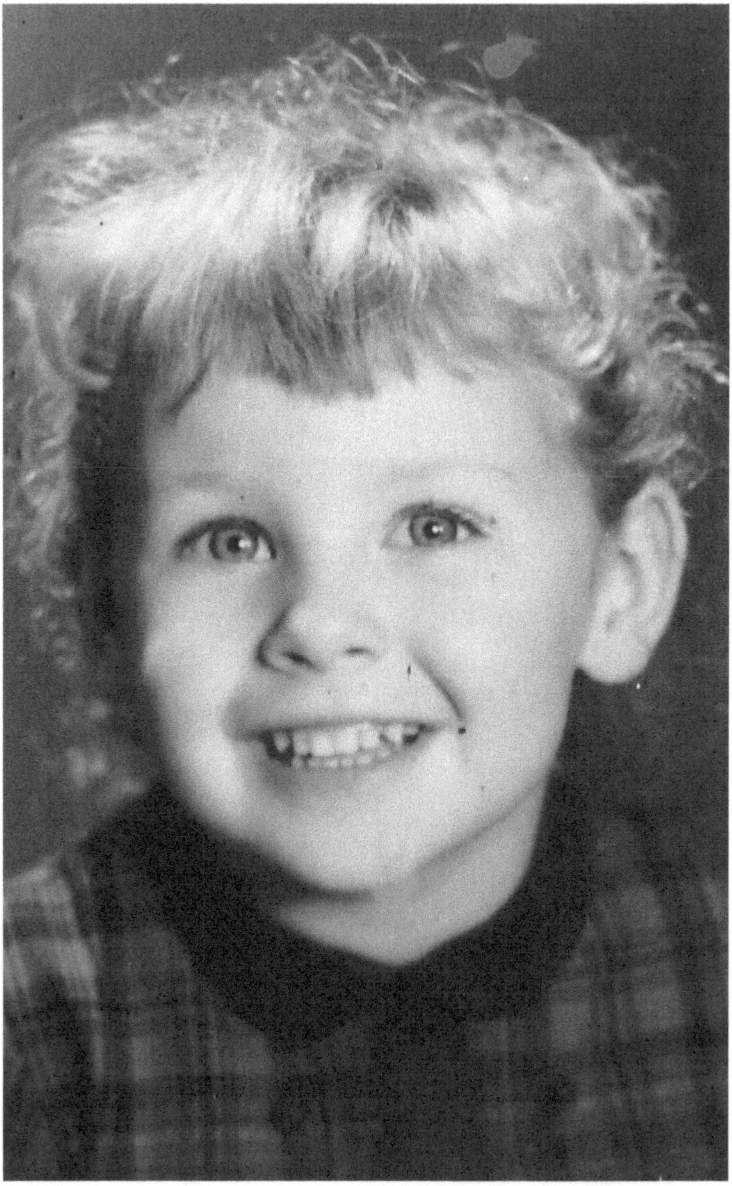

Angelina

Angelina Lucia, geboren im März 1963 in Zürich als sechstes Kind unserer Mutter Bettina, wurde mit sieben Monaten zuerst provisorisch und später definitiv von der Pflegefamilie R.* aufgenommen. Sie hat erst im Alter von 26 Jahren erfahren, dass sie nicht deren leibliche Tochter ist und auch nicht adoptiert worden ist. Der leibliche Vater war ein junger Italiener (19), der als Untermieter bei der leiblichen Mutter (32) gelebt hat.

Angelina bin ich zum ersten Mal an Ostersonntag 2017 begegnet. Wir haben zusammen in Rheinfelden Mittag gegessen. Es waren nur wir zwei, die anderen Geschwister waren bei diesem ersten Treffen nicht dabei. So hatte es sich Angelina gewünscht. Ich habe von ihrer Existenz von Bettina, unserer ältesten Schwester, erfahren. Sie hatte mit ihr anlässlich des Hinschiedes unserer Mutter Kontakt gehabt. Angelina hatte sich auf den Brief der PACH nicht gemeldet, dachten wir. Bettina kannte ihre Adresse und erzählte uns, dass unsere Schwester als Übersetzerin für Italienisch arbeite. Das fand ich unglaublich spannend: Sie hatte denselben Beruf wie ich! Ich wollte es unbedingt trotzdem versuchen, mit Angelina in Kontakt zu treten, vielleicht würde sie bei einem zweiten Anlauf doch noch reagieren. So schrieb ich ihr einen Brief und erzählte ihr aus meinem

Leben. Dabei erwähnte ich auch, dass ich gerade erst ein Buch über mein Leben geschrieben hätte. So konnte sie sich gleich ein Bild von mir machen.

Zu meiner Überraschung hat sie mir gleichentags mit einer Mail geantwortet. Sie war sehr erstaunt, als sie meinen Brief vorgefunden hätte, schrieb sie mir. Hinzu fügte sie noch, dass sie allerdings gar nichts mehr erstaune und falls ich eine Fortsetzung für mein Buch benötige, so wäre ihre Geschichte sicher auch erzählenswert. Wer hätte wohl zu diesem Zeitpunkt gedacht, dass wir ein halbes Jahr später tatsächlich über das Projekt dieses Buches sprechen würden! Mein Brief habe sie sehr positiv berührt, teilte mir Angelina mit. Die Tatsache, dass ich auch Übersetzerin bin, fand sie sehr interessant. Sie wäre durchaus bereit für ein Treffen, allerdings nur unter vier Augen. Darauf legte sie viel Wert. Und ehrlich gesagt fand ich es auch gut, denn wir konnten uns so viel intensiver unterhalten. Sie schließe nicht aus, dass sie sich eines Tages eventuell auch mit den anderen Geschwistern treffen könnte. Allerdings hatte sie damals, anlässlich des Hinschiedes der Mutter, die Anzahl an Geschwistern eher abgeschreckt. Nach dem Mittagessen gesellte sich mein Mann noch zu uns und wir drei gingen noch eine kleine Bilderausstellung anschauen. Da habe ich auch erfahren, dass auch sie, wenn die Zeit reicht, sich gerne künstlerisch betätigt. Es war ein wunderbarer Tag und ich war mir sicher, dass auch wir zwei uns wiedersehen würden.

Meine Schwester Angelina habe ich als eine lebhafte, intelligente, unternehmungslustige und fröhliche Person erfahren, die mit beiden Füßen fest auf dem Boden stand. Äußerlich gleichen wir uns hingegen überhaupt nicht, sie ist blond mit blauen Augen. Angelina hat mir viel aus ihrem Leben erzählt und ich genoss ihre Anwesenheit. Bei diesem Treffen habe ich unter anderem erfahren, dass sie den Brief von der PACH nie erhalten hat. Wieso sie nicht angeschrieben wurde, bleibt wohl ein Rätsel. Sie erfuhr erst durch meinen Brief von der Existenz von Regina und Gabriela und mir. Mit ihrem Einverständnis durfte ich zuerst ihre E-Mail-Adresse an Regina weitergeben. Das wird eine spannende Fortsetzung geben, dachte ich mir. Zudem hatte ich wirklich das Gefühl, dass Angelina und Regina einander sehr ähnlich sind. Nachdem ich ihr von meinen weiteren Recherchen erzählt hatte, möchte nun auch Angelina mehr über ihren leiblichen Vater erfahren, sich auf die Suche machen und ihre Akten sichten.

Angelina war auch am Fest anlässlich meines 60. Geburtstags dabei und sie schrieb mir dazu diese schönen Zeilen:

«Liebe Regula, es freut mich sehr, dass ich dir zu deinem 60. Geburtstag gratulieren kann, obwohl ich bis zu diesem Jahr nicht mal geahnt habe, dass es dich gibt. Es wäre durchaus möglich gewesen, dass wir uns überhaupt nie kennengelernt hätten. Das wäre sehr schade gewesen, denn dann hätte ich auch dein Buch nicht gelesen und auch wenn ich es irgendwo zufällig entdeckt hätte, wäre ich wohl nie auf die Idee gekommen, dass die Autorin meine Schwester sein könnte. Du hast viel zu einer positiven Aufarbeitung der Vergangenheit beigetragen. Dafür möchte ich dir herzlich danken. Ich wünsche dir alles Gute und viel Energie, um vielleicht noch den 2. Teil der Geschichte zu schreiben. Alles Gute, Angelina.»

Angelinas Worte haben mich sehr berührt. Und wie recht sie doch hatte: Es hätte gut sein können, dass wir nie voneinander erfahren hätten und uns nie begegnet wären. Wie schade wäre das doch gewesen! Für Angelina war es entscheidend, im vorliegenden Buch anonym zu bleiben. Sie will ihre jetzige Identität nicht preisgeben. Sie hat ihre Biografie unter ihrem Geburtsnamen verfasst und den Namen benutzt, den ihr unsere leibliche Mutter und vermutlich ihr leiblicher Vater, ein Italiener, gegeben haben. Ihre Geschichte aufzuschreiben sei für sie in erster Linie eine Verarbeitung der eigenen Vergangenheit. Angelina hat ihre Lebensgeschichte auf eine sehr originelle Art zu Papier gebracht. Die Stichworte, die ich ihr als Gedankenstütze mitgegeben habe, hat sie als Fragen verwendet und ergänzt. Ein überaus spannender Text ist daraus entstanden.

Die spannende Geschichte von Angelina

Wie war deine Kindheit? Warst du glücklich?
Ich wurde sehr liebevoll von meinen Eltern aufgenommen. Mein Vater war Lehrer, meine Mutter Hausfrau. Sie haben sich viel Mühe mit meiner Erziehung gegeben. Beide waren sie idealistisch und wollten ständig die Welt retten. Unter anderem war das Haus immer voller «geretteten» Hunden und Katzen.

Wie ich später erfahren habe, gab es vor mir schon ein Pflegekind, Maria aus Griechenland. Sie wurde dann aber plötzlich von der Mutter wieder beansprucht, was meinen Eltern großen Schmerz bereitet hat.

Als Baby war ich zunächst im Mütterhaus und hatte keine fixe Bezugsperson. Das hat wohl einige Spuren hinterlassen, denn anscheinend habe ich in der ersten Zeit in der Nacht sehr viel geschrien. Mein Pa hat eine Engelsgeduld bewiesen und mich immer stundenlang getröstet.

In meiner Kindheit war mein Pa der leuchtende Stern am Himmel. Er hatte eine sehr starke Persönlichkeit und in seiner Gegenwart fühlte ich mich völlig sicher und beschützt. Er war intelligent, lustig und er hat mir in allem Mut gemacht. Er hat mir immer versichert: «Das schaffst du!»

Ich habe in einem Einfamilienhaus in einem abgelegenen Ort gewohnt und viel Zeit allein verbracht, da es keine Nachbarskinder gab. Meist lebte ich in einer Fantasiewelt und habe viel gelesen. Wir wohnten am Waldrand und ich habe auch viel Zeit in den Wäldern verbracht. Dort lebte ich dann irgendwelche Bücherfantasien aus: einmal war ich Robin Hood, dann ein Pirat oder sonst ein Abenteurer.

Obwohl ich ein herziges Mädchen mit langen blonden Locken war – wie mir immer wieder versichert wurde –, habe ich mich eher wie ein Junge verhalten. Irgendwann mussten dann auch die Locken weichen und als wir mal in Bayern waren, habe ich darauf bestanden, dass ich Lederhosen haben wollte. Mein Pa hat das unterstützt. Ich glaube, er hätte gerne einen Sohn gehabt.

Die Phase, in der ich lieber ein Junge sein wollte, dauerte dann bis zur Pubertät. Vielleicht weil mein Pa das Idol war, dem ich nacheifern wollte oder weil ich das Gefühl hatte, dass man als Frau kein selbstbestimmtes und spannendes Leben führen konnte.

Ich hatte auch eine liebe Mami. Mit ihr war die Beziehung aber anfänglich weniger intensiv als die zu meinem Pa. Wahrscheinlich spürte ich intuitiv, wer hier das Sagen hatte. Möglicherweise war es aber auch so, dass sie anfänglich etwas zurückhaltender war, weil sie schon eine leibliche Tochter hatte. Dies wusste ich aber damals noch nicht.

Sie hat mit mir viel Zeit verbracht und mir jeden Abend eine selbst erfundene Geschichte über den «Däumling» erzählt, der als Fantasiegestalt zur Familie gehörte. Sie war immer sehr lieb und anpassungsfähig und hat sich klar ihrem Mann untergeordnet. Einerseits war das wohl damals einfach so, andererseits hat sie mein Pa geheiratet, als sie schon ein uneheliches Kind hatte – und dies war damals ein Makel, der das ganze Leben lang an einer Frau haftete. Darum hatte sie auch keine gute Beziehung zu ihrer Mutter und den meisten Geschwistern. Ihr lieber Vater war leider sehr früh gestorben und ein verwandter Pfarrer hatte an seinem Grab gemeint, sein früher Tod sei der Fluch einer auf Abwege geratenen Tochter.

Gab es in der Pflegefamilie Geschwister und wie war die Beziehung zu ihnen?

Als ich zu Familie R. kam, war da Mona*. Wie ich erst später erfuhr, war sie die leibliche Tochter meiner Ma, aber nicht von Pa. Sie war 12 Jahre älter als ich und der große Altersunterschied machte, dass ich sie nie als Schwester wahrgenommen habe. Mona war eher ablehnend und hat mich wie einen Eindringling behandelt. Oft wirkte sie auch wie eine strenge

Tante, die mir alle Tagträumereien austreiben wollte und meinte, ich solle mein Zimmer aufräumen. Sie schien eifersüchtig, denn sie meinte, ich würde wie eine Prinzessin behandelt und sie nicht. Allerdings hatte ich nicht viel zu tun mit ihr, denn sie war meist außer Haus und hatte schon sehr bald einen festen Freund, den sie dann später geheiratet hat. Pa mochte diesen Freund nicht, und die Beziehung zwischen den beiden wurde immer schlechter. Sie hatte wohl den Verdacht, dass sie nicht die leibliche Tochter war. Dies hat sie dann später auch im Kontakt mit Behörden bestätigt. Von Ma wurde ihr dies jedoch nie richtig erklärt. Es war ein Tabu-Thema und sie konnte und wollte nicht darüber sprechen. Als wir dann nach Italien ausgewandert sind, war Mona nicht dabei und der Kontakt hat sich noch mehr abgeschwächt. Während vieler Jahre habe ich sie kaum gesehen.

Mona hätte bei der Heirat ganz einfach von Pa adoptiert werden können. Dies wurde aber nicht gemacht, und die Tatsache hatte dann später noch weitreichende Folgen auch für mich.

Wie war der Kontakt mit den Verwandten der Familie?

Es gab sehr wenig Kontakt. Meine Ma wurde von ihrer Familie als das «schwarze Schaf» behandelt. Mein Pa hatte ebenfalls keine gute Beziehung zu seiner Familie. Mit seinem 14 Jahre jüngeren Bruder verstand er sich gar nicht, sein Vater war gegen die Ehe mit der Frau mit dem unehelichen Kind und die Mutter war keine herzliche Frau. Beide Elternteile hatten sich also von ihrer Ursprungsfamilie distanziert.

Wie ist es möglich, dass du erst mit 26 Jahren von deiner Herkunft erfahren hast?
Rückblickend kann ich kaum glauben, dass dies möglich war. Erst nachdem ich Akteneinsicht im Stadtarchiv Zürich genommen hatte, wurde mir auch bewusst, welche unglaublichen Anstrengungen die Eltern unternommen haben mussten, um es geheim zu halten.

Es stellt sich die Frage, wieso es mir nicht gesagt wurde. Wahrscheinlich war es eine Mischung aus diversen Gründen. Einerseits hatten sie Angst, ich würde mich dann von ihnen distanzieren, andererseits befürchteten sie, die Tatsache würde mich zu sehr belasten, so dass ich mich vom Schock nicht mehr erholen würde. Ich identifizierte mich ja auch sehr mit der Familie und mir wurde von allen versichert, ich sei meinem Pa sehr ähnlich in Wesen und Aussehen.

Wie gelang es also, es so lange zu verbergen?
Es gab wenig Kontakt zu den Verwandten, die natürlich alles wussten, aber alle von meinem Vater zum Stillschweigen verpflichtet wurden. Und dann kam ja das bisher größte Abenteuer meines Lebens ...

Als ich 10 Jahre alt war, begann Pa an eine Auswanderung zu denken. Es gab berufliche Probleme und er hatte schon immer von einem Bauernhof mit vielen Tieren geträumt. Zunächst schaute er sich in der Schweiz um, dann war Kanada ein Thema und irgendwann – auch weil meine Ma in die Wärme wollte – hat man sich für die Toskana entschieden.

Wir machten zusammen eine wunderschöne Reise, während der wir Bauernhöfe überall in der Toskana besichtigten, und jedes Mal machte es mir großen Spaß, mir da ein neues Leben vorzustellen und mich zu fragen, welches wohl mein neues Zimmer sein würde.

Irgendwann ging es dann ganz plötzlich: Es wurde ein abgelegenes Gehöft in der Toskana gekauft, das Haus in der Schweiz wurde verkauft und wir kamen da mit einem riesigen Umzugswagen und allen Tieren an. Zunächst blieb mein Vater aber noch fast ein Jahr in der Schweiz.

Es war die Zeit, in der ich meiner Ma näherkam, denn nun waren wir völlig auf uns gestellt. Das Haus musste renoviert werden. Ich musste Italienisch lernen und mich auf den Schuleinstig vorbereiten, außerdem galt es, die Nachbarn kennen zu lernen. Es war eine spannende Zeit.

Ein Telefon gab es im Haus nicht, Handys existierten damals auch noch nicht. Auch später, als es möglich gewesen wäre, sie zu benutzen, wurde bewusst darauf verzichtet.

Nicht ohne Grund.

Wie war der Kontakt mit den Behörden?

Erst viel später habe ich erfahren, dass es für mich als Pflegekind einen Vormund gab, im Verlauf der Zeit sogar mehrere.

Die Absicht der Eltern war es, mich zu adoptieren. Zunächst musste mein Pa aber 40 Jahre alt sein. Dies war früher zwingend. Bis ich 7 Jahre alt war, ging dies also nicht, außerdem war ja auch Mona nicht adoptiert worden. Ma hat wohl darauf gedrängt, dass zunächst ihre leibliche Tochter adoptiert wurde. Dies erfolgte dann irgendwann, als sie schon erwachsen war und ohne dass man sie explizit über ihre Herkunft aufgeklärt hatte, was die Beziehung zwischen den Eltern und Mona nochmals verschlechterte. Mich wollte man dann auch adoptieren, doch mittlerweile haben die Behörden darauf bestanden, dass ich über meine Herkunft aufgeklärt werden müsse.

Es gibt viele Schriftstücke in den Akten über dieses Thema. Mein Pa hatte immer Angst, dass die Behörden mich kontaktieren und aufklären könnten. Darum hatte er mich wohl auch mit Ma vorausgeschickt nach Italien. Und die Tatsache, dass der Hof sehr abgelegen war und auch kein Telefon vorhanden war, kam ihm wohl ganz gelegen.

Aus den Unterlagen erfuhr ich, dass es in meiner Jugend sogar eine Suche über den internationalen Sozialdienst gab, weil man sich über mein Befinden informieren wollte.

Meine Eltern haben den Behörden immer wieder geschrieben, man könne mich im Moment gerade nicht aufklären, da ich mich ja in einer völlig neuen Umgebung einleben müsse und mich eine solche Enthüllung gefühlsmäßig überfordern würde. Das einzige Zugeständnis war, als ich schon praktisch volljährig war und mein Fall abgeschlossen wurde. Da kam eine Vertreterin der Vormundschaft extra nach Florenz, um sich mit mir zu unterhalten. Mir wurde erklärt, es handle sich um eine Formalität seitens irgendwelcher Schweizer Behörden. Ich fand es zwar seltsam, doch ich habe mir darüber keine weiteren Gedanken gemacht.

Die Adoption konnte dann auch als Erwachsene nicht mehr durchgeführt werden. Erstens weil ich es ja immer noch nicht wusste und zweitens auch, weil man anscheinend nur eine erwachsene Person adoptieren konnte – und dies war ja bereits mit Mona geschehen.

Wie hast du dich gefühlt, als du erfahren hast, dass du nicht die leibliche Tochter bist und auch nicht adoptiert wurdest?

Der Tag, an dem ich es erfuhr, hat die vermeintlich «heile Welt» für immer verändert.

Nach meinem Studium in Italien hatte ich gerade meine erste feste Stelle in der Schweiz angetreten und musste folglich meine Schriften am Wohnort abgeben.

Ich habe sie an meinem Bürgerort beantragt. Den Bürgerort hatte mein Pa geändert, ebenso wie auch meinen Vornamen und Nachnamen.

Bei der Gemeindeverwaltung meines winzigen Bürgerortes meinte eine freundliche Angestellte, es gebe keine Tochter mit diesem Namen. Zunächst dachte ich, dies sei bürokratischer Unsinn – was ich ja von Italien gewohnt war. Dann wurde es mir unheimlich, weil die Dame meinte, ich solle mit den Eltern reden.

Ma und Pa waren nicht sofort erreichbar, denn es gab immer noch kein Telefon in unserem Haus in Italien. Meine Schwester Mona wohnte auch in der Schweiz, also schilderte ich ihr das Problem. Sie schwieg zunächst bedeutungsvoll und da lief es mir kalt den Rücken runter, denn in diesem Augenblick begriff ich, dass die Sache ernst war. Außerdem wurde

Mona wütend, weil sie mich nun aufklären musste, was ja die Aufgabe der Eltern gewesen wäre.

Ich stand dann wie versteinert im Büro in meinem neuen Job und habe angefangen zu weinen. Meine damalige Chefin und ein Kollege wurden ebenfalls in das Drama miteinbezogen, denn im ersten Moment wusste ich wirklich nicht weiter.

Da war ich also gerade selbständig geworden, hatte meine erste richtige Wohnung, meinen ersten richtigen Job und gleichzeitig hatte ich meine ganze bisher «heile Welt» verloren.

Es wurde mir bewusst, dass alle engen Verwandten und auch viele andere Personen über die Sache Bescheid gewusst hatten. Je mehr ich darüber nachdachte, desto wütender wurde ich. Irgendwo gab es zwar auch eine Stimme, die mir sagte, dass ich wirklich liebe Eltern hatte, aber die Wut war zunächst viel stärker.

Wie im Film «The Truman Show», in dem einem Mann jeden Tag eine Kulisse vorgespielt wird, fühlte ich mich manipuliert. Als sehr freiheitsliebender und nach Unabhängigkeit strebender Mensch fand ich die Vorstellung, man habe mich wie eine Marionette gelenkt, völlig unerträglich. Ich habe meinem Pa, der als Familienoberhaupt alle Entscheidungen getroffen hat, einen bösen Brief geschrieben, den ich dann später allerdings bereute.

Etwa ein Jahr lang herrschte Funkstille zwischen mir und den Eltern. Es war sehr belastend für alle. Irgendwann bin ich dann doch wieder nach Italien gefahren; ich habe ein einziges Mal mit meinem Vater über meine Herkunft geredet, danach aber nie wieder.

Ich stand gerade am Anfang meines Berufslebens und fand alles Neue bedeutend spannender als alte Familiengeschichten. Zudem war ich immer eher zukunftsgerichtet. Die Vergangenheit hat mich nicht sehr interessiert.

Trotz der geografischen Distanz – ich bin in der Schweiz geblieben, da meine beruflichen Chancen dort besser waren als in Italien – hatte ich in den darauffolgenden Jahren eine liebevolle Beziehung zu den Eltern. Wir haben uns aber meist nur zwei- bis dreimal im Jahr gesehen. So war es auch nicht schwierig, den belastenden Themen auszuweichen.

Wie verlief die Kontaktaufnahme mit der leiblichen Mutter?
Nach dem «Enthüllungsdrama» habe ich die Vormundschaft kontaktiert und eines Tages kam eine nette Vertreterin, die mir einige Informationen über die leibliche Mutter gab. Sie meinte, sie könne ein Treffen organisieren, so dass meine Anonymität bestehen bleibe und ich dann entscheiden könne, ob ich die Beziehung weiterführen wolle oder nicht.

Das Treffen lief dann ganz ähnlich wie bei Regula ab, wie sie es in ihrem ersten Buch beschreibt. Treffpunkt war ein Café in Zürich in der Nähe des Bahnhofs. Ich ging ohne große Erwartungen da rein, etwas mulmig war mir aber schon zumute. Mein Pa hatte sich abschätzig über die Frau geäußert, die viele Kinder in die Welt gesetzt hat, ohne sich um sie zu kümmern.

Als ich mich der Ecke des Cafés näherte, saß da eine brünette Frau um die 60, die ausrief: «Ganz wie der Vater!» Mein leiblicher Vater war ein junger blonder Italiener, den sie wohl sehr geliebt hat und mit dem sie möglicherweise noch ein zweites Kind hatte.

Während sie also emotional reagierte, so war mir diese Frau um die 60 völlig fremd. Ich sah keinerlei Ähnlichkeit mit ihr und empfand rein gar nichts. Am ehesten noch Ungläubigkeit: Diese biedere Frau sollte also meine Mutter sein?! Sie machte einen resignierten und eher unglücklichen Eindruck. Ganz anders als mein Pa und meine Ma, die immer vor Lebensfreude und Energie sprühten. Ich bin in einer Umgebung aufgewachsen, wo es immer spannende Gespräche über Gott und die Welt gab. Mit meiner leiblichen Mutter habe ich mich eine Weile unterhalten. Die meisten Themen waren belanglos. Mit ihrer Begrüßung hatte sie natürlich meine Neugierde geweckt, mehr über den leiblichen Vater zu erfahren, doch diese konnte sie nicht befriedigen. Sie meinte nur, er sei ausgewandert und konnte mir sonst nichts über seinen Verbleib mitteilen. Außerdem hat sie mir gesagt, sie werde nun bald pensioniert und würde sich dann um den 2. Sohn kümmern, der seit der Geburt psychische Probleme hatte. Sie wollte mich zu sich einladen, aber ich hatte ein sehr beklemmendes Gefühl bei diesem Gedanken.

Ich habe meine Mutter nie besucht und hatte nie wieder Kontakt zu ihr. Erst als sie ca. 20 Jahre später starb, wurde ich wieder daran erinnert, dass es sie gab.

Es muss für sie bitter gewesen sein, dass sowohl Regula wie auch ich nach den Treffen nichts mehr mit ihr zu tun haben wollten. Möglicherweise hat sie darum abgelehnt, Regina kennen zu lernen, als diese den Wunsch geäußert hat.

Wie hast du von den anderen Geschwistern erfahren? Wie war deine Reaktion?
Die nette Dame der Vormundschaft hatte mir erklärt, es gebe drei Kinder aus der Ehe meiner leiblichen Mutter. Ich dachte, diese Ehe hätte noch bestanden, als ich geboren wurde und vermutete, dass man mich als «Seitensprungkind» als Eindringling betrachtete. Erst später habe ich erfahren, dass die Ehe dann schon lange nicht mehr bestanden hatte.

Nachdem ich die Enttäuschung mit der Mutter erlebt hatte, verspürte ich keinen Wunsch mehr, noch weitere Familienmitglieder zu treffen. Ich habe die Sache auch sehr lange verdrängt aus Loyalität zu meinem Pa und meiner Ma. Ich spürte, dass die Kontaktaufnahme mit der Herkunftsfamilie für sie eine schmerzliche Beleidigung gewesen wäre.

Bettina, meine älteste Halbschwester, hatte versucht, mich zu kontaktieren und war sehr interessiert an meiner Jugend in der Toskana. Sie wollte sogar den Ort sehen, in dem ich aufgewachsen war. Die Vorstellung, wie sie bei meinem Pa auftauchen könnte, war für mich beunruhigend, da ich wusste, dass er darüber alles andere als erfreut gewesen wäre. Ich habe jeglichen Kontakt abgewehrt.

Die nette Dame der Vormundschaft hatte mir erzählt, dass es vom selben Vater eventuell noch ein zweites Kind mit dem Namen «Maria» gäbe. Diese Information habe ich irgendwie im Hintergrund abgespeichert, mich aber nicht weiter darum gekümmert. Es gab in meinem Leben gerade viel anderes.

Im Jahre 2009 bekam ich einen Anruf von einem Anwalt aus Glarus. Die leibliche Mutter war gestorben – leider habe ich nie erfahren, woran genau. Es galt, die Erbschaft zu regeln. Dabei habe ich dann herausgefunden, dass es neben den drei ehelichen Kindern noch einen Halbbruder namens Mathias gab. Insgesamt waren wir also fünf Kinder – so dachte ich. Eigentlich hatte ich nie mit einer Erbschaft seitens der Mutter gerechnet, und nur weil der Anwalt insistiert hat, es könne als Wiedergutmachung betrachtet werden, habe ich sie überhaupt akzeptiert.

Ziemlich bald wurde mir klar, dass es zwischen den Geschwistern einen Erbschaftsstreit gab. Damit wollte ich nichts zu tun haben. Ma und Pa hatten sehr üble Streitereien in ihren Familien erlebt, als es um die Erbschaft ging. Für mich war es ein Thema, mit dem ich mich gar nicht befassen wollte.

Interessant fand ich aber das Wissen über Mathias. Da ich noch hoffte, die Schwester «Maria» zu finden, dachte ich, ich hätte etwas falsch verstanden und es wäre ein Junge statt eines Mädchens. Ich habe mit ihm also ein Treffen vereinbart. Ziemlich bald wurde klar, dass wir uns nicht ähnlich sahen und er einen anderen leiblichen Vater hatte. Ich fand ihn sympathisch und er hat mir von seiner unglaublichen Geschichte erzählt (siehe «Geschichte von Mathias»). Der einmalige Kontakt wurde dann aber nicht weitergeführt, denn jeder stand mitten im Leben in entfernten Städten.

Kurz darauf ist meine Ma schwer erkrankt und ein Jahr später gestorben. Es war für mich der bisher größte Schock meines Lebens, abgesehen vom Tod von Pa, der 5 Jahre später kam. Beide hatten für mich eine Welt erschaffen, die es nach ihrem Tod nicht mehr gab. Abgesehen vom Schmerz über den Tod der Eltern, den wohl jeder empfindet, war es bei mir tatsächlich das Ende der bisherigen Geschichte. Es ging mir einige Jahre sehr schlecht; ich war deprimiert und bekam einen Bandscheibenvorfall.

Zu dem tragischen Unfalltod von Pa kam noch das fiese Verhalten von Mona dazu: Sie hatte nun endlich die Gelegenheit, den Groll und die Eifersucht, die sich über Jahre angestaut hatten, auszuspielen. Schließlich war sie die gesetzlich anerkannte Tochter und ich hatte nichts zu sagen. Auch da habe ich sehr bald einen Schlussstrich unter die Beziehung gesetzt.

Man kann also sagen, dass das Thema «Geschwister» negativ besetzt war und ich im Prinzip nicht den geringsten Wunsch hegte, noch irgendjemanden kennen zu lernen.

Und dann kam der Brief von Regula. Sie hatte von vielen «neuen» Geschwistern erfahren und sie schon kennen gelernt. Man hatte ihr wohl auch gesagt, dass ich nicht sonderlich erpicht war auf Begegnungen. In ihrem Brief erzählte sie von ihrem Buch und ihrem Beruf.

Ich war sehr angetan von ihrer Art. Sie machte einen soliden, klaren und vertrauenswürdigen Eindruck. Das Buch habe ich sofort bestellt und gelesen. Es hat meine Sicht auf die Dinge verändert und ich war plötzlich stolz, eine solche Schwester zu haben. Wir haben uns getroffen und sehr lange geredet. Ich habe erfahren, dass sich die anderen vier Geschwister getroffen und sich alle sehr gefreut hatten. Im Jahr 2018 habe ich innerhalb einiger Monate vier Schwestern getroffen.

Die erste war Regula, mit der ich sofort ein gutes Gefühl hatte, denn wir hatten auch berufliche Gemeinsamkeiten. Die Tatsache, dass sie aus ihrer Geschichte ein Buch gemacht hat, fand ich bewundernswert. Vom Aussehen gleichen wir uns aber nicht; sie ist eher der brünette Typ, wie die Mutter.

In dieser Hinsicht war die große Überraschung «Maria». Ja, es gab sie wirklich!

Ich habe sie als zweite neue Schwester besucht und tatsächlich fand ich eine gewisse Ähnlichkeit. Regina hieß bei der Geburt tatsächlich «Maria», auch wenn ihr Name später geändert wurde, und es könnte wirklich sein, dass wir denselben biologischen Vater haben. Bisher haben wir darüber noch keine Gewissheit erlangt.

Bei ihr gefiel mir der Humor und ihre Energie. Sie hat mir ebenfalls eine unglaubliche Geschichte erzählt und ich fand es bewundernswert, wie sie das alles gemeistert hat.

Bei der vierten Schwester, Gabriela, ebenfalls blond, konnte ich auch eine gewisse Ähnlichkeit im Aussehen feststellen. Allerdings hat sie nach einer abenteuerlichen Reise nach Italien herausgefunden, wer ihr Vater war: auch ein blonder Italiener, aber nicht derselbe, sondern ein viel älterer Mann, der schon lange gestorben ist. Sie hat von seiner Familie ein Foto erhalten und man sieht die Ähnlichkeit darauf ganz klar. Ich habe ihren Mut bei der Suche nach ihren Wurzeln in Italien bewundert.

Bettina, meine älteste Schwester, habe ich dann an einem schönen Sommertag kennen gelernt. Ich hatte ein schlechtes Gewissen, denn ich hatte vorher ja den Kontakt abgewehrt.

Es war ein angenehmes Treffen. Ich dachte, dass sie als älteste Schwester etwas mehr über die Mutter wisse, doch auch sie ist nicht bei ihr aufgewachsen und wusste nicht sehr viel über sie. Bettina hatte es wohl nicht einfach in ihrer Jugend und auch sie hat eine interessante Geschichte.

Die zwei ältesten Brüder, Hans und Peter, habe ich bisher nicht kennen gelernt.

Der vorläufige Höhepunkt der Geschwister-Zusammenführung war der 60. Geburtstag von Regula. Sie hat alle «neuen» Geschwister zu einem wundervollen Fest eingeladen.
Und nun ist das Buch ein Projekt, das uns etwas näherbringt.

Was hältst du von deiner leiblichen Mutter, die dich und andere Kinder weggegeben hat?
Es bleibt mir nach wie vor ein Rätsel, wie sie aus zum Teil flüchtigen Männergeschichten so viele Kinder in die Welt gesetzt hat, ohne sich um sie zu kümmern. Gab es keine Verhütungsmittel? War sie naiv? War sie liebeshungrig, weil sie vielleicht in der Jugend keine Liebe bekommen hat? Was war ihr Problem?! Dass es sogar acht Kinder sind, habe ich ja erst in diesem Jahr erfahren, also im Alter von 55 Jahren.

Aus einem Dokument, das die älteste Schwester zusammengestellt hat, ist ersichtlich, dass die Großmutter früh starb. Unsere Mutter war zu diesem Zeitpunkt noch ein Kind. Sie stammte ebenfalls aus einer kinderreichen Familie.

Mein Pa hatte sich abschätzig über sie geäußert. Allerdings war auch er nicht der treueste Ehemann und nach seinem Tod kam zum Vorschein, dass er einen unehelichen Sohn mit einer viel jüngeren Frau hatte. Die Ironie des Schicksals wollte es, dass er sich immer einen Sohn gewünscht hatte, er aber zwei Mädchen großgezogen hat, die nicht seine leiblichen Töchter waren. Hingegen hatte er mit dem leiblichen Sohn keinen Kontakt. Unglaublich, wie das Leben manchmal spielt! Ich habe es erst einige Monate nach seinem Tod erfahren, als ich all seinen Bekannten anhand seines Adressbuches die Nachricht über seinen Tod überbracht habe. Allerdings kam schon beim Aussortieren seiner Sachen ein Foto zum Vorschein, das auf der Rückseite den überdeckten Text «dein Sohn» trug. Wir konnten das Bild des Jünglings nicht einordnen. Als ich es Mona zeigte, meinte sie nur: «Mal nicht den Teufel an die Wand!» Definitiv kam es erst raus, als mich die Mutter des Sohnes, eine deutsche Frau in meinem Alter und von Beruf Pfarrerin, direkt kontaktierte.

Ich traf sie anschließend in Berlin, im Jahre 2016. Ein Treffen mit dem Sohn kam nicht zustande. Er hatte wohl eher ungute Gefühle gegenüber seinem leiblichen Vater und dessen Familie. Sie hatte mich kontaktiert, weil sie angenommen hatte, ich wäre eine Blutsverwandte ihres Sohnes, also praktisch seine Halbschwester.

Die Frau war sehr erstaunt zu erfahren, dass ich weder die leibliche noch die adoptierte Tochter von Pa war. Er hatte ihr zwar erzählt, dass Mona nicht seine leibliche Tochter war, doch von mir nicht.

Ich habe sie als sehr positive und reife Persönlichkeit erlebt. Bei mir stand der Schock über den Verlust von Pa noch im Vordergrund. Sie hat mir gesagt, dass Pa mich sehr geliebt hat. Diese Worte waren tröstlich für mich. Ich hatte zwar nicht daran gezweifelt, doch die vielen Geheimnisse waren doch verwirrend.

Je länger ich darüber nachdachte, desto mehr musste ich aber aus der Geschichte schließen, dass er mich sehr geliebt hat und bei mir geblieben ist, und nicht bei seinem leiblichen Sohn. Einer guten Freundin hat er kurz vor seinem Tod anvertraut, dass er sich große Sorgen um mich mache, wie es mir dann ergehen würde nach seinem Tod.

Aber zurück zur Mutter: Erst bei meinen Nachforschungen im Archiv in Zürich konnte ich die Mutter etwas besser verstehen. Die Vorbehalte bleiben. Ich dachte ja, sie sei eine verantwortungslose Frau ohne Muttergefühle. Dann bin ich aber auf diverse Schriftstücke gestoßen, die beweisen, dass dem nicht so war. Mit meinem leiblichen Vater hatte sie eine etwas längere Beziehung, denn als ihr Untermieter hat er fast ein Jahr bei ihr gewohnt. Sie muss ihn auch wirklich geliebt haben und er hatte ihr die Ehe versprochen, auch wenn die Voraussetzungen – er 19, sie 32 mit drei Kindern – nicht gerade günstig waren. Sie arbeitete als Floristin und in bescheidenen finanziellen Verhältnissen. Vor mir hatte sie schon zwei Kinder zu Adoption freigegeben. Die Behörden wollten wohl, dass sie auch mich weggibt, und hatten auch schon einen Pflegeplatz bei Familie R. gefunden. Es lag auf der Hand, dass die Mutter es nicht schaffen würde.

Im September 1963 schrieb sie an den Vormund:
«Die kleine Angelina wird am 23. dieses Monats schon halbjährig und ist ein herziger kleiner Schatz geworden. Ich freue mich auf jedes Wochenende, wenn ich sie in der Mütterschule holen darf, denn das sind immer die schönsten Stunden für mich.

So wäre es ein sehr schwerer Schritt, der eine unheilbare Wunde reissen würde, müsste ich die Kleine hergeben. So bin ich glücklich, Ihnen mitteilen zu können, dass meine Schwester entschlossen ist, Angelina ein Heim zu geben. Ich habe mit dem Kindsvater darüber gesprochen und auch er ist erfreut über die glückliche Lösung.»

Beigefügt war ein schönes Schwarz-Weiß-Foto, auf dem sie mich in den Armen hält. Dieses Foto hat mich wirklich berührt und ich halte es in Ehren. Meine leibliche Mutter hatte also nach einer Lösung gesucht. Ich weiß nicht, wieso es nicht geklappt hat, denn ich war weiterhin bei Familie R. Möglicherweise waren die Behörden überzeugt, dass es die bessere Lösung sei.

Die finanzielle Situation sah aber nicht rosig aus; trotzdem schreibt sie im Januar 1964 nochmals an den Vormund:

«Ganz kurzgefasst, möchte ich Ihnen mitteilen, dass ich's nicht übers Herz bringe, Angelina wegzugeben.»

Im selben Monat schreibt meine Ma an die Vormundschaft:
«Wir haben sehr schöne Festtage verbracht. Es war für uns alle ein grosses Erlebnis, das erste Mal Weihnachten mit Angelina zu feiern.»

Ihre finanzielle Situation verschlechterte sich, als der leibliche Vater keine Alimente mehr zahlte und dann das Land verließ.

«Da ich so gar nichts mehr hörte wegen der Vaterschaft von Angelina, möchte ich Sie doch noch fragen, ob in Sachen Alimente noch nichts weiteres festgelegt ist.

Angelina ist am 23. April 13 Monate alt und ich habe seit September 63 alles immer selber bezahlt. Für die Buben muss ich ja nebst den Pflegekosten für Angelina noch für die Kleider aufkommen. Da sie im Wachsen sind, gibt das bei Anschaffungen immer Beträge.

Das Fürsorgeamt will ich auf keinen Fall noch mehr in Anspruch nehmen; aber von M. [Kindsvater] sollte doch endlich auch mal Geld kommen.»

Der Schmerz und die Not der Mutter müssen groß gewesen sein, auch weil sie die Sache mit dem unehelichen Kind geheim halten wollte, dies aber nicht konnte, da sie für die Kinderzulagen eine Bestätigung ihres Arbeitgebers benötigte:

«Nun war natürlich mein Personalchef erstaunt, als ich diese Bestätigung verlangte. Erstens weiss er ja nicht, wie die Geschichte ist mit Angelina und es ist mir unmöglich, das zu klären; ich kann und will es niemandem anvertrauen, zudem ist der Schmerz um das verlorene Kinderherz noch zu gross ... es ist sehr schwer sich mit dem Unabänderlichen abzufinden, ich glaube, ich werde überhaupt nie fertig damit.»

Die letzte Passage hat mich doch sehr berührt, denn ich habe darin den Schmerz der Mutter sehr stark gespürt.

Mein Pa kämpfte hart dafür, dass ich definitiv zu ihm und Ma kam. Es war ihm nicht recht, dass mich die Mutter immer wieder zu sich nahm. Er wollte, dass die Mutter auf mich verzichtete. Hier ein Auszug aus einem Brief von Pa an den Vormund (Februar 1966):

«Frau Oertli gegenüber muss man glaub ich auch wieder einmal betonen, dass die tägliche ernsthafte Erziehungsarbeit anders aussieht als ein kurzes Besüchlein des herzigen Kindchens bei ihr. Ich will uns in keiner Weise hervortun, aber sie und natürlich besonders das Kind haben doch Glück gehabt, den Pflegeplatz bei uns zu erwischen. Es sollte doch auch für Frau Oertli ein beruhigendes Gefühl sein, zu wissen, dass ihr Kind geliebt und gut versorgt ist. Daher erwarte ich von ihr doch Einsicht und Mitarbeit.»

Auch für den Vormund war es wohl nicht einfach, zwischen den Parteien zu vermitteln. Dies schreibt er an Pa nach einem Besuch bei der Mutter:

«Leider habe ich sie in einer depressiven Phase erwischt. Frau Oertli hat momentan Scherereien mit dem Steueramt und mit dem Fürsorgeamt und ist damit schlecht zu sprechen auf alles, was nach Amt riecht. Sie findet, man trample zu sehr und zu viel auf ihr, einer armen und schwachen Frau, herum. Jedenfalls musste ich sehr behutsam vorgehen und habe – um es kurz zu machen – nichts erreicht in Bezug auf den angestrebten gänzlichen Verzicht auf Angelina. Frau Oertli sagt, sie möchte wenigstens Weihnachten noch vorbeigehen lassen, bevor sie endgültig entscheide. Da der Kindsvater M. jetzt ja zahlt, drückt sie das Finanzielle ja nicht; ein Grund mehr für Sie, um nichts zu überstürzen, wie sie sich ausdrückte.»

Es wurde also um mich gestritten! Im Nachhinein bin ich doch froh, dass meine Pflegeeltern den Kampf gewonnen haben, denn die Männergeschichten und die finanzielle Situation der

Mutter hätten mir sicher keine gute Kindheit, Jugend und Ausbildung bieten können.

Im Jahre 1966 hat die Mutter die Verzichtserklärung unterschrieben.
Auszug aus dem Dokument von September 1966:
1) *Ich verzichte auf sämtliche mütterliche Rechte an [...]*
2) *Ich wünsche, dass das Kind bei seinen derzeitigen Pflegeeltern [...] weiterhin und dauernd in Pflege und Erziehung bleibt und dass dieses Ehepaar gegenüber meinem Kinde Elternstatt einnimmt.*
3) *Ich verpflichte mich, mich in keiner Art und Weise direkt und indirekt in die Pflege und Erziehung des Kindes einzumischen, überhaupt alles zu unterlassen, was die ruhige Entwicklung des Kindes stören könnte. So verpflichte ich mich insbesondere, mich nur telephonisch oder brieflich nach dem Ergehen des Kindes zu erkundigen, nicht aber persönlich Kontakt mit ihm durch Besuche zu haben oder zu suchen.*

Nachdem ich alle diese Dinge erfahren habe, konnte ich die Umstände etwas besser verstehen, und im Sommer 2018 habe ich als versöhnliche Geste Grab meiner leiblichen Mutter besucht. Es ist nicht so, dass ich vorher einen Groll auf sie gehegt habe. Sie war mir einfach gleichgültig.

Nun tut es mir wirklich leid, dass ihr Leben so schwer war. Ich habe es aber trotzdem nicht bereut, dass ich keinen Kontakt zu ihr gepflegt habe. Ich hätte es mit meiner Loyalität zu Ma und Pa nicht vereinbaren können. Schlussendlich haben sie mich als Tochter großgezogen.

Was weißt du über deinen leiblichen Vater?
Die Vertreterin der Vormundschaft, die mich über meine Herkunft aufgeklärt hat, als ich ca. 26 Jahre alt war, hatte auch einige Andeutungen über den Vater gemacht. Sie durfte mir aber keine Unterlagen abgeben, denn damals hatte man noch kein Recht auf Akteneinsicht.

Sie meinte jedenfalls, dass er sehr jung war und aus Italien stammte. Sie hat mir sogar einen Namen genannt und die Tatsache erwähnt, dass es einen Vaterschaftsprozess gab.

Ich wurde ja Angelina Lucia getauft, was auf Süditalien hindeutete. Nachdem ich aber die Mutter getroffen hatte und diese Begegnung eher enttäuschend ablief, wollte ich mich nicht auf die Suche nach dem Vater machen, der außerdem auch noch ausgewandert war.

Trotzdem hatte mich die Bemerkung der Mutter, dass ich ihm ähnlich sähe, neugierig gemacht. Ich hatte aber immer viel anderes zu tun in den darauffolgenden 30 Jahren ...

Erst als ich vor einigen Monaten im Stadtarchiv Zürich die Akten durchgeschaut habe, habe ich mehr über ihn erfahren.

Tatsächlich war es der Name, den ich 30 Jahre zuvor gehört hatte. Er war erst 19 und lernte die Mutter kennen, weil er bei ihr als Untermieter einzog. Die Mutter war damals 31 und hatte schon fünf Kinder. Davon hatte sie zwei bereits zur Adoption freigegeben.

Im Rahmen des Vaterschaftsprozesses wurde die Lage folgendermaßen beschrieben:

«Die Kindsmutter hat den Beklagten anfangs Juni 1962 kennengelernt, als er durch Vermittlung seines Arbeitgebers T. als Untermieter zu ihr kam. Schon ungefähr 2 Wochen später begannen zwischen ihnen die sexuellen Beziehungen. Sie dauerten ununterbrochen bis zum März 1963, also wenige Wochen vor der Geburt des Kindes. Nachher setzte es sich fort, bis im September 1963. Es hörte auf, weil sich der Beklagte eine mit ihm weitläufig verwandte Italienerin als Sexualpartnerin zugelegt hatte. Diese Italienerin wohnte während des Monats August bei der KM. Der Beklagte brachte sie zu ihr in der Erwartung, sie könne dort als Untermieterin bleiben. Die Kindesmutter war aber begreiflicherweise nicht bereit, ihr Liebesobjekt mit einer anderen Frau zu teilen.»

Anscheinend hat er zunächst auch Alimente bezahlt und somit die Vaterschaft indirekt zugegeben. Rechtlich war er aber noch minderjährig.

Die Situation wurde weiter folgendermaßen geschildert:
«Der Beklagte entrichtet der Kindsmutter bis Ende September für Angelina einen Unterhaltsbeitrag von monatlich 80 Fr. Damit hat er indirekt seine Vaterschaft bestätigt. Als bei der KM im Juli 1962 die Periode ausgeblieben war und sich dann bald noch andere Schwangerschaftssymptome zeigten, fasste er sogar den Plan, mit ihr die Ehe einzugehen. Seine in Italien lebenden Eltern waren damit aber nicht einverstanden, in Anbetracht der Jugend des Beklagten und der sonstigen in Betracht fallenden Verhältnisse wohl zu Recht. Auf eine am 15. Mai 1963 an den Beklagten gerichtete schriftliche Anfrage, ob er zugebe, der Erzeuger der heutigen Klägerin zu sein, antwortete er am 9. Juni 1963: ‹il padre della piccola Angelina sono io!›»[1]

[1]Der Vater der kleinen Angelina bin ich!

Am 23. November 1963 stand im Stadtblatt unter Eheverkündungen, dass mein leiblicher Vater die Italienerin heiraten würde, was er im Januar 1964 auch tat. Meine Mutter hat es aus der Zeitung erfahren und war sehr aufgebracht. Sie hat einen Brief an die Vormundschaft geschrieben und meinte, somit wolle er sich aus der Affäre ziehen.

Trotzdem musste er Alimente zahlen, was er eine Weile tat, bis die Zahlungen aufhörten. Es gibt Hinweise, dass die Behörden sogar ihn und seine Ehefrau betreiben mussten, bis er schließlich – so vermute ich zumindest – nach Italien zurück ging.

Falls es zutrifft, dass er auch der Vater von Regina ist, die im August 1964 geboren wurde, so hatte er schon doppelten Grund, sich der finanziellen Verpflichtungen zu entziehen.

In den Unterlagen des Stadtarchives bin ich sogar auf einen handschriftlichen Brief des Vaters gestoßen; das war für mich eine große Überraschung. Seine schöne Handschrift auf Italienisch hat mich sehr berührt. Wenn man zu dieser Zeit aus den süditalienischen Gebirgsregionen stammte, was bei ihm der Fall war, so war es auch nicht selbstverständlich, dass man lesen und schreiben konnte. Er brachte aber wohlformulierte und höfliche Sätze zu Papier. Im Wesentlichen ging es in dem Schreiben darum, dass er um Entschuldigung bittet, weil er die Zahlungen nicht leisten konnte. Die Mutter in Italien sei krank und er habe alles Geld nach Italien senden müssen. Diese Situation würde noch einige Monate andauern, bis er wieder normal zahlen könne.

Im Dezember 1965 wurde eine Pfändung eingeleitet und im Mai 1966 gab es ein Amtsschreiben zwecks Adressforschung wegen ausstehender Alimente mit folgender Begründung:

«Alle Anzeichen sprechen dafür, dass sich der Genannte seiner Verpflichtung zu entziehen versucht und nach Italien zu entrinnen gedenkt.»

Später wurde die Sache nicht mehr weiterverfolgt, denn inzwischen war ich bei der Familie R. in unentgeltlicher Pflege. Somit gab es für die Behörden keinen Grund, den Vater weiter zu belangen.

In den Unterlagen standen das Geburtsdatum und der Geburtsort meines leiblichen Vaters. Ich habe mir vorgestellt, dass der junge Mann – für das italienische Gesetz sogar noch minderjährig – nach diesem Schock wohl Zuflucht bei seiner Familie in Süditalien gesucht hat. Ich habe im Telefonbuch nachgeschaut und tatsächlich an diesem winzigen Ort eine Adresse gefunden mit seinem Namen. Am Telefon antwortete aber niemand und von der Gemeinde habe ich keine Antwort erhalten. Falls er noch lebt – er wäre jetzt 74 – hat er möglicherweise eine Familie, die nichts von seiner Vergangenheit weiß.

Ich bin also nicht sicher, ob ich mit meiner Suche weitermachen soll oder ob dies schlussendlich für alle nur zu einer peinlichen Situation führen würde. Ich habe ja schon bei der Mutter erlebt, dass es keine echte Verbindung gibt, wenn man keine gemeinsamen Erinnerungen hat. Die Sache bleibt also noch offen. Wer weiß, ob auch die Ehe mit der Italienerin gehalten hat.

Kurz vor Drucklegung dieses Buches habe ich noch Folgendes erfahren:

Der leibliche Vater ist mit seiner italienischen Ehefrau im Jahre 1966 nach Kanada ausgewandert und lebt immer noch dort. Sie hatten drei Kinder, jedoch sind zwei davon bereits gestorben. Wenn man bedenkt, dass der Vater zwei Kinder in der Schweiz zurückgelassen hat, so scheint das doch wieder einmal eine seltsame Wendung des Schicksals zu sein.

Ich konnte aber keinen persönlichen Kontakt herstellen.

Welche Schlüsse ziehst du aus deiner Geschichte?

Zunächst wurde mir im Laufe der letzten Jahre immer mehr bewusst, dass die Familienbande stärker sind als die Blutsbande. Nur die gemeinsamen gelebten Geschichten ergeben eine Beziehung. Letztlich ist es egal, ob man blutsverwandt ist oder nicht, auch ob man adoptiert ist oder nicht.

Es kommt mir dabei ein japanischer Film, «Like father, like son» (2013), in den Sinn. Da werden zwei Jungen bei der Geburt vertauscht und erst mit 6 Jahren erfahren es die Familien. Die vertauschten Buben werden dann zurückgegeben und alle sind unglücklich. Also schon nach 6 Jahren ist die Beziehung stärker als die genetische Verwandtschaft. Umso mehr trifft das wohl nach 30 oder nach 50 Jahren zu.

Generell ist es mir relativ egal, ob man nun verwandt ist oder nicht. Ich schaue mir den einzelnen Menschen an und frage mich, ob ich mit ihm in eine geistige Verbindung treten kann. Das tönt nun etwas abgehoben, doch konkret heißt es für mich: Können wir über Dinge sprechen, die uns beide interessieren, lachen wir über dieselben Dinge, fühle ich mich von meinem Gegenüber erkannt? Erinnert sich mein Gegenüber daran, was ich schon einmal gesagt habe, kann man bei einer Begegnung an ein Gespräch anknüpfen, das man schon hatte? Diese Dinge zählen für mich.

Die Kontaktaufnahme mit der Herkunftsfamilie birgt das Risiko der Enttäuschung, wie es mir mit der Mutter ergangen ist.

Ich weiß nicht, ob ich meinen Pflegeeltern einen Vorwurf machen soll, dass sie mich nicht früher aufgeklärt haben. Möglicherweise war es besser, es später zu erfahren, als ich schon selbständig war. Es war ein Schock, den ich früher in der Jugend möglicherweise noch schlechter verdaut hätte. Wenn schon, hätte es viel früher, also vor dem Alter von 5 Jahren, erfolgen sollen.

Ma und Pa waren für mich die besten und einzigen Eltern. Jedenfalls kann ich sagen, dass wir uns alle gegenseitig geliebt haben, obwohl es auch immer wieder schwierige Situationen gab. Das Abenteuer der Auswanderung hat uns noch zusätzlich zusammengeschweißt. Es gab in unserer Familie immer viele interessante Gespräche und nichts war je oberflächlich. Auch meine Ma, die zunächst sehr im Schatten von Pa stand, hat ab der Zeit, als sie nicht mehr nur die Hausfrau war und mein Vater der Alleinverdiener, sondern auf Augenhöhe mit ihm alle schwierigen Situationen auf dem Bauernhof gemeistert hat, viel an Persönlichkeit dazugewonnen. Wir haben jedes Jahr eine kleine «Kulturreise» in Italien unternommen und uns über Bücher und alles Mögliche unterhalten. Sie hat sich, wie auch ich, für Geschichte und Kultur interessiert, außerdem auch für Natur, Garten, Tiere usw. Sie war bis ins hohe Alter sehr begeisterungsfreudig und die beste Reisepartnerin, die man sich vorstellen kann. Meine Ma hat alles mit Neugierde und Begeisterung betrachtet und besaß die Gabe, mit Menschen spontan in Kontakt zu treten. Ich erinnere mich zum Beispiel an eine Reise nach Apulien. Sie war fasziniert von den «Trulli», den konischen Bauten, und hätte gerne darin übernachtet. Es gab da aber kein solches Hotel. Sie ist dann ins Gespräch gekommen mit den Bewohnern eines solchen Trullos und am Schluss wurden wir eingeladen, da zu übernachten.

Ich bin sehr dankbar dafür, dass Ma und Pa mir so viel «geistige Nahrung» gegeben haben.

*Name geändert.

Hans und Peter

Hans, geboren am 11. September 1955 in Zürich als zweites Kind unserer Mutter Bettina, kam während der Ehe auf die Welt. Peter, geboren am 25. November 1956 in Zürich als drittes Kind unserer Mutter Bettina, erblickte das Licht der Welt kurz nach der Trennung seiner Eltern. Beide wohnten sporadisch bei der Mutter, wuchsen hauptsächlich in Heimen auf.

Fast ein Jahr nachdem ich einen Teil meiner neuen Geschwister zum ersten Mal getroffen habe, konnte ich nun, dank Mathias, auch noch die zwei bis dahin unbekannten Halbbrüder kennen lernen. Am 2. Advent 2018 trafen wir uns in Glarus, dort wo unsere Mutter zuletzt gelebt hatte. Mathias und ich gingen vorgängig noch zum Grab unserer Mutter. Es war ein bewegender Moment, den ich nicht in Worte fassen kann. Es schwebten ganz viele Gedanken durch meinen Kopf und irgendwie musste ich akzeptieren, dass das Schicksal uns alle auseinandergerissen hatte. Ich dankte meiner Mutter, dass sie mir so viele tolle Geschwister geschenkt hat. Und ich war insgeheim glücklich, dass wir uns doch noch gefunden haben.

Wir hatten vereinbart, miteinander Mittag zu essen. Nochmals traf ich auf zwei Geschwister, die ich in meinem Leben nie zuvor gesehen hatte. Ich wusste allerdings von ihrer Existenz, denn ihre Namen waren auf Dokumenten erwähnt, die ich in meinem Dossier gesichtet hatte. Wieder erlebte ich einen emotionalen Moment und suchte nach sichtbaren und weniger sichtbaren Ähnlichkeiten. Peter machte mir gleich einen sympathischen Eindruck. Irgendwie hatte ich das Gefühl, ihn schon zu kennen. Bei ihm fühlte ich mich auch sofort wohl. Ich bemerkte, dass er mich immer wieder intensiv anschaute. Vermutlich suchte er, wie ich auch, nach Gemeinsamkeiten. Schon bald sagte er zu mir, dass ich der Mutter gleiche. Hauptsächlich meine Haarpracht erinnere ihn an sie. Seine liebenswürdige Frau, Claudia, die auch dabei war, stimmte zu. Peter ergänzte lachend: Die Mutter sei sehr attraktiv gewesen, die Männer seien ihr hinterhergelaufen. Außerdem schilderte er sie als intelligent und sehr belesen. Sie hätte jedoch immer ein hartes Leben gehabt und war selten glücklich. Ihren Kummer konnte sie nur mit einer Schwester teilen, denn in sie hatte sie Vertrauen. Von ihr sei sie aber auch stark beeinflusst worden – und das nicht immer zum Besten. Nach all den Kindern habe sie nochmals eine längere Beziehung geführt. Leider brachte ihr auch diese letzte Beziehung nicht die gewünschte Erfüllung, denn sie war mit einem verheirateten Mann zusammen, der seine Ehefrau nicht verlassen konnte oder wollte.

Ich erkundigte mich bei Peter, wie es ihm denn so im Leben ergangen sei. Er erzählte mir, dass er bis zur dritten Klasse in einem Kinderheim bei Nonnen untergebracht gewesen sei. Aus Blödsinn habe er dann einmal einen Papierkorb angezündet. Das Feuer habe sich schnell ausgebreitet und in seiner Verzweiflung sei er weggerannt. Daraufhin habe man ihn in ein Spezialheim versetzt, um dort abzuklären, ob er überhaupt normal sei. Als man bei ihm nichts Besonderes feststellen konnte, sei er wieder in einem Kinderheim eines Klosters untergebracht worden. Zwischendurch hätte er für kurze Zeit mit seinem Bruder Hans zusammen bei der Mutter wohnen dürfen. Auch die ältere Schwester Bettina habe sich dann dazugesellt. Zu jenem Zeitpunkt habe ein Italiener mit unserer Mutter zusammengelebt. Als Geschwister hätten sie einander nicht gekannt, da sie alle bis zu diesem Zeitpunkt woanders gelebt hätten. Es gab dann nur die ganze Zeit Streit und außerdem hätten sie sich nicht besonders gemocht. Da eine gemeinsame Vergangenheit nicht existierte, war es schwierig für sie. Peter erinnert sich, dass Hans einmal mit einem Besen auf seine Schwester Bettina losgegangen ist. Die Mutter war schon bald mit dieser Situation überfordert. Bettina musste zurück zu den Großeltern. Es kam soweit, dass die Behörden einmal mehr einschreiten mussten, weil der Italiener die Kinder misshandelte. Und so landeten die beiden Brüder wieder im Heim. Hans ist seit seiner Jugendzeit psychisch angeschlagen. Woran er leidet, weiß niemand so genau. Peter vermutet, dass er im Heim mit Medikamenten vollgepumpt worden ist, um ihn ruhigzustellen.

Bei jenem Treffen erklärte mir Peter, dass er nicht noch mehr über seine Vergangenheit berichten möchte. Es schmerze allzu sehr. Jetzt gehe es ihm gut und er möchte nicht wieder in der Vergangenheit wühlen. Dafür habe ich volles Verständnis. Er hat eine liebe Ehefrau an seiner Seite, hat immer hart gearbeitet. Peter besitzt nun sein eigenes gut florierendes Geschäft für Inneneinrichtungen, in dem auch seine Ehefrau mitwirkt. Ihr Wunsch nach Kindern ging leider nie in Erfüllung.

Mit Hans war es schwierig zu kommunizieren. Er ist sehr introvertiert. Wir wissen ja nicht, was er alles erlebt und durchgemacht hat. Sicher war auch viel Unschönes dabei. Es tat mir sehr leid, ihn als zerbrochenen Menschen zu sehen. Ich hatte das Gefühl, dass er uns noch viel über unsere Mutter erzählen könnte. Die Mutter hatte mir vor Jahren erzählt, dass Hans während der Zeit im Heim jedes zweite Wochenende zu ihr zu Besuch kommen durfte. Und als sie in Pension gehen konnte, lebten sie auch ein paar Jahre zusammen in einer gemeinsamen Wohnung. Mit Mathias zusammen wollten wir Hans nochmals besuchen, aber er lehnte es ab. Ich kann mir vorstellen, dass er mit dem plötzlichen Auftauchen von ihm unbekannten Geschwistern überfordert ist. Wir akzeptieren das.

Den kurzen Bericht, den ich über unsere Begegnung geschrieben hatte, habe ich Peter zugestellt und bat ihn um sein Einverständnis für die Publikation. Daraufhin schrieb er mir zurück, dass er diesen noch ein wenig ergänzen würde und ich ihn innert ein paar Tagen zurückerhalten werde. Aus dem «bisschen dazuschreiben» wurden schlussendlich 40 handgeschriebene Seiten, die ich eine Woche vor Manuskriptabgabe persönlich von ihm erhalten habe. Er fasste Mut und hat seine Vergangenheit Revue passieren lassen und stand sogar oft mitten in der Nacht auf, um am Text weiterzuschreiben. Peter hat auch das Wenige, was er über Hans wusste, notiert und mir zudem ein paar Gedanken über unsere Mutter hinterlassen.

Ich fand es unendlich schön, dass ich Peter so kurz vor Ende des Buches mit ins Boot holen konnte. Dass er doch noch einen Blick auf seine schwierige Vergangenheit gewagt hat, rechne ich ihm hoch an, denn diese Auseinandersetzung mit sich selbst hat ihn sicher viel Kraft gekostet. Ich bin stolz auf meinen Bruder und habe großen Respekt, dass er es trotz seines schwierigen Vorlebens so weit gebracht hat. Als ehemaliger Heimler sei er viel ausgegrenzt worden. Es freue ihn, dass sich mal jemand für seine Geschichte interessiere, hat er mir bei unserer zweiten Begegnung offenbart. Die schlimmsten Ereignisse hätte er nicht aufs Papier gebracht, denn allzu sehr hätte es geschmerzt. Nun hoffe ich, dass auch für ihn das Aufschreiben seiner Geschichte eine heilende Wirkung hat.

Hier die ergreifenden Geschichten von Hans, Peter und der Mutter. Über Hans (Bericht von Peter)

Hans hatte bei der Geburt die Nabelschnur um den Hals, was einen Sauerstoffmangel zur Folge hatte. Er erlitt das gleiche ADHS-Syndrom wie Reto (Adoptivbruder von Regula).

Hans und ich waren vorerst im selben Heim untergebracht, bis wir ungefähr nach der ersten Kommunion getrennt wurden. Warum wurden mir die Gründe nie mitgeteilt? Oder habe ich das in meinem Alter nicht richtig mitbekommen? Gesehen habe ich ihn meines Wissens erst wieder für kurze Zeit an der Anwandstrasse in Zürich, als meine Mutter damals mit dem Italiener zusammenwohnte. Da logierten wir nur einige Monate, bevor wir wieder ins Heim gesteckt wurden.

Erlebt habe ich die schwierige Hans-Mutter-Beziehung an den wenigen Besuchs-Wochenenden bei unserer Mutter. Danach in der Sozialwohnung an der Albisriederstrasse in Zürich, wo die Streitereien eskalierten. Hans hatte eine gewisse Aggressivität entwickelt wegen der damaligen Umstände, wie ich sie ebenfalls miterlebt habe. Hans verkehrte im Teenageralter öfter in Drogenkreisen. Ich denke, er verübte während dieser Zeit einige kleinere Delikte, sicherlich nichts Gravierendes. Er wurde deswegen immer wieder interniert. Im Berufsleben konnte er nicht Fuß fassen und wurde gegenüber Autoritäten meist aggressiv. Im Teenageralter verfing sich sein Leben in einer großen Abwärtsspirale. Ihm zuzureden fruchtete nichts. Es hätten dies eigentlich nur Fachleute gekonnt. Mutmaßlich ist er in der Psychiatrischen Klinik mit Medikamenten ruhiggestellt worden. Die Medikamente haben dazu geführt, dass er immer subtiler und ruhiger wurde und dafür seine Aggressivität verlor.

Die Streitereien mit der Mutter dauerten bis ins Erwachsenenalter an, jedoch wurden sie immer weniger aggressiv. Mit fortgeschrittenem Alter entwickelte sich zwischen ihnen ein Zweckbündnis. Sie waren aufeinander angewiesen, da sonst jeder von ihnen jeweils alleine geblieben wäre. Es entstand zwischen ihnen eine Art Hass-Liebe.

Über die Mutter (Bericht von Peter)

Unsere Mutter stammte aus einer Großfamilie, die Mutter verlor durch einen Unfall in der Waschküche früh das Leben. Die Familie wurde auseinandergerissen. Lia, die Schwester unserer Mutter, wurde in einem Heim platziert. Unsere Mutter kam unter die Fittiche eines Onkels und der Tante Mary.

Schließlich heiratete sie sehr früh. Ihre Ehe verlief unglücklich, und noch während sie mit mir schwanger war, trennte sie sich von meinem Vater. Von der damaligen Gesellschaft wurde sie als geschiedene Frau geächtet und ausgegrenzt, worauf sie immer wieder die Anonymität in den größeren Agglomerationen suchte. Sie war der Auffassung, dass ihr Exmann, also unser Vater, ihr das ganze Leben verpfuscht habe.

Mit dem von ihr durchgesetzten Besuchsverbot für unseren Vater hat sie sich noch viele zusätzliche Probleme geschaffen. Dieses Besuchsverbot hatte sie mit Tante Lia knallhart durchgesetzt, denn Lia war eine harte Geschäftsfrau. – Sowas kann man sich heute nicht mehr vorstellen. So verlor unser Vater die Beziehung zu uns und mithin auch die Verantwortung. Ja, er war somit auch nicht mehr bereit, für uns die Alimente zu zahlen. Ein wenig verständlich bei einer solchen Situation. Auch er wollte sicher nicht alleine bleiben und hatte in der Folge wieder geheiratet. So sind wir Kinder im Laufe der Zeit auch für den Vater in Vergessenheit geraten. Unserer Mutter wäre es doch wesentlich besser gegangen, hätte sich auch der Vater um uns kümmern können. Der Vater hatte schließlich das bessere Los gezogen und war wieder neu verehelicht. Im Gegensatz zu unserer Mutter, denn sie fand keinen passenden Mann mehr, dies schon wegen der drei Kinder. Das war sehr tragisch für sie, denn sie hätte sich sehnlichst einen Mann an ihrer Seite gewünscht. Selbst mit einer Schwangerschaft konnte sie keinen Mann an sich binden. Sie wurde offenbar von den Männern ausgenutzt und litt ein Leben lang unter ihrem harten und verpfuschten Leben.

Peter

Ein Kind von schlechten Eltern.

Meine Vergangenheit als Heimler holte mich im Laufe des Lebens immer wieder ein und es wurden mir oft Steine in den Weg gelegt oder ich wurde deshalb benachteiligt.

Geboren bin ich in Zürich. Meine Eltern befanden sich gerade im Scheidungsprozess und meine Mutter konnte mich nur durch einen Kaiserschnitt zur Welt bringen, was ihr zusätzlich zu schaffen machte. Sie überbrachte mich unmittelbar nach der Geburt, am 25. November 1956, ins Mariaheim, ein Säuglingsheim in Zürich. Wie lange Zeit ich dort untergebracht war, weiß ich nicht; auch nicht, ob ich noch an weiteren Orten interniert wurde. Aber ich denke, dass ich dort zwei Übel eingefangen hatte, die mir das ganze Leben zu schaffen machten.

Das eine ist das Bettnässen. Ich bin mir sicher, dass die Betreuerinnen mich dort zu lange «im Seich» liegen ließen und auch nicht trockengelegt haben. So habe ich mein erstes Leiden eingefangen, was mich ein halbes Leben lang plagte.

Das andere Übel ist mein «Knacks», eine Unsitte. In privater Umgebung will ich immer blickgeschützt sein und habe Probleme mit fremden Blicken. Ja, ich ziehe sofort die Rollläden und Vorhänge zu und sitze nur an einem geschützten Ort. Das gilt natürlich auch im Garten mit Hecken und Sträuchern. Ich setze mich nur an sichtgeschützte Orte. Dies wurde mir später mal zum Verhängnis. Ein Arzt hat diese Macke festgestellt. Statt Hilfe anzubieten, zog er diese Angewohnheit ins Lächerliche. Ich denke, diesen Knacks habe ich auch seit der Kinderkrippe, denn da wurde ich regelrecht ausgestellt und immer dort platziert, wo mich jeder sehen und/oder ansprechen konnte – was ich sicherlich nicht immer wollte.

Kinderheim Marianum

Erinnern kann ich mich nur noch schwach an das Kinderalter, an ein paar Freunde wie den Päuli oder die Elenora, mit denen ich viel im Hof gespielt habe. An Hans kann ich mich gar nicht mehr erinnern. Ich weiß nicht, was mit ihm damals geschehen ist.

Die erste Klasse besuchte ich sehr gerne und mit viel Freude und Euphorie. Wir hatten eine ganz tolle Lehrerin. Sie war eine ganz natürliche liebe Frau mit vielen Sommersprossen im Gesicht. Ich war vom ersten Tag an in sie verliebt, besuchte liebend gerne die erste Klasse und habe viel gelernt. Sie hatte uns auch einige Male zu sich nach Hause eingeladen. Es war eine schöne Zeit.

In der zweiten Klasse wechselte die Lehrerin und es regierte die strenge Ordensschwester Pia Romana über uns, was meine Freude an der Schule schwinden ließ. In diesem Heim hatten wir liebe wie auch strenge Schwestern, aber auch eine böse Volontärin. Ein Fräulein Martha mit einer hässlichen Bogennase kontrollierte mich auch nachts immer wieder, ob ich ins Bett nässe. Falls ja, riss sie mich aus dem Bett und verfrachtete mich in eine Kammer auf den Dachboden. Dort schlug sie mich mit einem Ledergurt mehrmals auf das nackte Hinterteil. Auf diese Art wollte man mir das Bettnässen austreiben. Ein anderes Mal brachten sie mich zur Dusche und brausten mich mit eiskaltem Wasser ab. Danach bürsteten sie mir zu zweit mit einer Scheuerbürste meinen ganzen Körper ab. Das Bettnässen konnten sie mir jedoch nicht austreiben. Im Gegenteil, die Angst davor wurde nur noch größer. Als Zugabe musste ich mit der nassen Bettwäsche an allen anderen vorbeilaufen, so dass alle erkennen konnten, dass ich wieder ins Bett genässt habe. Ich habe mich in Grund und Boden geschämt. So wurde ich immer wieder geplagt, geschlagen und diskriminiert wegen des Bettnässens.

Die Mutter Oberin hatte mehrmals an mir «Schröpfkuren» gemacht, die schmerzhaft waren. Dabei hat sie mit einem Massagegerät meinen Kopf massiert. Weshalb sie das getan hat, wurde mir nicht erklärt, aber wahrscheinlich auch wegen des Bettnässens. Sie hatte auch sonst harte Strafen auf Lager. So wurden wir gezwungen, in einem Keller auf einem Lineal zu knien. Dabei wurden wir von der Schwester durch ein Guckloch der Kellertüre beobachtet bzw. kontrolliert. Oft wurden wir nachts vor die Schlafzimmertüre gestellt und mussten stundenlang dort stehen bleiben, während die anderen schliefen.

Später habe ich erfahren, dass das Marianum-Heim wegen der zu harten Erziehungsmethoden schließen musste. Nichtsdestotrotz gab es dort auch eine liebe Volontärin und liebe Schwestern, die einen guten Bezug zu den Kindern hatten. Ich musste später wegen eines dummen Missgeschicks das Heim verlassen. Im Schulhaus spielte ich mit einem Feuerzeug und entfachte im dortigen Papierkorb unabsichtlich ein Feuer. Ich blies so fest ich konnte, doch es entfachte sich trotzdem immer wieder und ich bekam es mit der Angst zu tun, worauf ich in die Kapelle rannte, wo gerade eine Andacht gehalten wurde. So wurde ich in ein Heim in Wangen an der Aare versetzt. Das Heim wurde von anderen Ordensschwestern geführt. Ein Kapuziner unterrichtete mich im Geigenspielen. Auch lernte ich dort das Theaterspielen und durfte sogar einmal die Hauptrolle von «Tischlein deck dich» übernehmen. Es wurden Fotos erstellt, die ich noch heute besitze. Meine Mutter kam nie zu Besuch. Für mich war es jedes Mal ein richtiges Trauma. Wenn am Sonntag eine Frau zu Besuch kam, rannte ich los und rief: «Mutter, Mutter!»

– Ja, es tat weh, denn sie kam mich nie besuchen.

Nach sieben Monaten holte mich mein Vormund ab. Vor uns lag eine längere anstrengende Autofahrt in die Ostschweiz. Ziel war das Kinderheim in Herisau an der Waisenhausstrasse. Weil ich das Autofahren überhaupt nicht gewohnt war, musste ich mich mehrmals übergeben. Als ich von der Übelkeit geschwächt an unserem Ziel ankam, musste ich mich vorerst in einem Vier-Bett-Zimmer erholen. Draußen schneite es – und das mitten im Juni.

In der Ostschweiz angekommen, konnte ich noch nicht ahnen, dass ich hier mein ganzes Leben verbringen würde und dort, verbunden mit vielen Schmerzen, auch mein Glück finden würde.

Nun lebte ich mich auch hier wieder im Heim ein und besuchte im Landhausschulhaus die Primarschule beim Lehrer Heinrich Altherr. Der Lehrer schubladisierte alle nach der sozialen Herkunft und dementsprechend wurden wir auch behandelt. So konnte ich dem Lehrer nicht wirklich viel recht machen. Ich gehörte zu den Opfern, die er gerne drangenommen hatte. Die Knaben hatten es schwerer als die Mädchen. Diese verhätschelte er, vor allem eine «großbusige» Schülerin. Da war er stets voll des Lobes.

Auf dem Heimweg sprangen mir oft Lümmels hinterher und hänselten mich mit den Worten «Waisenhüsler, Waisenhüsler». Einmal wurde ich vom damaligen Heimleiter derart verschlagen, dass mich eine Angestellte zum Arzt schickte. Als der Arzt nachfragte, wie es zu den Verletzungen gekommen sei, gaben der Lehrer wie auch der Heimleiter übereinstimmend die Antwort: «Er ist auf dem Pausenplatz von anderen Schülern zusammengeschlagen worden.» Ich selber nahm wirklich nie an Raufereien teil.

Man war diesen Umständen richtiggehend ausgeliefert und niemand kümmerte sich um einen. Das tat richtig weh und vor allem das Selbstwertgefühl schwand und schwand. Der Heimleiter bereute im Nachhinein seine Tat und überreichte mir Schokolade und andere Süßigkeiten. Auch bekam ich für meine Zimmerecke ein Büchergestell und ein Sofa, das er selber hergestellt hatte. Das war ein menschlicher Zug von ihm.

Ab und zu durfte ich am Wochenende mit der Bahn auf Besuch zu meiner Mutter nach Zürich fahren. Meistens wurde ich von ihr am Hauptbahnhof abgeholt. Doch einmal ist sie nicht gekommen und ich musste weinen, bis sich Passanten um mich kümmerten und mich zum Stationsvorstand brachten. Anscheinend hatte sie mich vergessen und beorderte dann den Hauswart an den Bahnhof. Ich war ihr nicht so wichtig.

Der neue Heimleiter aus Teufen

Nachdem der alte Heimleiter eine andere Stelle angenommen hatte, kam der Neue und brachte zusätzlich einige Zöglinge aus Teufen mit. Es wurde gemunkelt, dass er früher Knecht gewesen sei. Er war sehr streng und hatte wenige menschliche Züge an sich. Wir bewirtschafteten einen großen Gemüsegarten an leichter Hanglage direkt vor dem Heim, hielten aber auch Hühner und Schafe. Mittwochs und samstags mussten wir jeweils in Reih und Glied antreten und unsere Arbeiten entgegennehmen. Ja, es ging militärisch zu. So bekam jeder seine Arbeit zugeteilt, wie Misten, Jäten, Umstechen, Holzen und dergleichen. Jeder hatte so seine «Ämtli» vor und nach der Schule auszuführen. Das Klima wurde rauer und kälter als bei seinem Vorgänger. Er behandelte uns wie ein gefühlloser Büffel.

Einmal versteckte ich im Holzgatter des Heims ein Luftgewehr. Als der Heimleiter dies entdeckte, musste ich antraben. Dabei gab er mir eine so heftige Ohrfeige, dass ich postum zu Boden fiel. Das Übelste, was er uns antun konnte, war der Sträflings-Haarschnitt. Er führte neu ein, dass sich alle Knaben von ihm die Haare schneiden lassen mussten. Etwa so, wie man eben Schafe schert, und das in der Zeit, in deren alle Jugendlichen lange Haare trugen und den Beatles, Deep Purple und Pink Floyd nacheiferten, die für uns Vorbilder waren. Wir schämten uns zu Boden, so im Dorf herumzulaufen, und wurden als Heiminsassen sofort von weitem erkannt. Das tat sehr weh, schließlich wollten wir auch den Mädchen gefallen. Unser Selbstvertrauen und unser Selbstwertgefühl wurden immer geringer.

Eines Tages mussten wir wieder in Reih und Glied antreten, als eine Frau Dr. Vogt die Reihe ablief und uns kritisch musterte. Letztendlich entschied sie sich für mich und ich durfte in einer 50er-Jahre-Villa bei Kaffee und Kuchen für die Dame Modell sitzen. Sie skizzierte mein Gesicht mit Kohlestiften ab und vermaß dieses mit Messinstrumenten. Zu guter Letzt modellierte sie meinen Kopf aus Ton nach. Bei dieser Frau hat es mir immer gut gefallen, musste ich so mittwochs keine Gartenarbeiten mehr verrichten. Sie behandelte mich gut und war stets nett.

Firmung

Anlässlich unserer Firmung suchte der Pfarrer für mich einen Firmpaten. Er fragte Ruedy Kränzle, ein Mitglied des Kirchenchores. Ich durfte mich bei ihm vorstellen. Er war von Beruf Coiffeur-Meister, trug aber selbst eine Perücke, weil er bereits eine Vollglatze hatte, mit der er als Coiffeur nicht leben wollte und damit etwas sonderlich ausgesehen hätte. Als ich an der Haustüre klingelte, wurde ich sehr herzlich empfangen und er stellte sich als Firmpate zur Verfügung. Er war ein lieber und herzlicher Mensch und arbeitete viel bis ins hohe Alter. Stets war er guter Laune, hatte immer einen lustigen Spruch auf Lager und war auch sonst ein geselliger Typ.

Ruedy besuchte gerne den Gasthof Freihof, ein hundert Jahre altes Haus im Quartier, wo er mit Trudi ein Glas Weißwein genoss. Trudi war die Wirtin, die das Gasthaus mit viel Herzblut führte. An der Fastnacht gab Ruedy seine «Schnitzelbänke» zum Besten. Sein Salon war Geschäft und Werkstatt zugleich. Er restaurierte als großer Kenner des Barocks alte Schränke und Möbel, die er mit großer Freude mit barocken Bauernmalereien verzierte. Sein ganzes Haus war gefüllt mit Antiquitäten, sodass es kaum noch Platz für Neues hatte. Es war wirklich ein Museum, dieses alte Haus. Die Geschichte seines Hauses ließ er nachforschen, denn das Appenzeller-Brauchtum und die dazugehörigen Traditionen liebte er von Herzen.

Ruedy erzählte auch viel von seiner großen Liebe, der Ide: «Wie schön hat sie doch in der Tracht ausgesehen, leider aber einen besser situierten Mann heiratete.» Das Geld zählte in diesen Jahren mehr als die Liebe. Die Verwandten liebten ihn und besuchten ihn auch gerne. So wie er wäre ich auch gern gewesen, denn alle mochten ihn. Doch ich selber war zu scheu im Umgang mit Menschen.

Schulabschluss

Das achte Schuljahr wurde vom Lehrer Bänziger unterrichtet. Auch er war einer vom alten Schrot und Korn. Er prophezeite mir stets: «Aus dir wir nie was werden und du wirst dich eh den Rockern anschließen.» Er sollte nicht recht behalten.

Endlich durfte ich das Heim verlassen und die Berufswahlschule in Zürich besuchen. Dort hatte ich einen Lehrer namens Engeli, den ich sehr mochte und mit dem ich gute Gespräche führen konnte. Auch die anderen Schüler waren flott und sympathisch. Ich selber verhielt mich ruhig und war scheu. Während diesem Schuljahr wohnte ich bei meiner Mutter in Zürich. Es war nicht einfach mit ihr zusammen. Am Abend, wenn sie jeweils nach Hause kam, nörgelte sie an allem herum und beklagte sich, wie schwer sie es doch hätte. Ja, und unglücklich war sie, weil sie keinen Partner mehr gefunden hatte. Diese Zeit war nicht gerade aufbauend, sondern eher belastend.

So war ich doch froh, dass ich nach Beendigung der Berufswahlschule zurück nach Herisau konnte, wo ich bei Ruedy ein Zimmer im 1. Stock beziehen konnte. Ruedy bekam dafür ein Kostgeld von der Fürsorge. Das Zimmer durfte ich nach meinem Geschmack einrichten und umbauen. Darauf war ich riesig stolz. Im Lokal konnte ich schalten und walten, wie ich wollte, und hatte meine helle Freude daran. Ich ersetzte den wurmstichigen und morschen Boden. Diese Arbeiten bauten mich psychisch auf.

Im Keller befanden sich alte Röhrenradios und deren Ersatzteile. Zusammen mit meinen Kumpels baute ich den Keller kurzerhand in eine Disco um. Nach der Eröffnung des privaten Party-Kellers kamen laufend neue Besucher und die Stammgäste lieferten verschiedene Getränke. So lief immer etwas am Wochenende. Und ich lernte auf einfache Weise viele Leute meines Alters kennen, die ich sonst nicht kennen gelernt hätte, denn dafür war ich ja zu ruhig und schüchtern. Auch ehemalige Kumpels aus dem Heim waren bei mir zu Gast und wir hatten es stets lustig. Sicherlich kommt daher meine Liebe zu alten Vinyl-Schallplatten, die ich heute sammle. Am Ende der Disco-Ära habe ich meine jetzige Frau kennen gelernt. Mittlerweile ist die Disco in einem Dornröschenschlaf versunken.

Lehre als Bodenleger

Die Umstellung von der Schulzeit in die Berufswelt war hart, hatten wir doch nur drei Wochen Ferien im Jahr. An die körperliche Arbeit gewöhnte ich mich erst nach drei bis vier Monaten. Nach Feierabend war ich todmüde und zu nichts mehr fähig und bin jeweils früh ins Bett gefallen. Es war eine Zeit der Teppich-Hochkonjunktur. Diese Teppiche waren sehr schwer und wir hatten so manchen Krampf, bis wir alle die Stockwerke hinauf gefugt hatten. Die dazu verwendeten Kleber waren allesamt lösungsmittelhaltig, ebenso die Voranstriche und die Wasserbremsen. Dadurch fingen wir uns häufig einen üblen Rausch ein. Den schlimmsten Rausch erlebten wir in einem Restaurant in Turgi. Es war tiefster Winter und das Restaurant besaß nur einen Kohleofen, den wir vor der Arbeit ausmachen mussten, denn unser Kontaktkleber war explosiv. Bei der Verlegung wurde es im Restaurant so kalt, dass die Dämpfe nicht mehr ablüfteten und wir uns einen Vollrausch einholten, sodass wir die letzte Teppichbahn schräg verlegten. Erst später bei der Zwischenmahlzeit kamen wir wieder zu uns. An die letzte Stunde konnten wir uns nicht mehr erinnern. Ja, gefährlich war es mit diesen Leimdämpfen. Das stand auch auf jedem Behälter, denn es ist doch schon vieles schiefgelaufen.

Klar, die Dämpfe nahmen mir ein wenig die Freude am Beruf und ich hätte am liebsten aufgegeben. Doch Ruedy hat mir immer gut zugeredet. «Wenn du keinen Beruf erlernst, bist du niemand auf dieser Welt», sagte er stets. Es war mir bewusst, dass ich da durchmusste, trotz einiger Krisen. Und meine Ausdauer sollte sich auszahlen: Meine Prüfung schloss ich mit einem Sehr gut ab und erhielt dafür auch noch eine Prämie.

Bis zu meinem 30. Lebensjahr habe ich mein Leben allerdings wie ein Trauma erlebt. Ich war nie richtig da und kam nie richtig aus mir heraus, denn ich war stets scheu und ängstlich.

Berufsleben

Nach meiner Lehre ging ich verschiedenen temporären Stellen nach, so auch bei einem Lifthersteller und bei einem Türenfabrikant. Bei einem namhaften Teppichgeschäft war ich ebenso angestellt. Dort war ich leider unterbeschäftigt und musste auf Kunden warten. Wenn dann mal einer kam, wollte dieser von einem erfahrenen Verkäufer beraten werden und nicht von einem jungen «Schnösel» wie mir. Diese Stelle bekam mir überhaupt nicht und schlug mir auf die Psyche. So wechselte ich dann in ein Warenhaus in die Teppichabteilung. Diese Tätigkeit gefiel mir schon besser, da mehr Betrieb herrschte und ich auch selbständig arbeiten konnte. Die Ängstlichkeit und die Scheu vor dem Gegenüber, den Kunden und den Mitarbeitern, konnte ich auch dort nicht ablegen. Nein, die Depressionen wurden deswegen immer stärker, weil ich mir wegen meiner Schüchternheit Vorwürfe machte. Die Depressionen begleiteten mich mit starken Kopfschmerzen und ich bekam Angst vor der Angst. Vor allem hatte ich Angst, in der Gesellschaft zu versagen. Ich war alles andere als mein Vorbild Ruedy, denn ich konnte nicht gut auf Menschen zugehen, hatte Berührungsängste und war zu scheu und ängstlich für mein Alter. Ein Allgemeinmediziner bläute mir ein, ich müsse mehr Selbstvertrauen aufbauen. Als ob man Selbstvertrauen einfach in einem Supermarkt vom Regal holen könnte! Eine Discobekanntschaft sagte einmal zu mir, dass ich keine Persönlichkeit sei.

Zum Glück lernte ich durch einen Arbeitskollegen eine Frau kennen, die mir mittels autogenen Trainings half, die Angst vor der Angst zu nehmen. Das Buch «Die Macht des Unterbewusstseins» verhalf mir zu einem neuen Blickwinkel. Ich ging das Leben von einer ganz anderen Seite an und begann, viel positivere Muster zu denken. Die Macht des positiven Denkens nahm zusehends Platz in meinem Leben ein und ich stieg damit die Lebensleiter aufwärts.

Als erstes beschloss ich, die Wohnung zu wechseln, denn die von mir bewohnte Dachwohnung war viel zu teuer für mich. In einer Zeitung habe ich schließlich eine geeignete und bezahlbare Wohnung gefunden. Doch wie sollte ich den Hausmeister mit meiner scheuen Art dazu bringen, mir diese Wohnung zu geben? Ich bat einen guten Kollegen und dessen Frau, die stets einen guten Eindruck hinterließen, mitzukommen. Und siehe da, es hat geklappt. Es gab zwar schon ein paar schräge Blicke mir gegenüber oder die eine oder andere Bemerkung. Trotzdem, ich erhielt das begehrte Objekt. Als ich die Wohnung das erste Mal gesehen habe, traf mich fast der Schlag. Kümmerlich, bescheiden und alt waren Bad und Küche ausgestattet. Es gab nur kaltes Wasser und auch eine Zentralheizung war nicht vorhanden. Die Wohnung sah aus, als ob man jahrelang keinen Pinselstrich an ihr angebracht hatte. Eine Wohnung wie vor hundert Jahren. Das bereitete mir echte Bauchschmerzen. Soll ich? Soll ich nicht? Zu Beginn jeden Tages mich mit kaltem Wasser an einem kärglichen Lavabo und vor einem beschlagenen alten Spiegel waschen? Keine Dusche und Warmwasser? Ich entschied mich trotz allem für die Wohnung, und musste mich anfangs echt überwinden. Schließlich kann man das Wasser ja auch kochen, dachte ich mir. Schnell fand ich eine Dusche mit einem elektrischen Durchlaufboiler und ließ diese installieren. In Vorbereitung darauf habe ich die Wand für die Dusche geöffnet. Zum Glück ließ mir der Hausmeister freie Hand. Vor dem Einzug habe ich die ganze Wohnung neu gestrichen und die Böden mit zimmergroßen Teppichresten, die ich zum Kilopreis einkaufen konnte, belegt. Ja, es begann langsam gemütlicher zu werden. Mächtig stolz war ich auch auf das Occasion-Lavabo der Marke «Colani», das ich mir installieren ließ. Ebenso gab es bald einen richtigen Warmwasserboiler mit Nachtspeicher. Nun wurde die Wohnung immer komfortabler und ich hatte sogar in der Küche jetzt warmes Wasser.

Als dies geschafft war, konnte auch meine Freundin Claudia zu mir ziehen. Ihre Eltern, der Vater war Kaufmann und die Mutter Modezeichnerin, ließen sie natürlich nicht gerne ziehen, aber ihnen blieb keine Wahl. Anschließend folgte eine Zeit, in der wir gut sparen konnten. Damit begann ich das Haus von Ruedy Kränzle abzuzahlen, denn er wollte dieses Haus unbedingt für mich vorbehalten. Meine Freundin, die aus wohlbehüteten Familienverhältnissen stammte, machte dieses einfache Leben mir zuliebe mit, ebenso meine psychischen Tiefs. Vom Bettnässen war ich damals immer noch nicht ganz geheilt, trotzdem wusch sie mir die Bettwäsche. Sie hielt stets zu mir.

Unsere Abzahlungen für das Haus von Ruedy tätigten wir immer gegen Quittungen. Auf Anraten unseres langjährigen Treuhänders kauften und überschrieben wir das Haus notariell. Ruedy erhielt im Gegenzug das lebenslange Wohnrecht. Für ihn blieb somit alles beim Alten.

Neun Jahre wohnten wir noch in der Wohnung an der Felsenstrasse, bis wir schließlich in das Haus der Großmutter von Claudia einziehen konnten. Auch hier bauten wir ein Bad ein. Das Haus verfügte über eine Zentralheizung und wir hatten endlich eine wohlige Wärme im Wohnbereich. Ganz in der Nähe erhielten wir einen Schrebergarten. Während der Sommerferien kauften wir dann noch ein schmuckes Gartenhäuschen inklusive Veranda dazu.

Hochzeit

Im Jahre 1990 durfte mit einer wunderschönen Braut Hochzeit feiern. Mit dem Reisebus fuhren Claudia und ich an den Walensee und bestiegen in Weesen das Schiff Richtung Quinten. In der schmucken und barocken Kapelle von Quinten haben wir uns das Ja-Wort gegeben. Den Abend verbrachten wir im Hotel Sonne in Altstätten und genossen das ausgezeichnete Essen. Mit der Musikband «Night Flyers» feierten wir anschließend ausgiebig, bestückt mit originellen und lustigen Spielen. Verwandte von Ruedy haben uns erst kürzlich von dieser schönen Hochzeit vorgeschwärmt.

Beruflich wechselte ich zwischenzeitlich zu einem «Do it yourself»-Anbieter, wo ich aushilfsweise angestellt war. Nebenbei war ich als Bodenleger im Unterakkord tätig. Das gefiel mir sehr gut und es war eine schöne Zeit, in der ich mein Selbstvertrauen sehr gut aufbauen konnte, denn es gab dort viele gute Baufachleute, von denen ich viel lernte. Ich erhielt Einblick in das Schreinerhandwerk und lernte, wie man Türen und Fenster einbaut, Wände aufbaut und isoliert. Und generell, wie man ein Haus saniert.

Nach Ruedy KränzlesTod

Am 30. Januar 1989 wurde Ruedy Kränzle wegen einer Hirnhautentzündung ins Spital eingeliefert und verstarb kurz darauf an einer Lungenentzündung. An seiner Beerdigung nahmen sehr viele Menschen teil, um ihm die letzte Ehre zu erweisen. Auf seinem Grabstein wurde seine Lieblings-Rocaille eingemeißelt.

Für Ruedy war es sehr wichtig, dass seine Antiquitäten nach seinem Tod in die richtigen Hände kamen. Er erwähnte auch immer wieder, dass er das in seinem Testament, welches er beim Amt hinterlegt hätte, niedergeschrieben habe. Doch dieses Testament war unauffindbar. Zum Glück hatte er vor Jahren schon auf den entsprechenden Sachen Aufkleber angebracht, mit dem Hinweis, für wen diese bestimmt sind. So erhielten die Angehörigen doch noch das ihnen versprochene Erbe. Die restlichen Dinge aus dem Haus konnten sich die Angehörigen, Bekannten und Freunde selber aussuchen und mitnehmen. So hatten alle eine schöne Erinnerung an ihn. Einige Sachen blieben dennoch übrig, welche ich dann an einem Flohmarkt verscherbelte.

Das Haus stand nun leer und war renovationsbedürftig. So beschloss ich, ich eine Totalsanierung durchzuführen. Kniffflige Änderungen und Höhenprobleme waren zu bewältigen. Die Herausforderung war es, einerseits die alte Bausubstanz mit den Balkenwänden, dem Holzherd, dem Kachelofen und den Türen mit Bauernmalereien des schmucken Appenzeller-Hauses zu erhalten, und andererseits auch moderne Elemente einzubauen. Diese Arbeiten bereiteten mir viel Freude und bauten mich total auf. Noch heute habe ich stets neue Projekte im Köcher und wurde zu einem leidenschaftlichen Hobby-Bastler und Heimwerker.

Nach dem Hausumbau machte ich mich selbständig und konnte an der Lindenstrasse in St. Gallen ein Ladenlokal übernehmen. Ich richtete ein Teppich- & Bodenbelagsgeschäft ein, welches schon bald gut zu laufen begann, sodass ich bereits nach zwei Jahren meine Frau an Bord holen konnte.

Die Inserate ließen wir durch Andreas erstellen, einen Bekannten von uns. Eines Tages holte er mich für einen Kostenvoranschlag in sein Haus. Nebenbei erwähnte ich, dass mir sein Haus sehr gefalle und wir auf der Suche nach einem neuen Objekt wären. Das kam ihm sehr gelegen, denn er beabsichtigte zu diesem Zeitpunkt, nach Griechenland auszuwandern. Wir konnten uns über den Preis des Hauses schnell einigen. Der Rest war nur noch Formsache.

Vorurteile gegenüber ehemalige Heiminsassen

Noch heute existieren vielerorts Vorurteile gegenüber Menschen, die in einem Heim aufgewachsen sind. Gerade diese Menschen, beziehungsweise Kinder, die am meisten Nestwärme gebraucht hätten, wurden mit harten und unmenschlichen Erziehungsmethoden aufgezogen, nebst dem sie schon keine richtigen Eltern hatten. Schuldzuweisungen an diese Menschen sind da völlig ungerecht und menschenverachtend.

Doch Fehlanzeige! Auch heute existiert in unserer Gesellschaft ein «Schubladendenken». Da sind auch die Vorurteile gegenüber ehemaligen Heiminsassen nicht ausgeschlossen. Das erlebe ich tagtäglich am eigenen Leib, werden doch auch in unserer Gemeinde über mich die übelsten Gerüchte und Verleumdungen verbreitet, die meinen Ruf schädigen, das Geschäft vermiesen und Kunden verunsichern. Von einer Strafanzeige habe ich bis anhin abgesehen, da die Polizei meinte, dass dies die Sache nur noch schlimmer machen würde. Mit solchen Diskriminierungen bin ich nicht der Einzige, auch alle anderen ehemaligen Heiminsassen sind davon betroffen. Unsere Vergangenheit holt uns immer wieder ein.

Offenbar passt es nicht in das Schema der heutigen Gesellschaft, dass ehemalige Heiminsassen im Beruf Erfolg haben und selbständig ein Geschäft führen können und auch noch finanziell gut dastehen. Da spielt wohl der Neid eine allzu große Rolle.

Was sind das für Heuchler? Sonntags besuchen sie die Kirche und Werktags reden sie schlecht über ihre Mitmenschen und verurteilen sie wegen deren Vergangenheit.

«Sie rütteln an meinem Selbstvertrauen! Doch das behalte ich wie ein wertvoller Goldschatz in meinem Herzen. Zu hart habe ich das Selbstvertrauen aufbauen und an mir arbeiten müssen. Ich lasse mich von denen nicht verbiegen. Schon gar nicht meine Persönlichkeit brechen. Gebrochen war ich ja schon einmal, nämlich damals, als ich aus dem Heim entlassen wurde.»

Abschlussgedanken

Ich durfte im Leben einem wunderbaren, außergewöhnlich begabten und lieben Menschen namens Ruedy Kränzle begegnen, der mir in entscheidenden Momenten des Lebens beistand. Spießbürger hätten ihn am liebsten auf dem «Schafott» gesehen. Ohne ihn und meine liebe Frau Claudia wäre ich nicht dorthin gekommen, wo ich heute bin. Meine Frau mit ihrer Stärke und Ausgeglichenheit hat mich immer getragen und mir den Rücken gestärkt. Mein Leiden, das Bettnässen, verschwand, und mein Selbstvertrauen wurde immer stärker.

Familienbande

Etwas mehr als ein Jahr ist schon vergangen, seit ich zum ersten Mal von meinen neuen Geschwistern erfahren habe.

Im gleichen Jahr, im Frühling 2017, verstarb mein Adoptivbruder Reto und ich musste mich von ihm in derselben Abdankungskappelle in Lugano verabschieden, wo ich 40 Jahre zuvor meinem lieben Vater und vor fünf Jahren meiner Mutter Adieu sagen musste. Es war ein schrecklicher Moment, auf den ich überhaupt nicht vorbereitet war. Mein Adoptivbruder starb plötzlich und unerwartet mit nur zweiundfünfzig Jahren an einem Herzinfarkt. Ich saß in der Abdankungskapelle, die Tränen rollten mir über die Wangen.

«Es wurde mir bewusst, dass ich nun meine ganze Adoptivfamilie verloren hatte.»

Ich war somit die Einzige, die übriggeblieben war. Es war ein seltsames Gefühl. Sie alle waren Teil meines Lebens gewesen, und nun stand ich alleine da. Eine gewisse Leere machte sich in mir breit. Ich hatte zwar meine eigene Familie gegründet, doch mit dem Ableben meiner Angehörigen verschwand auch ein Stück Vergangenheit, ein Stück Familiengeschichte. Mein Adoptivbruder hatte sich gewünscht, auf dem Friedhof von Borgonovo/ Stampa beigesetzt zu werden, wo auch unsere Eltern ihre letzte

Ruhe gefunden haben. Ich erfüllte ihm diesen letzten Wunsch. Meine Adoptivfamilie war nun im Bergell wiedervereint.

Zu jenem Zeitpunkt wusste ich noch nicht, dass ich im Herbst desselben Jahres, also nur einige Monate später, aus heiterem Himmel erfahren würde, dass ich doch noch Angehörige habe und dass ich eine noch größere Familie bekommen würde. Meine leibliche Familie!

Seitdem wir voneinander erfahren haben, haben wir Geschwister uns schon öfter getroffen und zusammen mit unseren Familienmitgliedern wunderbare, erfüllende Momente miteinander verbringen dürfen. Wir möchten nun so viel Zeit wie möglich zusammen genießen. Es scheint mir, dass wir die Gemeinschaft, die wir als Kinder nicht erleben durften, nun nachholen müssten. Ich habe meine Geschwister alle gleich ins Herz geschlossen und es kommt mir so vor, als kenne ich sie schon seit jeher. Es versteht sich von selbst, dass man nicht mit jedem der Geschwister dieselbe intensive Beziehung aufbauen kann und nicht jedes möchte gleichermaßen den Kontakt zu den anderen pflegen. Das ist ganz natürlich und kommt so auch in anderen Familien vor. So etwas gilt es zu akzeptieren, haben wir doch alle einen anderen Lebenshintergrund bzw. eine unterschiedliche Biografie.

Obwohl wir Geschwister in vielem zwar verschieden sind und auch unterschiedlich durch unser Umfeld und unsere Erfahrungen geprägt wurden, ist es für mich verblüffend, wie wir immer wieder Ähnlichkeiten und Gemeinsamkeiten zwischen uns feststellen können. Vielleicht suchen wir, für mich kann ich das auf jeden Fall so sagen, bewusst danach. Es ist für uns wichtig, Dinge zu finden, die uns verbinden, wir hießen schließlich alle bei unserer Geburt Oertli!

So zum Beispiel lieben die meisten von uns Tiere und die Natur, sind kunstinteressiert, hegen eine Leidenschaft für das Fotografieren und bevorzugen Ferien in Italien. Wir Geschwister sind größtenteils kreativ und haben ein Flair für schönes Dekorieren und Einrichten. Noch bedeutender ist, dass ich spüre, wie wir zum Teil gleich empfinden und uns mit gleicher Empathie, Fürsorge und Liebe begegnen. Das macht mich sehr glücklich und ich erlebe es auf diese Art zum ersten Mal. Es ist ein einzigartiges Gefühl der Verbundenheit.

Die meisten Gemeinsamkeiten zu mir konnte ich bis jetzt bei meinem Bruder Mathias vorfinden. Vielleicht liegt das daran, dass wir uns schon häufiger begegnet sind. Wir gleichen uns vom Äußeren her sehr, besonders hinsichtlich der Physionomie des Gesichtes, und wir beide haben braun-grüne Augen. «Ihr seht euch sehr ähnlich», war der einheitliche Tenor derjenigen, denen ich das Foto von mir und meinem Bruder Mathias zeigte. «Man sieht, dass ihr Geschwister seid.» Solche Aussagen bedeuten mir sehr viel und haben mein Herz mit tiefer Freude erfüllt. Wir beide lieben Früchte und Tee zum Frühstück. Mögen Maroni, Marzipan und Hüte. Uns gefällt die gleiche Musik und wir spielen beide Gitarre. Noch viel bedeutungsvoller ist für mich, dass wir die gleiche Sensibilität aufweisen und dass wir eine sehr ähnliche Denkweise haben. Schlicht, wir sprechen die gleiche Sprache und wir sind beide Seitensprungkinder. So wie mein leiblicher Vater war auch der leibliche Vater von Mathias schon verheiratet, als er die Liaison mit unserer Mutter einging. In Regina kann ich mich ebenso gut widerspiegeln, denn sie steht mir auch sehr nahe und ist so feinfühlig wie ich. Sie ist zwar lebhafter, doch ihre liebevolle und herzliche Art entspricht der meinen. Sie mag es lustig und fröhlich wie ich, liebt Blumen, Tiere und die Natur. Das berührt.

Auch bei meiner Schwester Bettina konnte ich Gemeinsamkeiten entdecken: Sie ist eine Katzenliebhaberin und ihre Leidenschaft für Rosen teile ich gerne. Zudem ist sie an Kunst interessiert und besucht Ausstellungen, wie auch ich das gerne tue. Bei ihr habe ich auch eine äußerliche Ähnlichkeit feststellen können: Sie weist ein ähnliches Gesichtsprofil auf wie ich und hat, wie bereits erwähnt, die gleiche Krümmung der Nase, wie auch unsere Mutter sie hatte.

Angelina, die wie ich sprachbegabt ist, arbeitet als Leiterin eines Sprachdienstes und ist Übersetzerin für Italienisch. Ich selber habe auch ein Übersetzerdiplom für Italienisch. Äußerlich sind wir uns zwar nicht ähnlich, dafür haben wir innere Werte, die bei uns übereinstimmen.

Und dann ist noch Gabriela, die Tiere über alles liebt und sich über alles Sorgen macht, was auch auf mich zutrifft. Auch wir ähneln uns äußerlich nur wenig.

In jedem der Geschwister konnte ich mich teilweise wiederfinden. Das sind nur ein paar wenige Gemeinsamkeiten, die ich bis jetzt entdeckt habe. Es mag banal, vielleicht sogar ein wenig lächerlich tönen, aber für ein adoptiertes bzw. weggegebenes

Kind hat das eine ganz spezielle Bedeutung und weckt ungeahnte Gefühle. Ich spüre eine Zugehörigkeit und bin nun endlich Teil meiner leiblichen Familie – ein Gefühl, das ich bisher nicht kannte. Ich habe meine leiblichen Geschwister gefunden und kann mich in ihnen widerspiegeln.

«Ich habe einen Teil von mir gefunden.»

Schon kurz nach unserem ersten Zusammentreffen hat uns Bettina im Januar 2018 zu ihrem 65. Geburtstag zu sich nach Hause eingeladen. Diesmal waren auch unsere Partner mit dabei. Mein Mann war sichtlich erfreut und genoss das Zusammensein mit meiner neuen Familie. Wir unterhielten uns pausenlos, schauten uns Fotos an, erzählten aus unserem Leben und konnten noch mehr voneinander erfahren. Bettina schenkte uns sogar ein paar Fotos von unserer Mutter, Fotos, die wir zuvor noch nie gesehen hatten. Es war ein wunderbarer Nachmittag mit Kuchen, Kaffee, Lachs und Prosecco.

Im März 2018 waren Mathias, Bettina und Regina bei mir zuhause. Zum ersten Mal lernte ich Irene, die Ehefrau von Mathias, kennen. Auch für sie war es aufregend, auf einmal so viele neue Schwägerinnen und Schwager zu haben. Es war ein ganz gelungener Abend. Wir hatten tolle Gespräche, alle fühlten sich wohl miteinander. Es ist schon sehr speziell: Wir kennen uns erst seit Kurzem und fühlen uns so stark miteinander verbunden, als wären wir schon immer zusammen gewesen. Jeder von uns ist einzigartig.

«Meine Geschwister sind so fröhlich und aufgestellt. Ich liebe sie!»

Im April 2018 fuhren Gabriela, Regina und ich zur PACH. Gabriela konnte zum ersten Mal Einblick in ihr eigenes Dossier nehmen und wir haben sie zu diesem Akt begleitet. Wie vermutet war es ein höchst emotionaler Moment. Plötzlich klopfte es an der Tür und man fragte uns, ob unser Bruder Mathias, mit dem wir uns erst später verabredet hatten, auch zu uns hereinkommen dürfe. Er arbeitet ganz in der Nähe der PACH. Wir bejahten begeistert und er erschien mit seinem warmen Lächeln und überbrachte jeder von uns eine rote Rose. Das rührte uns zu Tränen. Wir berichteten der anwesenden Sozialarbeiterin, wie wir uns erst kürzlich gefunden haben und dass wir es so gut miteinander hätten. Sie war hingerissen und begeistert von unserer Geschichte und meinte spontan, dass wir dies unbedingt festhalten sollten. «Ich bin schon dran», erwiderte ich. Und an meine Geschwister gewandt, fast schon prophetisch: «Wir könnten doch gemeinsam ein Buch schreiben.» Dass dies wirklich Realität würde, hätte ich damals nicht gedacht. Als die Sozialarbeiterin sich Mathias zuwandte und ihn als Halbbruder bezeichnete, widersprach er ihr sogleich:

«Nein, nein, nicht Halbbruder. Ich bin ein ganzer Bruder!»

So kommt es, dass auch ich in diesem Buch immer von Geschwistern spreche, obwohl wir ja streng genommen Halbgeschwister sind.

Im Anschluss verbrachten wir ein paar wunderbare Stunden zusammen mit unserem tollen Bruder Mathias. Er entführte uns in eine idyllische Gartenwirtschaft, wo wir bei Speis und Trank enorm viel Spaß miteinander hatten. Gegen Abend, als wir uns wieder Richtung heimwärts begaben, waren unsere Herzen mit tiefer Dankbarkeit und großer Freude erfüllt.

«Liebster Mathias, deine Rose wird mich jeden Tag daran erinnern, was ich für einen wunderbaren Bruder geschenkt bekommen habe ... den tollsten, den es gibt ... ich bin zuhause, schwebe aber immer noch irgendwie zwischen Himmel und Erde. Danke für alles ... für deine Liebe, für deine Umarmungen ... ich erlebe eine der schönsten Zeiten in meinem Leben. Danke, dass es dich gibt», schrieb ich in der Folge an Mathias, worauf er antwortete: «Du bist so lieb. Ich habe mir immer so eine grosse Schwester gewünscht wie du! Herzlichst, Mathias.» Wir waren uns einig: Mathias ist der absolute Traumbruder!

Im Sommer 2018 nahmen Regina, mein Mann und ich am großen Fest in Lottigna teil, denn das Feriendomizil von Mathias feierte sein 500-jähriges Bestehen. Nachdem wir herzlich empfangen wurden, konnten wir drei zusammen das kleinere Nebengebäude auf dem Grundstück beziehen.

Auf der Feier hatten wir es die ganze Zeit lustig miteinander. Mathias hat ein unglaublich schönes Fest organisiert und bot uns ein Nonstop-Programm. Wir haben für den Apéro zusammen frische Pizzen im Holzofen gebacken. Es gab ein himmlisches Nachtessen mit lauter Tessiner Spezialitäten.

Danach gingen alle Gäste zur kleinen Dorfkirche. Wir wurden angewiesen, in der Kirche ganz still zu sein. Im Inneren der Kirche war alles mit Kerzen ausgeleuchtet, es herrschte eine mystische und verzauberte Atmosphäre. Ich war den Tränen nahe. Alle Anwesenden durften eines der Instrumente auswählen, die ein mit Mathias befreundeter Musiker und Instrumentenbauer mitgebracht hatte, und damit unter Anleitung spielen. In der kleinen Kirche erklang ein wunderbarer Chor von Instrumenten. Ein unvergessliches Erlebnis, das sich tief in mein Herz gemeißelt hat. Balsam für Herz und Seele. So etwas hatte ich in meinem Leben noch nie erlebt! Erfüllt von guter Energie, liefen wir bedächtig zu der auf Mathias' Grundstück aufgebauten Jurte zurück und genossen dort das Dessert. Dann stellte Mathias seine Gäste vor, insbesondere Regina und mich als «Neuschwestern», und berichtete auch voller Stolz über mein Buch. Die Anwesenden waren von unserer Familiengeschichte tief berührt.

«Sie konnten es kaum glauben, dass wir uns als Geschwister erst vor kurzem kennen gelernt haben und bereits eine so tiefe Verbundenheit zueinander spürten.»

Wir genossen den gemütlichen Abend und lernten dabei auch einen Teil der erweiterten Familie von Mathias und seine Freunde kennen. An nächsten Tag machten wir uns wieder auf den Heimweg, erfüllt mit Freude und Dankbarkeit.

Anfang September 2018 folgte ein wunderbares Geschwistertreffen bei Bettina. Sie lud uns alle zu einem Grill- und Gartenfest ein. Es ist jedes Mal von Neuem schön, seine eigenen Geschwister zu sehen. So langsam kennt man die Eigenschaften und Charaktere und fühlt sich von Mal zu Mal vertrauter. Man kennt sich immer besser. Wir hatten uns auch diesmal viel zu erzählen, sind doch einige von uns noch voll im Recherchiermodus auf der Suche nach den Wurzeln und Wahrheiten.

Dabei berichteten Angelina und Regina, dass sie in den nächsten Tagen nach Zürich fahren würden, um Dokumente zu sichten, welche das Stadtarchiv über sie gefunden hätte. Was wird wohl Neues zum Vorschein kommen? Wir vermuteten ja, dass die beiden eventuell «echte» Schwestern sein könnten. Sie gleichen sich äußerlich wirklich, und Angelina berichtete einmal gehört zu haben, dass nach ihr nochmals ein Kind vom selben Vater auf die Welt gekommen sei. Wir sind ja gespannt!

An diesem Abend habe ich die anwesenden Geschwister über mein zweites Buchprojekt eingeweiht. Bald darauf wurde dieses Vorhaben konkreter.

Ursprünglich beabsichtigte ich, meinen sechzigsten Geburtstag in einem kleinen Rahmen zu feiern. Das war schon seit einiger Zeit so geplant. Doch jetzt, wo meine Familie plötzlich so gewachsen ist, wollte ich unbedingt auch meine neuen Geschwister dabeihaben. Das war sonnenklar. Ich plante ein großes Fest mit meinen neuen Verwandten sowie meinen langjährigen Freunden. So habe ich mich dazu entschlossen, den Turm des nahegelegenen Schlosses «Liebegg» zu pachten. Der Wettergott war auf meiner Seite und erlaubte uns, obwohl es schon Anfang Oktober war, den Apéro im Rosengarten des Schlosses zu genießen. Es war eine unglaublich schöne Kulisse und im Hintergrund ertönte die sanfte Stimme von Saskia, einer wunderbaren Sängerin. Diese tolle Überraschung verdanke ich meinem Mann. Er hat sie für mich als Geschenk eingeladen. Zum ersten Mal waren fünf meiner neuen Geschwister an meinem Geburtstag vereint, teils auch mit der ganzen Familie.

«So haben sich zum ersten Mal auch unsere Kinder getroffen. Für sie habe ich extra einen Cousinen-Tisch reserviert.»

Sogar zwischen unseren Kindern konnten wir Ähnlichkeiten feststellen. Ich habe es extrem genossen, mit meiner neuen Familie zu feiern und sie bei mir vereint zu haben. Als Show-Einlage hat meine liebe Schwester Regina einen wunderbaren Auftritt als Clownin dargeboten. Von den ersten Sekunden an hat sie alle in ihren Bann gezogen und alle haben sich köstlich amüsiert.

Zu vorgerückter Stunde stand auch mein Bruder Mathias auf und stellte sechzig rote Baccara-Rosen, verteilt in zwei Vasen, neben mir auf den Tisch. Ein überwältigender Anblick, so viele rote Rosen auf einmal als Geschenk um mich zu haben, dachte ich mir. Doch Mathias hatte eine tiefsinnigere Idee, welche mich mehr bewegte, als wenn er sie mir alle gegeben hätte. Er verkündete nämlich, dass am Schluss des Anlasses jeder Gast eine rote Rose mit nach Hause nehmen dürfe.

«Jede Rose symbolisiere ein Stück unserer Vergangenheit, die weggetragen werde.»

Wow! Es war wieder einmal umwerfend, was mein kleiner Bruder sich dabei gedacht hatte. Das ging ans Herz.

Es hat sich so ergeben, dass ich mit Mathias den intensivsten Kontakt habe. Ich kann ihn jederzeit anrufen und um Rat bitten. Während der Phase des Buchprojektes war ich dafür besonders dankbar. Wir haben uns häufig getroffen, er hat mich enorm unterstützt. Mein jüngster Bruder hatte immer ein offenes Ohr für mich, ich konnte mit ihm alles teilen und ihn um seine Meinung fragen. Es ist eine intensive Verbindung mit tiefem gegenseitigem Vertrauen entstanden, die wir beide zu schätzen wissen. Ich spüre bei ihm eine Art Seelenverwandtschaft. Es ließ sich von Anfang an nicht leugnen, dass Mathias mein Bruder ist. Wir sind einander sehr ähnlich. Zu den äußerlichen Merkmalen, die ich schon erwähnt habe, stellten wir fest, dass wir beide eine niedrige Herzfrequenz besitzen. Man könnte meinen, unsere Herzen schlagen im Gleichtakt. Wir haben auch ähnliche seelische und geistige Eigenschaften, wie Altruismus, Feinfühligkeit und Tiefgang. Ich denke, er gleicht mir nicht nur äußerlich am ehesten von allen Geschwistern, sondern auch innerlich. Wir sind auf derselben Frequenz. So empfand es auch ein Journalist der Zürichsee Zeitung, der in seinem Artikel Folgendes schrieb:

«Obwohl sich das Geschwisterpaar erst vor wenigen Monaten kennen gelernt hat, sind die beiden auf einer Wellenlänge. Sie reissen Witze und tauschen wissende Blicke, wie sie nur zwischen Geschwistern existieren. Es ist fast so, als würden sie sich seit ihrer Kindheit kennen.»

Manchmal stelle ich mir vor, wie schön es gewesen wäre, wenn wir zusammen hätten aufwachsen können. Wie gern hätte ich als große Schwester Mathias als Baby in meinen Armen geschaukelt und ihm vor dem Zubettgehen eine Gutenachtgeschichte vorgelesen.

Am 1. April 2019, und damit im selben Monat der Veröffentlichung des vorliegenden Buches, wird sich der Todestag unserer Mutter zum zehnten Mal jähren. Es steht jetzt schon fest, dass wir Geschwister gemeinsam ihr Grab in Glarus besuchen und unserer Mutter von unserem Zusammenfinden und unserem tollen Buchprojekt erzählen werden. Dies machen wir, obwohl uns die Mutter verschwieg, insgesamt acht Kinder zur Welt gebracht zu haben, und dass man uns in alle Himmelsrichtungen verteilt hat. Nichtsdestotrotz haben wir acht Geschwister uns gefunden.

Mathias hat in seinem Beitrag als Abschluss Folgendes geschrieben, was wir Geschwister alle einzeln auch so unterschreiben würden:
«Dieses Buchprojekt ist für mich etwas Einzigartiges. Es bringt uns Geschwister näher zusammen. Wir haben diese großartige Möglichkeit erhalten, unsere Geschichte zu erzählen. Erst durch dieses Buch erfahre ich die Details über das Leben der anderen Brüder und Schwestern. Geschwister, die miteinander aufwachsen, wissen ja schon fast alles über einander. Wir hingegen erfahren erst jetzt im Erwachsenenalter, wie das Leben der anderen Geschwister bis dahin verlief. Unser Zusammenfinden ist jedes Mal unglaublich schön und mein Wunsch ist, dass wir noch ganz viel Zeit miteinander verbringen können. Ich bin sehr dankbar über diese glückliche Fügung des Schicksals.»

Identitätsfindung

«Meine innere Stimme sagte mir, dass das Schreiben mich befreien wird. Das war mein Weg, den ich beschreiten musste, um meine innere Freiheit zu erlangen, um wirklich frei zu sein.»

Über die Suche nach den Wurzeln und wie wichtig diese für den inneren Frieden ist, habe ich schon in meinem ersten Buch geschrieben. Ich möchte dieses Thema noch erweitern, denn die Identitätsfindung ist das Lebensthema eines jeden Adoptierten. Es ist ein langer und zehrender Prozess, der auf unterschiedliche Art und Weise in verschiedenen Stationen erfolgen kann. Bedingung ist jedoch, dass man sich öffnet und bereit ist, sich damit auseinanderzusetzen. Auch mit dem Risiko, seine Identität nie ganz klären zu können.

Das Schreiben meines Buches «Seitensprungkind» hat von mir weit mehr abverlangt, als ich je gedacht hätte. Mehrmals wollte ich mit dem Schreiben aufhören, denn das Wühlen in der Vergangenheit und das genaue Hinschauen, das tat zu fest weh. Doch letztendlich war das Aufschreiben meiner Biografie genau das, was mich weitergebracht und was mein Bewusstsein erweitert hat. Ich habe es geschafft, in meinem Buch meine Kindheit, meine Jugend, meine Gefühls- und Gedankenwelt von damals niederzuschreiben. Es war ein schmerzhafter Prozess, der letztendlich befreiend wirkte. Durch dieses Aufschreiben meiner Geschichte konnte ich mein Schicksal vollumfänglich akzeptieren und die Vergangenheit loslassen. Ich habe zu mir gefunden und meine seelische Wiedergeburt erlebt.

Das Schreiben meiner Biografie hat mich zudem gezwungen, mich mit dem Thema Adoption zu beschäftigen. Mir wurde bewusst, welche Auswirkungen eine frühe Trennung von der Mutter für ein Kind haben. Was für tiefe seelische Verletzungen es hinterlässt, wenn die eigenen Wurzeln gekappt wurden.

Die Frage «Wer bin ich?» erfordert eine Antwort. Die tiefe Auseinandersetzung mit mir und mit meiner Adoption hat mir geholfen, ein klareres Bild von meiner Person zu erschaffen. Vor dem Erscheinen meines Buches wussten nur ganz wenige Eingeweihte, dass ich adoptiert worden bin. Aus welchem Grund auch immer: Das Thema Adoption war für mich ein Tabu. Ich hatte Angst, nicht als vollwertige Person akzeptiert zu werden. Das offene Kommunizieren hat mich befreit. Mein Outing hat mich gestärkt. Und heute kann ich es nicht mehr nachvollziehen, weshalb ich aus meiner Adoption so ein Geheimnis gemacht habe.

Ich habe gelernt, mich so zu akzeptieren, wie ich eben bin, mit meinen Unsicherheiten, mit meinen Ängsten. Ich weiß, dass meine Ängste ihren Ursprung in der Vergangenheit haben und sie einfach Teil meiner Lebensgeschichte sind. Mir ist bewusst, dass meine Identität sich aus verschiedenen Komponenten zusammensetzt. Ich trage schließlich die Gene von meinen leiblichen Eltern in mir, die ich nicht mehr leugnen will. Dazu gesellen sich die Prägung durch meine Adoptivfamilie, die ich durch deren Erziehung genossen habe, und die Werte, die mir vorgelebt wurden. Doch auch das, was ich alles am eigenen Leib erfahren und erlebt habe, und das, was ich aus meinem Leben gemacht habe, spielt mit in mein eigenes Ich. So habe ich mich auch selbst geformt, durch den von mir gewählten Lebensweg.

Meine Identität hat sich durch die Suche nach meinen Wurzeln auch weiterentwickelt. Woher komme ich? Wer sind meine biologischen Eltern? Könnte ich sie vielleicht noch kennen lernen? Warum wurde ich weggegeben? Wenn man auch nur für einen Teil dieser Fragen Antworten findet, hilft dies zur Identitätsfindung. Bei den Einsichten in meine Akten habe ich immer wieder ein neues Puzzleteilchen entdeckt, und das Puzzle hat dadurch Schritt für Schritt immer mehr Gestalt angenommen, das Bild wurde immer vollständiger.

«In meinen Geschwistern habe ich mich erkannt.»

Für mich persönlich war bestimmt das Finden meiner Geschwister das, was mich am weitesten gebracht hat. Dieses wunderbare Geschenk hat mich zu einem Ganzen gemacht. Zu spüren, dass meine Geschwister mir ähnlich sind, gleich ticken wie ich, dass wir alle ein Teil voneinander sind, hat mich vervollständigt.

Verlustängste begleiten mich noch immer. Die werde ich wohl nie ganz los. Diese kommen meist dann auf, wenn ich wunderbare Momente erlebe, wie ich sie mit meinen neuen Geschwistern erfahren durfte. Da kommt bei mir Panik auf, dass plötzlich alles vorbei sein könnte. In den schönsten und intensivsten Erlebnissen erfasst mich die Angst, plötzlich wieder alles zu verlieren. Wieder verlassen zu werden. Die Angst, dass sich das wiederholen könnte, was ich als hilfloses Baby erleben musste: nach neun Monaten Sicherheit und Geborgenheit im Mutterleib die abrupte Trennung von allem, was mir bis dahin vertraut war, zu durchleben. Ich habe gelernt, mit diesen Ängsten umzugehen, und versuche, diese in Schach zu halten. Ich will nicht, dass sie über mein Leben regieren. Dank meines täglichen autogenen Trainings kann ich die Zuversicht und Gelassenheit stets herbeiführen und mich immer wieder von Neuem mit positiven Gedanken wappnen.

Der Gedanke, nun in einer großen liebenswürdigen Familie eingebettet zu sein, nie mehr allein zu sein, gibt mir Halt. Die Liebe, die ich durch meine Geschwister erfahren darf, ist ein Geschenk des Himmels, für das ich für immer unendlich dankbar sein werde.

Meine Suche nach den Wurzeln geht weiter

«Ob mein leiblicher Vater von meiner Existenz weiß, ist mir nicht bekannt und ich werde es wahrscheinlich auch nie in Erfahrung bringen können.»

So stand es auf der Umschlagrückseite meines ersten Buches.

Nicht nur meine Geschwister, auch ich habe weiter recherchiert und bin auf Erstaunliches gestoßen. Ich hatte noch so viele offene Fragen, die nach Antworten schrien. Bei meinen Lesungen wurde seitens der Zuhörer unter anderem immer wieder die Frage in die Runde gestellt, ob ich denn wirklich nichts über meinen leiblichen Vater wisse, ob mich das nicht interessieren würde und ob ich ihn nicht doch auch suchen und kennen lernen möchte. Doch die Suche nach den Wurzeln ist ein Prozess, den man behutsam angehen muss. Zwischendurch brauchte ich wieder etwas Abstand, um all das Neue, was ich erfahren hatte, zu verdauen. Durch die vielen Kontakte mit Adoptierten, die ich dank meinem ersten Buch knüpfen konnte, habe ich von etlichen Personen erfahren, dass auch sie sich für den Suchprozess genügend Zeit ließen. Denn dieser Prozess verbraucht viel Energie, geht an die Substanz und ist mit vielen Emotionen verbunden.

So habe ich mich schlussendlich, aber mit der nötigen Ruhe, doch noch auf die Suche nach meinem leiblichen Vater gemacht. Ob ich ihn wirklich kennen lernen möchte, darüber war ich mir noch nicht ganz sicher. Ich wusste ja aus den Unterlagen der PACH, dass er bereits verheiratet war, als er mich zeugte. Somit musste ich vorsichtig vorgehen, um seine Familie nicht zu brüskieren.

«Es könnte ja gut sein, dass niemand etwas von seiner außerehelichen Tochter wusste.»

Ich startete meine Recherchen schon im Jahr 2017. Da Anfang 2018 ein revidiertes Adoptionsgesetz in Kraft getreten ist, wusste ich ab diesem Zeitpunkt allerdings nicht genau, an welche Behörde ich mich wenden sollte, um die gewünschten Informationen zu erhalten. Die Zuständigkeiten haben sich geändert und es war noch nicht in allen Kantonen klar, wer diese Aufgabe ausüben soll und welches Amt dafür bestimmt wird, das dann die Auskunftserteilung für die Adoptierten übernehmen soll.

Ich verfasste einen Brief und ihm legte eine Kopie meiner Geburtsurkunde, meiner Identitätskarte sowie weitere Unterlagen betreffend meiner Adoption bei. Den Brief adressierte ich an verschiedene Behörden und Ämter in der Hoffnung, dass ich von irgendeiner Stelle eine Auskunft erhalten würde. Von allen angeschriebenen Ämtern bekam ich eine freundliche Antwort, jedoch fühlte sich keines für mein Anliegen zuständig. Die kontaktierte KESB teilte mir mit, dass ich mich an das Amt für Soziales wenden solle. So schrieb ich meinen sechsten Brief und bekam daraufhin eine überaus nette E-Mail vom Staatsarchiv St. Gallen, das meinen Brief in der Weiterleitung erhalten hatte. Ich war zwar immer noch nicht an der richtigen Stelle, aber der Mitarbeiter hatte dafür einige sehr interessante Informationen für mich:

«Leider konnte ich in den Unterlagen des Staatsarchivs keine Vormundschafts- oder Adoptionsakten zu Ihnen aus dem Jahr 1958 und den Folgejahren finden. Könnte es sein, dass Ihre Adoptiveltern zum Zeitpunkt der Adoption ausserhalb des Kantons St. Gallen gewohnt haben? In diesem Fall wären wohl die Behörden dieses Wohnkantons bzw. dieses Wohnkantons in der Adoptionsangelegenheit zuständig gewesen, und auch die entsprechenden Unterlagen müssten in den dortigen Archiven zu finden sein. [...] Gemäss meinem Kenntnisstand sind primär die Gemeinden und deren Archive für die Aufbewahrung von Vormundschaftsakten zuständig. Und aus diesem Grund kann ich auf Basis der mir zur Verfügung stehenden Informationen nicht genau vollziehen, warum man Sie von Seiten der KESB ans kantonale Amt für Soziales weiterverwiesen hat. Nach meiner Erfahrung müssten Vormundschaftsakten zu Ihrer leiblichen Mutter und Ihnen im Archiv der damaligen Wohngemeinde zu finden sein. Aus diesem Grund empfehle ich Ihnen, sich mit Ihrem Anliegen an die damalige Wohngemeinde Ihrer leiblichen Mutter bzw. ans zuständige Archiv dieser Gemeinde zu wenden. Nach Ihren Angaben – bzw. gemäss dem beiliegenden Geburtsschein – wohnte Ihre Mutter zur Zeit der Geburt in Wil SG, und daher wenden Sie sich wohl am besten an das Wiler Stadtarchiv. Sollte

Ihre leibliche Mutter, Frau Bettina Oertli, noch am Leben sein, so bräuchten Sie vermutlich eine Vollmacht von Frau Oertli, um die vollständigen Vormundschaftsakten einzusehen, denn diese Unterlagen enthalten natürlich schützenswerte Personendaten zu Frau Oertli.»

Was dann folgte, berührte mich zutiefst, denn dieser nette Beamte hatte noch weiter recherchiert:
«In den Geburtsbüchern der Frauenklinik des Kantonsspitals St. Gallen konnte ich hingegen wenigstens Ihren Geburtseintrag finden. Sie waren bei der Geburt am 6. Oktober um 0.40 Uhr 49 cm gross, 3560 g schwer und ‹lebensfrisch›, also gesund.»

Zum ersten Mal erfuhr ich Details über meine Geburt und über meinen Zustand als Neugeborenes – und das erst mit 60 Jahren! Ich war diesem Angestellten des Staatsarchiv St. Gallen äußerst dankbar, denn jede noch so kleine Information über den Anfang meines Lebens war für mich von enormer Bedeutung. Wieder hatte ich ein paar Puzzleteile mehr in der Hand, um meine Geschichte zu vervollständigen. Anders als die meisten Menschen hatte ich nicht das Glück, bei meiner leiblichen Familie aufzuwachsen, um durch sie zu erfahren, wie meine Babyzeit war. Mir hat niemand erzählt, wie die ersten Minuten und Stunden nach meiner Geburt verlaufen sind.

Nach diesem Schriftverkehr wendete ich mich an das Stadtarchiv von Wil. Nach einem Monat bekam ich folgende Antwort:
«Sehr geehrte Frau Brühwiler, endlich lesen Sie etwas von mir. Nun, habe im Archiv der Stadt Wil die beiliegenden Stellen gefunden. Ich habe auch jeweils die 5 Jahre vor und nachher durchgesehen, ob da Vor- oder Nachbelegstellen existieren. Lei-

der sind diese Dokumente die einzigen, die hier in Wil vorhanden sind, eine eigentliche Akte gibt es nicht. Ich hoffe aber, Ihnen damit doch etwas weitergeholfen zu haben und verbleibe mit bestem Gruss.»

Auch diesem Stadtarchivar war ich sehr dankbar, denn er scheute keinen Aufwand und war vermutlich längere Zeit im Archiv mit der Suche beschäftigt. Die relevanten Einträge bekam ich eingescannt zugeschickt. Diese Dokumente enthielten ganz spannende Informationen, von denen ich bis damals keine Kenntnis hatte.

Ich entnahm diesen Kopien überraschend den vollständigen Namen meines leiblichen Vaters, denn bis anhin kannte ich nur seinen Familiennamen. Wieder bekam ich eine Antwort auf eine große Frage, die mich bereits beim Schreiben des ersten Buches beschäftigt hat.

«Es stand nun schwarz auf weiß: Mein leiblicher Vater hatte von meiner Existenz erfahren!»

Zu welchem Zeitpunkt er von meiner Existenz genau erfahren hatte, konnte ich aus den Akten nicht herauslesen. Im ersten Auszug stand Folgendes:

«... gefährdet sein. Das Waisenamt beschliesst daher, die Entwicklung der Verhältnisse abzuwarten. Frau Bettina Oertli (geschiedene Vock) hat am 6.10.1958 in St. Gallen ausserehelich das Kind Helga Oertli geboren. Laut einer vertraulichen Mitteilung einer nicht genannt sein wollenden Person soll als Vater G[...] K[...], Maschinenschlosser, in Betracht kommen. Das Waisenamt nimmt zustimmend Kenntnis, dass

Amtsvormund J. B. am 17.10.1958 zum Beistand gemäss Art. 311 ZGB ernannt worden ist und mit der Feststellung der Vaterschaft und Wahrung der Kindesinteressen beauftragt wurde.»

Wer war wohl diese heimliche Person, die meinen Vater verpfiffen hatte? Einige Monate später wird protokolliert:
«Oertli Helga, 1958, von Wohlen AG, derzeit in Cassarate-Lugano. Der Beistand J. B. legt einen Vaterschaftsvergleich mit Unterhaltsverpflichtung vom 13. Februar – 9./10. März 1959 vor. Als ausserehelicher Vater hat sich G[...] K[...], Maschinenschlosser, bekannt und zu monatlichen Unterhaltsbeiträgen von Fr. 70.- bis zum vollendeten 6. Lebensjahr und von Fr. 80.- vom 7. bis zum vollendeten 18. Lebensjahr verpflichtet. Das aussereheliche Kind selbst wurde durch Vermittlung der Privaten Mütter- und Kinderfürsorge in Rapperswil bei den kinderlosen Eheleuten Luciano und Hedwig Giacometti, Via Concordia 14, Cassarate-Lugano, platziert. Diese Pflegeeltern gewähren dem Kinde ein dauerndes Heim. Sie haben sich unterschriftlich verpflichtet, für die Kosten des Unterhalts in gesunden und kranken Tagen aufzukommen.»

Mein Vater hat also die Vaterschaft anerkannt und sich verpflichtet, sich an meinem Unterhalt zu beteiligen. Wusste das seine Ehefrau? Hat er vielleicht ab und zu an mich gedacht, wie es mir ergangen und was wohl aus mir geworden ist? Oder war mit der Zahlung für ihn dieses Thema abgeschlossen? Werde ich auf diese Fragen je Antworten bekommen?

Diese Neuigkeiten mussten zuerst verarbeitet werden. Zwei Fragen – die nach dem Namen meines Vaters sowie die über sein

Wissen über mich – hatten sich geklärt, warfen aber viele neue auf. Ich ließ wieder ein wenig Zeit vergehen, bevor ich den nächsten Schritt wagte. Zwischenzeitlich wurden auch einige meiner Geschwister mit neuen Fakten konfrontiert.

Über mein erstes Buch habe ich den Leiter der Zentralen Behörde Adoption des Kantons Thurgau kennen gelernt, der sich sehr engagiert einsetzt für Adoptierte, die nach ihren Wurzeln suchen. Er wusste bestens Bescheid über die rechtliche Lage, und ebenso darüber, welche Stelle wofür zuständig war, um mehr über die leibliche Familie zu erfahren. So empfahl er mir, mich an die zuständige kantonale Stelle des Kantons, in dem meine Adoption stattgefunden hat, zu wenden. In meinem Fall war es das «Ufficio delle adozioni» in Bellinzona, Kanton Tessin. Ich kontaktierte dieses Amt zuerst telefonisch. Da es in dieser Behördenstruktur hinsichtlich der Adoptionen eine Neuordnung gab und ihnen noch nicht genügend Zeit zur Verfügung stand, sich zu organisieren, baten die Mitarbeiter mich um Geduld. Ich solle mich doch in ein paar Monaten wieder melden. Als feststand, dass mein Mann und ich unsere Sommerferien im Tessin verbringen würden, habe ich das Amt nochmals kontaktiert und gefragt, ob ich einen Termin während meines Ferienaufenthaltes vereinbaren könne.

Dies wurde mir bewilligt. So konnte ich Monate später bei der besagten Behörde in Bellinzona vorsprechen. Es war eine sehr formelle Angelegenheit. Eine Dreierdelegation nahm am Gespräch teil: die juristische Leiterin, ein Protokollführer und eine weitere Mitarbeiterin. Dieses Vorgehen machte mich etwas nervös. Zum ersten Mal konnte ich nachfühlen, wie es ist, wenn man von Behörden ausgefragt wird. Die Juristin fixierte mich die ganze Zeit intensiv, als ob sie irgendetwas aus meinem Gesicht lesen wollte. Sie wollte wissen, wie mein Leben war und was mich dazu getrieben hat, mehr über meine Herkunft zu erfahren. Die Frau stellte mir viele Fragen, auf die ich nicht vorbereitet war, zum Beispiel, was ich mir denn von dieser Besprechung versprechen würde. Eigentlich wollte ich ja nur meine Akten einsehen. Sie eröffnete mir alsdann, dass nur ganz wenige Dokumente über mich vorhanden seien, lediglich deren zwei.

Diese zwei Kopien hat sie mir dann übergeben, und die anwesende Mitarbeiterin las den Text der beiden Dokumente laut vor. Ich musste fast ein wenig schmunzeln über dieses offizielle Getue, ich hätte ja diese Dokumente sehr gut selber lesen können. Doch dann war ich perplex, als ich den Inhalt dieser Dokumente hörte. Es handelte sich doch um nicht weniger als um die Bestätigungen, die ich und meine Mami vor Jahren vergeblich und unermüdlich bei verschiedensten Amtsstellen gesucht hatten! Dokumente, die nirgends aufzufinden waren und deren Fehlen meine Mami fast zur Verzweiflung brachte. Jahre zuvor wollte sie bei einem Notar einen Schenkungsvertrag ausfertigen lassen, damit sie ihr kleines Haus so bald wie möglich an mich überschreiben konnte. Ihr Sohn Reto, mein Adoptivbruder, war noch immer auf der schiefen Bahn und verprasste sein ganzes Geld für Drogen. Sie wollte nicht, dass ihr Vermögen für seinen Drogenkonsum verbraucht wird. Der Notar verlangte damals von meiner Mami die Adoptionsurkunde, damit alles rechtens abgehandelt werden könne. Ohne dieses Papier sei er nicht berechtigt, einen rechtlich korrekten Schenkungsvertrag zu erstellen. Wir versuchten den Notar zu kontaktieren, bei dem meine Adoptionsunterlagen archiviert waren, doch dieser war zwischenzeitlich leider verstorben. Eine junge Nachfolge-Notarin hatte seine Akten übernommen. Sie nahm sich unseres Anliegens sehr beherzt an und schickte uns Kopien aller Unterlagen, die sie noch finden konnte. Darunter befand sich jedoch keine Adoptionsurkunde seitens meiner Mami, lediglich die meines Papis. Die Notarin war selbst erstaunt über die unklare Sachlage. In ihrer Verzweiflung wollte meine Mami mich kurzerhand im Alter von nunmehr 40 Jahren adoptieren. Ich kontaktierte einen mir bekannten Juristen, um die komplizierte Rechtslage zu klären. Es stellte sich heraus, dass eine nachträgliche Adoption durch meine Mami per Gesetz nicht möglich wäre. Bei der Adoption von Mündigen besteht die Voraussetzung, dass keine eigenen Nachkommen vorhanden sind. Das traf in unserem Fall nicht zu, denn mit Reto hatten meine Eltern einen leiblichen Sohn. Meine Mami fand die Urkunde, welche die Adoption ihrerseits bestätigt hätte, nirgends. Ich wurde als zweijähriges Kind von meinem Papi adoptiert, und nur diese Urkunde war vorhanden. Meine Mami konnte mich zu jenem Zeitpunkt nicht adoptieren, weil sie das Mindestalter von 40 Jahren noch nicht erreicht hatte. Sie war damals erst 27 Jahre alt. Es hätte die Möglichkeit bestanden, mich später zu adoptieren, doch dann kam der leibliche Sohn Reto zur Welt, was wiederum eine Adoption ihrerseits unmöglich machte. 1973 trat ein neues Adoptionsgesetz in Kraft, welches es während einer Übergangsphase meiner Mami ermöglicht hätte, mich nachträglich zu adoptieren. Meine Mami war unsicher und konnte sich nicht mehr daran erinnern, ob sie diesen Akt wirklich vollzogen hatte.

Und nun waren diese beiden Dokumente wie aus dem Nichts plötzlich da! Einmal mehr musste ich staunen über die vielen Akten über mich, die überall und an verschiedensten Amtsstellen verstreut lagerten. Diese beiden Dokumente aus dem Jahre 1973 bestanden aus dem Gesuch, welches meine Mami an den Consiglio di Stato (Grossrat) in Bellinzona eingereicht hatte, sowie aus der Adoptionsverfügung, die von dieser Behörde daraufhin ausgestellt wurde.

«Diese bestätigten nun endlich, dass auch meine Mami mich damals adoptiert hatte.»

Schade, dass meine Mutter dies nie erfahren konnte. Es blieb für sie bis zum Tod ein Rätsel. Sogar beim Schreiben meines ersten Buches konnte ich dieses Thema nicht abschließend klären. Es ist unvorstellbar und auch nicht ganz nachvollziehbar, weshalb an so vielen Orten Akten aufbewahrt sind. Dieser Umstand macht es zu einer echten Herausforderung, wenn man nach seinen Wurzeln sucht. Ich erfuhr somit erst 2018 in Bellinzona, dass mich meine Mami adoptiert hat, als ich 15 Jahre alt war.

Weiter wurde mir empfohlen, mich auch noch bei der Pretura (Bezirksgericht) von Lugano zu erkundigen, denn möglicherweise seien auch dort noch Dokumente aufbewahrt. Langsam wurde es mir zu viel. Hört denn dieser Behördenmarathon nie auf? Müsste ich nochmals eine neue Amtsstelle kontaktieren und die ganze Geschichte von vorne erzählen?

So ließ ich nun wieder ein paar Monate verstreichen und fragte mich, ob es mir denn wirklich so wichtig ist, mehr über meinen leiblichen Vater zu erfahren. Aber schließlich packte mich die Neugier von Neuem. Diesmal versuchte ich es bei der Stadt Wil, wo meine leibliche Mutter und mein leiblicher Vater zum Zeitpunkt meiner Zeugung gelebt hatten. Ich schrieb einen Brief, legte entsprechende Dokumente bei und hoffte einmal mehr, etwas über meinen Erzeuger in Erfahrung bringen zu können. Es interessierte mich, wo er abgeblieben ist und ob er überhaupt noch lebte. Schon bald wurde ich kontaktiert, denn man wollte weitere Beweise, dass dieser Herr G. K. wirklich mein leiblicher Vater sei. Per E-Mail stellte ich der Behörde die Auszüge aus dem Stadtarchiv Wil zu. Plötzlich ging alles ganz schnell. Es folgte noch eine telefonische Abklärung, und zwei Stunden später erhielt ich folgende Antwort:

«Wie vorhin telefonisch besprochen, habe ich nun einige Abklärungen gemacht. Herr G[...] K[...] ist bereits am 24.04.1980 in Frauenfeld TG verstorben.
Wünsche Ihnen alles Gute.»

Peng! Tot! Das war's! Von dieser Nachricht musste ich mich zuerst erholen. Es war vorbei. Ich hatte keine Chance mehr, meinen leiblichen Vater kennen zu lernen. Er war bereits 38 Jahre zuvor verstorben. Damals war ich selber erst 22 Jahre alt und wohnte noch in Lugano bei meiner Mami. So verstarb auch mein leiblicher Vater sehr früh, gleich wie mein lieber Papi. Was hat ihn wohl so früh aus dem Leben gerissen, dass er bereits im Alter von 49 Jahren verstorben ist? War er schwer krank oder war es ein Unfall? Es wurde leise um mich herum. Für einen Moment stürzte irgendwie alles in sich zusammen. Ich verlor den Boden unter den Füßen.

«Besteht eventuell die Möglichkeit, dass ich noch erfahren kann, ob er eine Familie hatte und eventuell Nachkommen? Soll ich mich in Frauenfeld erkundigen?», fragte ich die Sachbearbeiterin.

«Ja, das tut mir wirklich sehr leid für Sie. Es ist wirklich schade, dass er so jung verstorben ist. Leider habe ich nicht mehr Infos zu ihm. Vielleicht können Sie in Frauenfeld mehr erfahren. Wünsche Ihnen alles Gute», bekam ich postwendend per Mail als Antwort.

«Habe noch eine kleine Bitte: Könnten Sie mir noch das genaue Geburtsdatum und den Heimatort meines leiblichen Vaters bekannt geben?», hakte ich daraufhin nach.
Und tatsächlich bin ich an dieser Stelle wieder ein Stückchen weitergekommen. Sein Geburtsdatum wurde mir auf diese Anfrage mit dem 26. Dezember 1931 mitgeteilt, als Heimatort Neftenbach ZH angegeben.

Ich ließ erneut einige Zeit vergehen, bevor ich mir wieder einmal Rat bei Sandro Körber von der Zentralen Behörde Adoption des Kantons Thurgau holte. Er meinte, ich solle doch die kompetente kantonale Behörde in Zürich anschreiben, da Neftenbach in diesem Kanton liege. So füllte ich ein sechsseitiges Formular aus und adressierte es an das Amt in Zürich. Einige Wochen später erhielt ich einen Brief, worin mir mitgeteilt wurde, dass sie meine Anfrage über die Herkunftssuche zuständigkeitshalber dem Kanton Tessin weitergeleitet hätten. Dies war der Kanton, in dem die Adoption ausgesprochen wurde.

Ok, nun bin ich wieder im Tessin gelandet! Die Suche nach meinem Vater drehte sich im Kreis.

Eine Woche später rief mich eine Sozialarbeiterin von Bellinzona an. Sie hätten mein Gesuch von Zürich zugestellt bekommen und ihnen wäre nicht klar, was ich denn noch wissen wolle. Ich antwortete, dass ich doch ein sechsseitiges Formular mit all den notwendigen Angaben ausgefüllt und darauf zusätzlich vermerkt hätte, dass ich lediglich Informationen über die Familie meines leiblichen Vaters erhalten möchte, sowie erfahren wollte, ob mein leiblicher Vater Nachkommen hätte. Die Sozialarbeiterin notierte sich alles und versprach mir, mich in ein paar Tagen wieder zu kontaktieren.

Nach einem Monat Funkstille rief ich das Amt an. Dort wurde mir mitgeteilt, dass sie erst vor wenigen Tagen die Bestätigung von der Gemeinde Neftenbach erhalten hätten, wonach mein leiblicher Vater nie dort gemeldet war. Daraufhin erklärte ich, dass Neftenbach nicht der Wohnort meines leiblichen Vaters war, sondern der Heimatort. Sein letzter Wohnort sei Frauenfeld gewesen, so wie ich es im Gesuch aufgeführt hatte. Schließlich meinte die Bearbeiterin, dass sie folglich die Anfrage nun an die Stadt Frauenfeld weiterleiten würde. Meine Geduld war am Ende.

«Ich konnte das Hin und Her nicht mehr verstehen, geschweige denn nachvollziehen.»

Meine letzte Hoffnung war nun Sandro Körber. Er verstand meine Verzweiflung und suchte nach einer anderen Lösung, um mein Anliegen voranzubringen. Da eines meiner Heimatorte (ich habe deren drei!) mit Fischingen im Kanton Thurgau liegt, könne ich ausnahmsweise mein Gesuch auch bei der Zentralen Behörde Adoption des Kantons Thurgau einreichen. Grundsätzlich gilt aber das Wohnortsprinzip, wo das Gesuch eingereicht werden kann. So weit, so gut. Ich fühlte, dass es sicher rasch vorangehen würde. Das Abgabedatum für mein Manuskript für dieses Buch lag nur zwei Monate entfernt. Mein Ziel war es, über den Abschluss meiner Recherchen noch berichten zu können. Doch dazu ist es leider nicht gekommen. Die Herkunftssuche gestaltet sich doch etwas länger. Bis zu Redaktionsschluss habe ich noch nichts in Erfahrung bringen können.

Ratgeber Herkunftssuche

von MLaw Sandro Körber

Sandro Körber ist Jurist im Departement für Justiz und Sicherheit des Kantons Thurgau, wo er unter anderem die Funktion der Zentralen Behörde Adoption innehat und die Verfahren der Herkunftssuche führt. Ihn habe ich kennen gelernt, nachdem er mich via Facebook kontaktierte und ein wunderbares Feedback zu meinem ersten Buch gegeben hat. Er ist selber auch adoptiert und stammt aus Honduras. Die Kombination aus Adoptierter und Mitarbeiter der Adoptionsbehörde hat mich fasziniert. Wir haben uns daraufhin persönlich getroffen und kennen gelernt. Von Anfang an haben wir uns gegenseitig verstanden. Er hat mir von seiner persönlichen Geschichte erzählt und auch, dass er nach seinen leiblichen Eltern gesucht hat. Leider war seine Suche nicht von Erfolg gekrönt, da kaum Akten über ihn und seine Herkunftsfamilie vorhanden waren. Wir sind seitdem in Kontakt geblieben. Aufgrund seines juristischen Wissens und den Erfahrungen im Adoptionsbereich hat er mir nützliche Ratschläge erteilt, was die Herkunftssuche meiner leiblichen Familie betraf. Aus diesen Gründen habe ich Sandro angefragt, ob er bereit sei, ein Kapitel betreffend der Herkunftssuche für mein zweites Buch zu schreiben. Sein Engagement hat mich sehr gefreut, denn ich war überzeugt, niemand könnte dieses Kapitel besser schreiben als er.

Zu wissen, von wem man abstammt, ist ein Grundrecht
Entwicklung und Funktion der Adoption

Die Möglichkeit der Adoption (lateinisch adoptio: Annahme an Kindes statt) kannten bereits die antiken Römer. Ihnen ging es vor allem um den Erhalt der politischen Tradition. Im Mittelalter beinahe vergessen, fand die Rechtsfigur im Zuge der Kodifikation im 18. Jahrhundert unter dem Titel «Kindesannahme» Eingang in das Schweizerische Zivilgesetzbuch von 1907. Der Adoption lag ursprünglich das Bedürfnis zugrunde, «dem Kinderlosen die Fortsetzung des Ahnenkultes zu sichern und sein Geschlecht vor dem Aussterben zu bewahren». Geregelt wurde die Kindesannahme auch nur knapp und allgemein in gerade einmal sechs Artikeln. Neben der strengen Voraussetzung, dass die Kindesannahme nur solchen Personen gestattet wurde, die mindestens vierzig Jahre alt waren und keine eigenen Kinder hatten, zeigte die Adoption auch nur schwache, einfache Rechtswirkungen. Sie betrafen vor allem den Familiennamen, die Unterhaltspflicht, die elterliche Sorge und – mit starken Einschränkungen – das Erbrecht. Im Übrigen dauerte das angestammte Kindesverhältnis zu den leiblichen Eltern fort. Das Kind wurde also nicht völlig aus seiner leiblichen Familie losgelöst und deswegen nur teilweise mit der Adoptivfamilie verbunden. Das Kind hatte demnach zwei Familien. Es handelte sich somit um eine einfache Adoption.

Mit dem Adoptionsrecht, das am 1. April 1973 in Kraft trat und neu 18 Gesetzesartikel umfasste, wurde die Volladoption eingeführt. Vorangegangen war ein fundamentaler Funktionswandel der Adoption. Sie hatte eine neue soziale Bedeutung erlangt. Die Aufgabe bestand darin, besonders gefährdeten minderjährigen und familienlosen Kindern zu einer neuen Familie zu verhelfen. Mit der Aufnahme eines Kindes in eine neue Familie wurde dadurch die Situation des Kindes verbessert, womit die Adoption eine wichtige Funktion des Kindesschutzes erfüllte – und es bis heute noch tut.

Der Grundsatz, dass die Adoption dem Wohl des Kindes dienen muss, wurde zur ersten allgemeinen und zentralen Voraussetzung der Adoption ins Gesetz aufgenommen. Das Kindeswohl erfuhr damit eine stärkere Berücksichtigung im Familienrecht, wobei die Erziehung und Pflege des Kindes in den Vordergrund rückte. Durch die Volladoption wurde das Kind nunmehr komplett von der Herkunftsfamilie herausgelöst, und das bisherige Kindesverhältnis zu den leiblichen Eltern erlosch. Das Kind erhielt die Rechtsstellung eines ehelichen Kindes der Adoptiveltern. Die Adoption entfaltete somit volle Wirkung, und das neue familienrechtliche Verhältnis gestaltete sich umfassend und ausschließlich.

Das Adoptionsgeheimnis

Die Zuordnung des Kindes in die neue Familie betraf aber nur das rechtliche Verhältnis. Die vollständige soziale Eingliederung des Kindes in die neue Adoptivfamilie verlangte auch, dass ein weiterer Kontakt zwischen den leiblichen Eltern und dem Kind unterbleibt. Deswegen wurde mit dem neuen Adoptionsrecht das Adoptionsgeheimnis eingeführt, wonach die Identität der Adoptiveltern ohne deren Zustimmung den leiblichen Eltern nicht bekanntgegeben werden durfte. Der Gesetzgeber war davon geleitet, mit der Volladoption das neue Adoptivverhältnis vor Einmischung von außen, in erster Linie der leiblichen Eltern, zu schützen. Gerade wegen der umfassenden Rechtswirkungen der Adoption sollte dadurch die Pflege und Erziehung des Kindes nicht gefährdet oder beeinträchtigt werden. Das Adoptionsgeheimnis ermöglichte so die vollständige Loslösung von der Herkunftsfamilie und die Einbindung in das neue Familienverhältnis.

Recht auf Kenntnis der eigenen Abstammung und auf Einsicht in die Akten

Mit der Revision des Adoptionsrechts 1973 wurde nicht geregelt, ob das Kind Anspruch auf Kenntnis seiner früheren Eltern hat. Das Adoptionsgeheimnis schützte auch die Identität der leiblichen Eltern.

1999 hatte das Bundesgericht unter dem Gesichtspunkt der Akteneinsicht und vor dem Hintergrund der UN-Kinderrechtskonvention (KRK) einem Mann das Recht gewährt, die geschlossenen Vormundschaftsakten einzusehen. Begründung: Das Recht auf Kenntnis der eigenen Abstammung schließe das Recht auf Einsicht in die diesbezüglichen Daten ein. Die Akteneinsicht hänge dennoch von einer sorgfältigen Abwägung der entgegenstehenden Interessen ab. Selbst gegenüber ihrem Kind könne die Mutter verlangen, dass keine Tatsachen offenbart würden, die ihr Privatleben betreffen. Drei Jahre später, 2002, hat das Bundesgericht zudem entscheiden, dass das volljährige Adoptivkind einen absoluten Anspruch darauf hat zu wissen, wer seine leiblichen Eltern sind. Es hat dazu ein «unverzichtbares und nicht verwirkbares Recht». Dieses Recht wird dem Adoptivkind von Verfassung wegen als Grundrecht garantiert.

Aufgrund der vorangegangenen Rechtsprechung und der Umsetzung des Haager Adoptionsübereinkommens hat das Parlament 2003 den Anspruch der adoptierten Person auf Auskunft über die Personalien seiner leiblichen Eltern ins Zivilgesetzbuch aufgenommen. Es trug den Interessen der leiblichen Eltern insofern Rechnung, als dass diese vor der Auskunftserteilung über das Auskunftsgesuch zu informieren waren. Lehnten sie den Kontakt ab, musste das Kind darüber informiert und zugleich auf die Persönlichkeitsrechte seiner leiblichen Eltern aufmerksam gemacht werden.

Adoptionsrecht 2018

Mit dem neuen, jüngsten Adoptionsrecht, das seit 1. Januar 2018 in Kraft getreten ist, hat der Gesetzgeber das Adoptionsgeheimnis konkretisiert und teilweise gelockert.

Von wesentlicher Bedeutung für das Adoptionsgeheimnis ist, dass den leiblichen Eltern «identifizierende Informationen» über das minderjährige Kind oder über seine Adoptiveltern bekannt gegeben werden können, sofern das Kind urteilsfähig ist und die Adoptiveltern und das Kind zugestimmt haben. Ist das Kind volljährig, dürfen die leiblichen Eltern sowie auch deren direkte Nachkommen, mit anderen Worten die (Halb-)Geschwister, ebenfalls um identifizierende Informationen über das volljährige Kind nachfragen, sofern das Kind wiederum zustimmt. Somit können sowohl leibliche Eltern, die ihr Kind vor Jahrzehnten zur Adoption freigegeben haben, als auch die leiblichen Geschwister um Informationen nachfragen, die direkte Rückschlüsse auf die adoptierte Person oder die Adoptiveltern zulassen; das können insbesondere deren Personalien sein, aber auch Angaben, mit denen auf einfache Art herausgefunden werden kann, um wen es sich handelt. Begründet wurde diese Lockerung damit, dass die Praxis immer wieder gezeigt habe, dass neben den leiblichen Eltern auch deren Kinder ein Interesse an ihren zur Adoption freigegebenen Brüdern und Schwestern haben können und sich nach deren Verbleib erkundigten. Oftmals sei eine Kontaktaufnahme zu ehemaligen Geschwistern auch für das Adoptivkind einfacher gewesen, weil sie nicht durch die Frage belastet gewesen sei, warum die leiblichen Eltern das Kind einst zur Adoption freigegeben hätten.

Anspruch des Adoptivkindes

Auf der anderen Seite hat das (volljährige) adoptierte Kind nach wie vor den absoluten Anspruch, dass ihm die Personalien seiner leiblichen Eltern im Zeitpunkt der Geburt bekannt gegeben werden. Einzig darauf hat es einen absoluten Anspruch. Neben den Personalien, wie der Familien- und Ledigname, Vorname, Geburtsort und -datum sowie Bürgerrecht bzw. Staatsangehörigkeit, können auch «weitere Informationen» über die leiblichen Eltern verlangt werden. Dazu gehört die Einsicht in die Vormundschafts- und Adoptionsakten. Die eigene Lebensgeschichte von Anfang an und die Umstände der Adoption zu kennen, gehört zu den persönlichen Freiheiten, die elementare Erscheinungen der Persönlichkeitsentfaltung darstellen, und ist von zentraler Bedeutung für die eigene Identität. Die entsprechende Akteneinsicht muss aber sorgfältig die Interessen des Adoptivkindes als auch die Interessen der allenfalls noch lebenden leiblichen Eltern oder Dritten abwägen. Unter die weiteren Informationen fällt im Hinblick auf eine Kontaktaufnahme auch die aktuelle Wohnadresse – sofern die Zustimmung vorliegt. Ein eigentlicher Rechtsanspruch auf persönlichen Kontakt steht dem Adoptivkind aber auch mit dem neuen Recht nicht zu. Das adoptierte, volljährige Kind kann wie seine leiblichen Geschwister in umgekehrter Richtung genauso um Informationen über sie nachsuchen. Die Geschwister haben dazu aber gleichermaßen ihre Zustimmung zu erteilen.

Das minderjährige Kind hat schließlich Anspruch auf Auskunft über seine leiblichen Eltern, soweit dadurch keine Rückschlüsse auf deren Identität möglich sind. Hat das minderjährige Kind hingegen schutzwürdige Interessen, wie z.B. medizinische aufgrund einer Erbkrankheit, so kann es ebenfalls identifizierende Informationen verlangen.

Wie vorzugehen ist

Das neue Adoptionsrecht hat das Recht des Adoptivkindes, zu wissen, von wem es abstammt, zu seinen Gunsten gestärkt. Ebenfalls wurde den Anliegen der Herkunftsfamilie Rechnung getragen. Der Gesetzgeber anerkennt damit auch die vielfältigen Geschichten, die hinter jeder einzelnen betroffenen Person liegen. Wie die einzelne Person damit und mit ihrer eigenen Biografie umgeht, hängt alleine von ihr ab. Hier soll summarisch auf die wichtigsten Punkte im Verfahren um Auskunft über die leiblichen Eltern und die leiblichen Geschwister hingewiesen werden.

Nach Art. 268d Abs. 1 ZGB erteilt die für das Adoptionsverfahren zuständige kantonale Behörde Auskunft über die leiblichen Eltern, über deren direkte Nachkommen sowie über das Kind. Seit 2018 ist deswegen nur noch eine einzige kantonale

Behörde als Auskunftsstelle zuständig. Die Kantone haben zudem eine Stelle bezeichnet, die die Betroffenen auf Wunsch beratend unterstützt (vgl. die Auflistung der kantonalen Auskunfts- und Beratungsstellen auf der Webseite des Bundesamtes für Justiz). Das entsprechende Gesuch ist in erster Linie an die Auskunftsstelle in dem Kanton zu richten, wo die Gesuchstellerin oder der Gesuchsteller wohnt. Das weitere Verfahren und die eigentliche Recherche hängen von den einzelnen Kantonen ab und gestalten sich recht vielfältig. Geht es den einen einzig darum, in die vorhandenen Akten Einsicht zu nehmen, möchten andere wiederum nur die Identität der leiblichen Eltern erfahren oder wissen, ob sie weitere Geschwister haben. Es kann aber, wie in den meisten Fällen, auch die Aufnahme eines persönlichen Kontakts gewünscht sein.

Allen Verfahren gemeinsam ist, dass die Behörde die vom Auskunftsgesuch betroffene Person – die leibliche Mutter, den leiblichen Vater, die leiblichen Geschwister oder das leibliche Kind – über das Gesuch zu informieren hat.

Die leiblichen Eltern sind darauf aufmerksam zu machen, dass dem adoptierten Kind ein Anspruch auf Kenntnis der eigenen Abstammung zusteht und entsprechend die Personalien seiner leiblichen Eltern zum Zeitpunkt seiner Geburt bekannt gegeben werden. Nur dieses Recht steht dem volljährigen Adoptivkind in absoluter Weise zu. Dafür braucht es keine Zustimmung der betroffenen leiblichen Eltern. Die Einsicht in die vorhandenen Akten («weitere Informationen») wird zudem ebenfalls gewährt, wobei entsprechend der verlangten Interessenabwägung etwaige Angaben zu schwärzen oder Einsicht in gewisse Aktenstücke gänzlich zu verweigern sind. Wird schließlich eine Kontaktaufnahme zu den leiblichen Eltern gewünscht, so sind diese neben der eigentlichen Information über das Gesuch um Zustimmung zu fragen. Liegt die Zustimmung vor, wird geraten, die Kontaktaufnahme sorgfältig vorzubereiten und durchzuführen – ohne Hast. Dies kann durchaus im Interesse aller Beteiligten liegen und zu deren Schutz dienen. Zwar handelt es sich um die leiblichen Eltern, dennoch ist zu bedenken, dass es sich am Anfang doch noch um fremde Personen handelt. Eine mögliche Variante zur Herstellung und Vertiefung des persönlichen Kontakts besteht darin, diesen vorerst brieflich und anonym unter Vermittlung der Auskunfts- oder Beratungsstelle vorzunehmen, denn diese funktioniert als neutraler Übermittler. Dadurch kann man einer möglichen Überforderung vorbeugen. Denn unter Umständen können unbekannte, unbewusste Wunden aufgerissen werden. Bei einem allfälligen ersten Treffen kann es zudem auch von Vorteil sein, dass beide Seiten für sich eine Person des Vertrauens mitnehmen.

Es kann aber durchaus auch sein, dass die leiblichen Eltern die Zustimmung zur Kontaktaufnahme verweigern und keinen persönlichen Kontakt wünschen – oder dass die leiblichen Eltern überhaupt nicht ausfindig gemacht werden können. Ein solcher Entscheid wäre zu akzeptieren, auch wenn dies im Einzelfall hart für das Adoptivkind aussehen mag. Hier zeigt sich eben, dass den gleichwertigen Persönlichkeitsinteressen der leiblichen Eltern Vorrang zu geben ist. Ihnen steht der Schutz ihrer Privatsphäre und allenfalls auch der Schutz des Familienlebens in gleichem Umfang zu. Daher ist die Behörde verpflichtet, das Adoptivkind auf die Persönlichkeitsrechte der betroffenen Person aufmerksam zu machen.

Eine Kontaktverweigerung kann als seelisch verletzende Rückweisung empfunden werden. Es dürfte für das Adoptivkind schwer verständlich sein, weshalb insbesondere die leibliche Mutter einst das Kind zur Adoption «weggegeben» hat und nun erneut den Kontakt mit ihrem leiblichen Kind «ablehnt». Gerade in solchen belastenden Fällen dürfte eine allfällige Beratung oder Unterstützung durch eine Vertrauensperson wichtig sein. Doch vergessen wir nicht: Das Kind wie auch die leiblichen Eltern können ein legitimes und gerechtfertigtes Interesse daran haben, die Vergangenheit auf sich beruhen zu lassen. Dies muss von beiden Seiten respektiert werden.

Dasselbe gilt für die Suche nach den leiblichen Geschwistern. Die Möglichkeit, neben den leiblichen Eltern auch allfällige Geschwister ausfindig zu machen und gegebenenfalls kennen zu lernen, lässt das neue Recht ebenfalls zu. Dennoch können auch hier Schwierigkeiten zum Vorschein kommen. So kann es sein, dass die leibliche Mutter während ihrer Jugendzeit ihr Kind zur Adoption freigegeben hat, weil sie zum Beispiel noch nicht verheiratet oder noch minderjährig war. Später zieht sie ihre eigenen Kinder zusammen mit ihrem Ehemann auf. Sollte sich Jahre später der leibliche Bruder oder die leibliche Schwester auf die Suche nach ihren leiblichen Verwandten machen, so kann das für die Kinder, die vielleicht nie erfahren haben, dass ihre Mutter bereits ein Kind hatte, eine Belastungsprobe darstellen. Daher haben die leiblichen Geschwister ebenfalls ein Recht, der Bekanntgabe der Informationen zuzustimmen oder die Kontaktaufnahme abzulehnen. Ihre Persönlichkeitsinteressen sind daher vorzuziehen.

Wird trotz verweigerter Zustimmung Kontakt mit der vom Auskunftsgesuch betroffenen Person aufgenommen, so kann diese Person klageweise gerichtlich eine Persönlichkeitsverletzung geltend machen.

Der «Zahlvater»

Während das (rechtliche) Kindesverhältnis zur Mutter kraft Geburt entsteht, so kannte das ZGB bis Ende 1977 zwei unterschiedliche Beziehungen eines Kindes zu seinem Vater, der zum Zeitpunkt der Geburt nicht mit der Mutter verheiratet war: Zum einen gab es die Möglichkeit, eine familienrechtliche Beziehung herzustellen, sei es durch die Ehelicherklärung bei nachträglicher Eheschließung mit der Mutter, durch Anerkennung durch den Vater oder durch richterliche Zusprechung mit Standesfolge. Zum anderen gab es die Möglichkeit, den leiblichen Vater mittels Vaterschaftsklage zu einer Vermögensleistung zu verpflichten («Zahlvaterschaft»), ohne dass ein rechtliches Kindesverhältnis zum Vater entstand und im Zivilstandsregister eingetragen wurde.

Die Frage ist bislang nicht geklärt, ob auch ein absoluter Anspruch auf die Personalien des leiblichen «Zahlvaters» besteht, zumal keine Daten im Zivilstandsregister vorliegen; das Kind hat gesetzlich keinen (rechtlichen) Vater. Dennoch sollte auch diesem Kind das absolute Recht zugestanden werden, zu erfahren, wer der leibliche – und nicht der rechtliche – Vater ist. Ist aus den archivierten Vormundschaftsakten die Identität des Vaters und allenfalls auch eine unterzeichnete Vaterschaftsanerkennung mit Alimentenverpflichtung ersichtlich, so dürfte unter Berücksichtigung der Entwicklung des (Grund-)Rechts auf Kenntnis der eigenen Abstammung sowie vor dem Hintergrund des neuen Adoptionsrechtes die Bekanntgabe der Personalien nicht zu verweigern sein. Wo die Eltern tatsächlich ausfindig und identifiziert werden können, soll der absolute Anspruch bestehen. Das absolute Recht auf Kenntnis der Identität der eigenen Eltern darf nicht eingeschränkt werden. Der leibliche Vater ist denn auch ohnehin entsprechend der gesetzlichen Vorgabe über das Gesuch zu informieren. Zudem steht ihm genauso das Recht zu, die möglicherweise gewünschte Kontaktaufnahme abzulehnen.

Die eigene Identität annehmen

Die Frage nach der eigenen Identität und Biografie ist zentral für alle. Sie stellt sich nicht nur Adoptierten, sondern jedermann und jederfrau. Dennoch muss die adoptierte Person mit dem Umstand leben und damit zurechtkommen, dass sie oft nicht weiß, von wem sie eigentlich abstammt und aus welchem Grund sie «weggegeben» wurde. Dies belastet und verlangt viel Kraft und Mut. Wie Adoptivkinder mit ihrer Lebensgeschichte umgehen, hängt von vielen individuellen Faktoren ab. Eine starke Verunsicherung oder Irritation über die Tatsache der Adoption oder die Verunsicherung aufgrund der Aufarbeitung der eigenen Identität sind normal und gehören als Krise zum Leben dazu. Auch verständlich ist genauso, dass viele Adoptivkinder sich nicht getrauen, nach ihrer Herkunft zu fragen, um die Adoptiveltern nicht zu verletzen.

Viele beginnen mit ihrer Suche erst spät oder wenn die Adoptiveltern gestorben sind. Einen «richtigen» Zeitpunkt gibt es wohl nie. Die Suche nach der eigenen Identität und Biografie trägt jedoch zum persönlichen Reifeprozess bei und sollte von allen Betroffenen angegangen und bewältigt werden – unabhängig vom jeweiligen Alter. Wichtig ist der Einbezug einer Person, sei es die Beratungsstelle, die Lebenspartnerin, der Lebenspartner, die beste Freundin oder der beste Freund. Möglicherweise tauchen dann weitere Fragen auf, die ebenfalls einer Antwort harren. Wichtig ist die Bereitschaft, sich des eigenen Lebens und der eigenen Identität anzunehmen und so Klarheit zu schaffen – mit allen damit verbundenen Risiken und Chancen. Aber das Positive und Befreiende dürfte meistens überwiegen. Und das sollte Mut machen und zum aktiven Vorgehen motivieren.

Auszug Schweizerisches Zivilgesetzbuch vom 10. Dezember 1907 (Zivilgesetzbuch, ZGB; SR 210)

Art. 268b *Adoptionsgeheimnis*

[1] Das Adoptivkind und die Adoptiveltern haben Anspruch auf Wahrung des Adoptionsgeheimnisses.

[2] Identifizierende Informationen über das minderjährige Kind oder über seine Adoptiveltern dürfen den leiblichen Eltern nur bekannt gegeben werden, wenn das Kind urteilsfähig ist und die Adoptiveltern sowie das Kind der Bekanntgabe zugestimmt haben.

[3] Identifizierende Informationen über das volljährige Kind dürfen den leiblichen Eltern sowie deren direkten Nachkommen bekannt gegeben werden, wenn das Kind der Bekanntgabe zugestimmt hat.

Art. 268c *Auskunft über die Adoption und die leiblichen Eltern und deren Nachkommen*

1 Die Adoptiveltern haben das Kind entsprechend seinem Alter und seiner Reife über die Tatsache seiner Adoption in Kenntnis zu setzen.

2 Das minderjährige Kind hat Anspruch auf Auskunft über seine leiblichen Eltern, soweit dadurch keine Rückschlüsse auf deren Identität möglich sind. Identifizierende Informationen erhält es nur, wenn es ein schutzwürdiges Interesse nachweisen kann.

3 Das volljährige Kind kann jederzeit verlangen, dass ihm die Personalien seiner leiblichen Eltern und weitere Informationen über diese bekannt gegeben werden. Ausserdem kann es verlangen, dass ihm Informationen über direkte Nachkommen seiner leiblichen Eltern bekannt gegeben werden, wenn die Nachkommen volljährig sind und der Bekanntgabe zugestimmt haben.

Art. 268d *Kantonale Auskunftsstelle und Suchdienste*

1 Auskunft über die leiblichen Eltern, über deren direkte Nachkommen sowie über das Kind erteilt die für das Adoptionsverfahren zuständige kantonale Behörde.

2 Die Behörde informiert die vom Auskunftsgesuch betroffene Person über das Gesuch und holt, wo nötig, deren Zustimmung zur Kontaktaufnahme mit der gesuchstellenden Person ein. Sie kann diese Aufgaben an einen spezialisierten Suchdienst übertragen.

3 Lehnt die vom Auskunftsgesuch betroffene Person den persönlichen Kontakt ab, so informiert die Behörde oder der be-

auftragte Suchdienst die gesuchstellende Person darüber und macht diese auf die Persönlichkeitsrechte der vom Auskunftsgesuch betroffenen Person aufmerksam.

[4] Die Kantone bezeichnen eine Stelle, welche die leiblichen Eltern, deren direkte Nachkommen sowie das Kind auf Wunsch beratend unterstützt.

Kein Zufall

«Ein Zufall ereignet sich immer genau dann, wann er soll.»

War unser Zusammenfinden reiner Zufall oder steckte doch mehr dahinter? Das Wort Zufall beschreibt ein beliebiges Ereignis, das einen unerwartet trifft. Es fällt einem plötzlich etwas zu. Zugefallen ist es uns Geschwistern auf jeden Fall, dieses große Geschenk!

Für mich war die Erkenntnis, dass meine Nichte Fabienne, mein Bruder Mathias und ich uns gleichzeitig mit unserer Familiengeschichte auseinandergesetzt haben, so überwältigend, dass ich dieses Thema «Zufall oder nicht Zufall?» unbedingt besser ergründen wollte.

Doch woher kommt dieser *Zu-fall*? Es gibt Zufälle, deren Bedeutung einem erst später bewusst werden, weil sie bestimmte Veränderungen im Leben bewirkt haben, die ohne dieses Ereignis vermutlich nicht eingetreten wären. Wenn zwei oder mehrere Ereignisse gleichzeitig auftreten, die scheinbar nicht in einer äußeren Ursache-Wirkung stehen, sondern eben per «Zufall» geschehen sind, dann spricht man auch von Synchronizität. Das Merkmal von Synchronizität ist es, dass Dinge wie von selbst geschehen. Der Sinn dieser Ereignisse fällt erst rückblickend auf, aber meistens sind sie genau im «richtigen» Moment passiert. Doch wie kam es dazu? Haben diese Zufälle doch einen Ursprung?

«Alles, was uns zufällt, hat eine Bedeutung. Und das, was uns zufällt, hängt direkt mit den Schwingungen und Energien zusammen, die wir mit unseren Gedanken erzeugen. Es ist auch kein Zufall, in welchem Moment eine Sache sich in unserem Leben manifestiert.» (Taygela)

Man erzählt, dass mithilfe unserer Gedanken, Gefühle und Worte wir die Schöpfer unserer eigenen Realität sind. Alles, was wir denken und sagen, hinterlässt eine kleine Spur im universellen «Weltgedächtnis». Die Energie, die wir auf diese Weise aussenden, funktioniert ähnlich wie ein Magnet, der das anzieht, was auf derselben Frequenz schwingt, also dieser Energie entspricht nach dem Gesetz der Anziehung.

Das Gesetz der Anziehung, auch Resonanz (Mitschwingen) genannt, geht davon aus, dass jeder Mensch mit seinen Gedanken und Gefühlen gewisse Schwingungen erzeugt. Nach diesem Gesetz ziehen Menschen mit ihren Gedanken und Gefühlen andere Menschen und Situationen mit ähnlichen Schwingungen in ihre Gedankenwelt. Erklärt werden diese Schwingungen mit den neuesten Erkenntnissen der Quantenphysik.

Und weil alles mit allem verbunden ist, hat jeder Gedanke irgendwo und irgendwann eine winzig kleine oder eben größere Auswirkung; alles ist sozusagen miteinander «synchronisiert». Ein Zufall ereignet sich immer genau dann, wann er soll. Wenn unsere ausgesendete Energie übereinstimmt mit den Schwingungen dessen, was wir suchen, dann wird uns das auch irgendwann begegnen. Wenn wir gerade nicht damit rechnen, nennen wir es «Zufall».

Mit dem Begriff Synchronizität (vom Altgriechischen syn für gemeinsam und chronos, Zeit) bezeichnete der Psychologe Carl Gustav Jung zeitlich korrelierende Ereignisse, die nicht über eine Kausalbeziehung verknüpft sind, jedoch als miteinander verbunden, aufeinander bezogen wahrgenommen und gedeutet werden. Die Synchronizität, eine seltsame Gleichzeitigkeit? Mit diesem Begriff beschrieb C. G. Jung eine Reihe von Zufällen, die in ihrer Intensität so weit gingen, dass man sie nicht mehr als reine Zufälle betrachten konnte.

Bereits etliche Jahre vor dem Begriff der Synchronizität gab es den Begriff der Koinzidenzen. Hiermit umschrieb man zunächst sehr unwahrscheinliche Verkettungen von Ereignissen, wie z. B. das Wiedersehen mit einem Menschen, über den man erst kurz zuvor gesprochen hatte, oder den Telefonanruf einer Person, von der man jahrelang nichts mehr gehört hatte, und die plötzlich anrief, kurz nachdem man an sie gedacht hatte. Als aufgeweckter Freigeist, vor allem aber als Psychologe, beobachtete C. G. Jung ebenfalls eine Reihe dieser Phänomene. Anders als Koinzidenzen, die nur Ereignisse der materiellen Welt beschrieben, benutzte C. G. Jung den erweiterten Begriff der Synchronizität. Mit dieser Begriffserweiterung verknüpfte er unleugbar beobachtbare Ereignisse in der äußeren Welt, die mit innerseelischen Erlebnissen verknüpft waren.

Das Geheimnis beziehungsweise der Wert der Synchronizität liegt in ihrer bewussten Wahrnehmung. Vieles, was wir denken, fühlen oder tun, geschieht unbewusst. Blickt man zurück, kann man feststellen, dass jede Entscheidung, die man getroffen hat, das Ergebnis oder die Realisierung der eigenen Gedanken war.

Dann gibt es noch die Theorie der morphischen Felder, die vom Biologen Rupert Sheldrake entwickelt wurde und die besagt, dass es außerhalb von uns gewisse Felder gibt, mit denen wir uns auf unbewusster Ebene verbinden können. Mit dieser Theorie wird unter anderem ein Erklärungsansatz dafür geliefert, wie wir uns alle ständig mit allem verbinden und untereinander Informationen austauschen, ohne diese verbal zu kommunizieren.

Alles, was uns zufällt, hat eine Bedeutung und hängt mit den Schwingungen zusammen, die wir mit unseren Gedanken erzeugt haben, nichts geschieht einfach so.

Ob es bei dem, was wir Geschwister erlebt haben, um Synchronizität, Koinzidenz, Resonanz oder morphische Felder handelte, oder ein bisschen von all dem, ist für mich gar nicht so relevant. Was sich ganz klar herauskristallisiert hat, ist, dass unser Zusammenfinden kein Zufall war. Da muss etwas Größeres mit im Spiel gewesen sein, denn da schwang eine Prise Magie mit. Etwas, was nicht fassbar ist. Man kann es universelle Energie nennen. Oder eine größere Macht. Vielleicht auch eine göttliche Fügung. Alles war so minuziös geplant, dass wir wohl kaum jemals vollumfänglich begreifen werden, wie sich im Hintergrund all diese mystischen Fäden zusammengespannt haben und ein großes Ganzes entstehen ließen. Alles passte. Perfektes Timing.

Schlussgedanken

**«Man sieht nur mit dem Herzen gut.
Das Wesentliche ist für die Augen unsichtbar.»
Antoine de Saint-Exupéry**

Was würden wohl meine Adoptiveltern dazu sagen, wenn sie erfahren würden, dass ich so viele tolle Geschwister gefunden habe? Ich glaube, irgendwie haben sie es doch mitbekommen und jauchzen nun im Himmel mit mir über meine neue Großfamilie.

Was ich erlebt habe, ist überwältigend. Es übertrifft alles, was ich bis jetzt in meinem Leben erfahren konnte. Ich kann die Suche nach den Wurzeln jedem empfehlen, der seine ganze Lebensgeschichte oder die Familiengeschichte noch nicht kennt. Zugegeben, bei mir ist alles positiv verlaufen, meine Geschichte hat ein Happy End. Doch wenn meine Schwester Gabriela diesen Schritt nicht gewagt und ich nicht auf den Brief der PACH reagiert hätte, wüssten wir alle nichts voneinander und ich nichts von meinen wunderbaren Geschwistern.

Man muss sich zwar auch stets bewusst darüber sein, dass die Spannung des Suchens, ob man überhaupt seine leibliche Familie findet, aber auch die Vorstellung, was auf einen im Falle eines Zusammenfindens zukommt, immens viel seelische Kraft kostet. Es braucht viel Mut und gute Nerven, diesen risikovollen Weg durchzustehen. Das Finden der leiblichen Familie kann ungeahnte Glücksgefühle auslösen. Selbstzweifel und Ablehnung können sich in Lebensbejahung umwandeln. Es kann aber auch einen Trauerprozess auslösen. Nach den ersten Begegnungen braucht es viel Zeit, um das Erlebte zu ordnen. Nicht immer treffen Adoptierte auf völlig intakte Menschen.

Es ist irgendwie seltsam, dass ich mir zuvor nie Gedanken über unbekannte Halbgeschwister gemacht habe. Warum hätte ich das auch tun sollen? Ich wusste zwar von der Existenz der drei Kinder, die vor mir zur Welt gekommen sind, aber dass es nach mir noch vier weitere geben könnte, hätte ich mir nie erträumen lassen! Die ersten drei Kinder meiner Mutter hätte ich mich nie getraut zu kontaktieren, denn ich wusste nicht, ob sie überhaupt über meine Existenz eingeweiht waren. Dazu muss ich auch erwähnen, dass für mich erst in letzter Zeit das Thema der Suche nach den Wurzeln wirklich aktuell wurde. Kommt hinzu, dass erst das kürzlich revidierte Adoptionsgesetz eine erleichterte Suche nach den Halbgeschwistern überhaupt möglich machte.

Es scheint doch so, dass Blutsbande bzw. echte Familienangehörige und Verwandte irgendwie wichtig sind. Als Adoptierte kann man so den verlorenen Teil von sich selbst finden, Erbanlagen ausfindig machen und sich selbst komplettieren. Mein Leben ist um einiges reicher geworden, seit ich einen Teil meiner leiblichen Familie gefunden habe. Nicht nur Adoptierten, sondern allen anderen Menschen bereitet es immer wieder Freude, Ähnlichkeiten bei Familienmitgliedern oder Verwandten zu entdecken. Ausdrücke wie «Ist sie nicht ihrem Vater/ihrer Mutter wie aus dem Gesicht geschnitten?» bestätigen dies. Es war für mich verblüffend festzustellen, wie viele Ähnlichkeiten wir Geschwister untereinander doch haben. Man sucht unbewusst aber auch gezielt nach Ähnlichkeiten, und jedes Mal, wenn man wieder etwas Neues entdeckt hat, ist man überglücklich. Es mag vielleicht banal klingen, doch für ein Adoptiertes ist es wie das Bergen eines Schatzes: Man findet etwas Besonderes, was man bis dahin nie so erleben und fühlen konnte, abgesehen natürlich von den Ähnlichkeiten, die man bei seinen eigenen Kindern feststellen konnte.

Sogar körperliche und psychische Schwächen sind verbindend. Denn so spürt man, dass man die gleichen Erbanlagen in sich trägt. Man kommt aus der derselben Familie. Zu allen positiven Eigenschaften, die ich schon aufgezählt habe, konnten wir Geschwister auch gewisse ähnliche Beschwerden feststellen. So zum Beispiel leiden wir Schwestern an Verdauungsbeschwerden, Krampfadern und zu niedrigem Blutdruck. Wie oft haben mich doch die Ärzte nach Erbkrankheiten in meiner Familie gefragt: «Ich weiß es nicht, ich bin adoptiert worden», war meine Standardantwort. Ich wusste über die Krankengeschichte meiner Familie nicht das Geringste. Jetzt weiß ich zumindest etwas mehr über meine Gene.

Als Elternteil möchte man auch den eigenen Kindern etwas über die eigene Herkunft berichten. Für Nichtadoptierte ist es kaum nachvollziehbar, wie es ist, ohne leibliche Verwandte aufzuwachsen. Als Adoptiertes hat man oft das Gefühl, von einem anderen Planeten auf die Erde gefallen zu sein, vom Storch gebracht oder so wie Moses in einem Korb den Fluss dahergeschwommen zu sein. Wir als Adoptierte müssen lernen, mit einer Lücke zu leben.

Ich selber hatte das große Glück, wenigstens einen Teil meiner Blutsverwandten zu finden. Vielen Adoptierten bleibt das für immer verwehrt. Anlässlich einer Lesung konnte ich eine junge Frau aus Sri Lanka kennen lernen, die wie ich adoptiert worden ist. Sie stand gerade mitten im Suchprozess nach der leiblichen Familie. Ein Thema, das mich natürlich besonders interessierte. Leider war ihre Suche bis dahin erfolglos. Sie war schon mehrmals nach Sri Lanka gereist und wollte ihre Mutter ausfindig machen. Dort musste sie konsterniert feststellen, dass ihre Papiere mit größter Wahrscheinlichkeit gefälscht waren. Ihre Personalien waren nirgends festgehalten. Sie existierte quasi gar nicht. Die Angaben, die auf ihrer Geburtsurkunde und anderen amtlichen Dokumenten aufgeführt sind, stimmten nicht überein. Schlussendlich wusste sie gar nicht mehr, welches ihr korrektes Geburtsdatum sein könnte, und vielleicht wird sie es nie in Erfahrung bringen können. Folglich hatte sie keine Chance, ihre Mutter zu finden. Es plagte sie auch der Gedanke, dass sie vielleicht ohne Zustimmung ihrer Mutter weggegeben oder, noch schlimmer, gar verkauft worden sei. Ein schrecklicher Gedanke! Auch könnte es sein, dass man ihrer Mutter vorgegaukelt hat, das Baby sei unmittelbar nach der Geburt gestorben. Recht sicher ist: Ihre Adoption musste illegal zustande gekommen sein.

Das Thema über die illegalen Adoptionen wird in letzter Zeit immer wieder von den Medien aufgegriffen. Es kam sogar zu einem politischen Vorstoß im Parlament in Bern. Dabei wurde offenbar ein Missbrauch von größerer Dimension aufgedeckt. Denn die Frau aus Sri Lanka ist leider nicht die einzige, die illegal adoptiert worden ist. Viele haben sich mittlerweile gemeldet und sich zu einer Interessengemeinschaft zusammengetan, um den Betroffenen in diesem Prozess zu helfen. Ihre einzige Chance könnte noch darin liegen, dass sie mit dem Hinterlegen ihres DNA-Profils bei einer zentralen Datenbank auf eine Entsprechung stoßen. Hier gibt es unbedingt noch viel aufzuarbeiten.

In diesem Zusammenhang fiel immer wieder der Name einer umstrittenen und dubiosen Vermittlerin, Alice Honegger. Irgendwie kam mir der Name Honegger bekannt vor. Und siehe da: Als ich meine Adoptionsunterlagen nochmals sichtete, stieß ich ebenfalls auf diesen Namen. Sie hatte auch mein Vermittlungsverfahren veranlasst. Ihr Name stand auf etlichen Dokumenten betreffend meiner Platzierung und späteren Adoption. Wurde damals etwa auch meine Mutter genötigt, mich zur Adoption freizugeben?

Geschichten über uneheliche Kinder, Pflegekinder, Adoptierte, Zwangsadoptierte, Heimkinder, Verdingkinder oder Zwangsversorgte gab es in letzter Zeit zuhauf. Tatsache ist jedoch, dass viele von ihnen nicht auf eine glückliche Kindheit zurückblicken konnten. In den Berichten war häufig zu lesen, welche Grausamkeiten diese Kinder vor Jahrzehnten zum Teil über sich ergehen lassen mussten und welches unbeschreibliche Leid ihnen angetan wurde. Es schüttelt mich jedes Mal durch, wenn ich von diesen Misshandlungen oder gar Folterungen an diesen armen, unschuldigen Geschöpfen lese, die überhaupt nichts für ihr Schicksal konnten und schließlich in diese negativen Umstände hineingeboren wurden. Sie hätten vielmehr doppelt so viel Zuwendung und Liebe gebraucht, als sie letztendlich bekommen haben. Ich kann kaum glauben, dass so etwas wirklich in der Schweiz, in meinem Land, passiert ist! Es fand erfreulicherweise eine Überarbeitung der grässlichen Geschichten aus den 50er und 60er Jahren in der Schweiz statt. Zum Glück haben viele der Opfer trotzdem ihren Weg gemeistert und konnten diese Grausamkeiten hinter sich lassen (oder zumindest verdrängen) und ein einigermaßen normales Leben führen – wie es das Beispiel meines Bruders Peter zeigt. Sicher hinterließen diese schwerwiegenden Verletzungen tiefe Wunden, die nicht bei allen gleich gut behandelt und/oder geheilt werden konnten. Viele sind auch daran zerbrochen. Ich hoffe doch sehr, dass mit den aktuellen Gesetzen so etwas Grausames nie mehr passieren wird. Es darf nie mehr passieren! Ich vertraue den heutigen Behörden und den Fachleuten, dass sie schnell und rigoros einschreiten, sobald körperliche und/oder psychische Gewalt an Kindern angewendet wird. Und dies zum Wohle des Kindes!

Ich bin auf jeden Fall froh, dass sich die Zeiten zum Besseren geändert haben. Heute werden alleinstehende Mütter beratend und finanziell unterstützt, es wird versucht, eine Lösung zu finden, damit Mutter und Kind zusammenbleiben können. Die Kinder werden nicht unmittelbar den Müttern entrissen und bereits nach wenigen Wochen bei Pflegefamilien oder in Kinderheimen untergebracht – vorausgesetzt, dass die Situation der Mutter dem Kind genügend Stabilität gewähren kann.

Klar herrschte in den 50er und 60er Jahren ein anderer Zeitgeist; die öffentliche Meinung war damals anders, man hatte andere Prinzipien und die Behörden waren schlichter organisiert. Man kann sicher nicht alles, was früher geschah, aus der heutigen Sicht verurteilen. Auch noch im Jahre 2019 werden leider Kinder misshandelt und missbraucht. Das erlebe ich hautnah bei meiner täglichen Arbeit beim Gericht und bei den Kindes- und Erwachsenenschutzbehörden (KESB). Für Gewalt an Kindern gibt es nie eine Entschuldigung, weder in der Vergangenheit noch in der Gegenwart.

Als ich alle Geschichten meiner Geschwister zusammen hatte, versuchte ich mir ein Bild von unserer Mutter zu machen. Keines ihrer Kinder kannte sie wirklich. Nur Hans hatte ein paar Jahre am Schluss ihres Lebens mit ihr zusammengelebt. Doch er wollte uns nichts darüber erzählen. Für uns bleibt sie ein Rätsel, ein großes Mysterium. So viele Fragen blieben noch offen. Warum hat sie so viele Kinder auf die Welt gebracht, obwohl sie wusste, dass ihre Situation es nicht erlauben würde, für sie zu sorgen? Warum hat sie nicht verhütet? Sie hat immerhin innerhalb von 14 Jahren insgesamt acht Kinder geboren! Fiel es ihr schwer, ihre Kinder wegzugeben? Oder wurde es mit der Zeit zur Normalität? Warum hat sie sich nicht ein bisschen mehr um ihre ersten drei Kinder gekümmert, sie wenigstens ab und zu besucht? Hat sie oft an uns Kinder gedacht? Oder versuchte sie alles zu verdrängen? Dafür spricht, dass meine leibliche Mutter, als ich sie getroffen habe, nicht einmal mehr mein Geburtsdatum wusste. Das hat mich zutiefst verletzt.

Auf unsere Fragen werden wir keine Antworten mehr bekommen. Wir werden nie erfahren, was ihre Beweggründe waren, ihre Sehnsüchte, was sie sich gewünscht hätte und warum sie so gehandelt hat. Manches ist schwierig nachzuvollziehen. Ich mache ihr absolut keine Vorwürfe und hege gegen sie keinen Groll. Im Gegenteil: Ich bin dankbar, dass sie mir so viele tolle Geschwister geschenkt hat!

Wir Geschwister hatten es nicht immer leicht und uns begleiteten leider auch nicht immer nur liebe Menschen. Doch jeder von uns hatte das große Glück, im Laufe seines Lebens einem liebenswürdigen Menschen zu begegnen, der an ihn glaubte und ihn ermutigte. Wie schön, dass es Menschen gibt, die eine Person nicht wegen ihrer Vergangenheit abstempeln, sondern bereit sind, sie so zu akzeptieren, wie sie ist, ohne jegliche Vorurteile. Hoffentlich werden diese lieben Menschen nie aussterben!

Meinen Lesern möchte ich als Schlussgedanken Folgendes ans Herzen legen:

Wenn du das Gefühl hast, es fehle dir etwas, mach dich auf den Weg zu dir selbst. Nimm dir Zeit, dein Leben zu überdenken. Schau dorthin, wo du am liebsten nicht hinschauen möchtest. Warum bin ich nicht zufrieden? Gibt es etwas, das ich ändern muss? Aus Liebe zu dir selbst, verändere, was zu verändern ist. Wage es auch, ungewohnte und vielleicht unbequem wirkende Wege zu gehen, nur so kommst du weiter. Breche mit deinen

Gewohnheiten. Nimm dir immer wieder Zeit, tief in dich hinein zu schauen. Riskiere Niederlagen.

Recherchiere wenn nötig in der Vergangenheit deiner Familiengeschichte. Wenn es erforderlich ist, warum nicht deine eigene Biografie aufschreiben und so ein Stück Vergangenheitsbewältigung betreiben? Es hilft dir dabei, dich besser kennen zu lernen und zu spüren, was deine wirklichen Bedürfnisse sind. Schreiben wirkt zudem befreiend. Es helfen auch Meditationen und ausgedehnte Spaziergänge in der Natur. Und dann kann plötzlich das Unerwartete eintreffen. Du hast einen Einfall, eine Vision und siehst deine Zukunft vor dir. Vielleicht ein neues Ziel, oder du verspürst ganz einfach eine Erfüllung, eine innere Ruhe und Zufriedenheit oder auch Glückseligkeit. Plötzlich bist du in Harmonie mit dir selbst und mit allen und allem. Höre aufmerksam auf deine innere Stimme und noch wichtiger: Höre auf dein Herz, denn es weist dir immer den richtigen Weg.

Es ist nur die Liebe, die Großes bewegen kann.

Ich wünsche euch allen von Herzen, dass ihr die Zeit findet, um Ruhe und Gelassenheit zu erfahren. Dass ihr den Mut habt, alte Muster zu durchbrechen und neue Wege zu gehen, die euch zu eurem wahren Selbst führen.

Mein Dank

Ich danke Gabriel Palacios und dem CAMEO Verlag, dass sie nochmals mit mir ein Buchabenteuer eingegangen sind und ohne zu zögern mein zweites Buchprojekt bejaht haben. Es hätte mir nichts Schöneres passieren können, als noch einmal mit meinem Herzensverlag ein Buch zu veröffentlichen. Danke ans ganze Team für die grandiose Unterstützung und für die wunderbare Zusammenarbeit. Und ein spezielles Dankeschön an Peter Wäch für den ersten Impuls mit dem spontanen Titelvorschlag.

Ein riesiger Dank geht an meine lieben Geschwister Bettina, Peter, Gabriela, Angelina, Regina und Mathias, dass sie ihre Geschichten aufgeschrieben haben und sie für dieses Buch zur Verfügung gestellt haben. Es war für sie alle nicht ganz einfach, sich nochmals mit ihrer Vergangenheit auseinanderzusetzen. Mögen ihre Erzählungen eine Hilfe für alle Schicksalsgenossen und eine Bereicherung für alle Leser sein.

Lieben Dank an Fabienne, die unser Zusammenfinden eingefädelt hat. Ohne sie wäre dieses Buch nie entstanden.

Meinem Mann bin ich unendlich dankbar, dass er mich tatkräftig unterstützt und mit seiner liebenswürdigen Art immer von Neuem ermuntert hat.

Herzlichen Dank an Barbara Ducceschi-Küng für das berührende Vorwort sowie an Sandro Körber für die interessanten und professionellen Erläuterungen bezüglich Herkunftssuche.

Alleine hätte ich dieses Buch nicht schreiben können. Ich bin zutiefst dankbar, so wunderbare Menschen an meiner Seite gehabt zu haben.

Regula Brühwiler-Giacometti
SEITENSPRUNG
KIND
Wie ich meine wahre Identität fand
CAMEO

SEITENSPRUNGKIND

Wie ich meine wahre Identität fand

Regula Brühwiler-Giacometti, geboren 1958 in St. Gallen, wurde als Baby adoptiert. Vorerst in einem Kinderheim und anschließend vorübergehend bei einer Pflegefamilie untergebracht, wurde sie schlussendlich im Alter von zwei Monaten bei der Familie Giacometti definitiv platziert.

Die Adoption wurde dem Kind nie verheimlicht, aber erst im Erwachsenenalter, ausgelöst durch die Geburt ihres Sohnes, kommt der Wunsch in ihr auf, nach den eigenen Wurzeln zu suchen. Was gaben ihr die leiblichen Eltern durch die Gene mit? Kann sie sich in ihnen spiegeln? Oder war es die soziale Prägung, die sie durch die Adoptivfamilie erhalten hat, die ausschlaggebend für ihren Charakter und ihr Handeln wurde? Und vor allem: Welche Folgen hatte die frühe Trennung von der Mutter und die anschließende Adoption für ihr Leben?

Begleitet von Angst, Selbstzweifel und dem Gefühl vom Fremdsein macht sie sich auf die Reise nach ihrer wahren Identität. Regula Brühwiler-Giacometti scheut sich dabei auch nicht, längst verdrängte Begebenheiten wieder ans Licht zu holen – und findet auf diesem Weg zu sich selbst.

Hardcover mit Schutzumschlag
CHF 28.90 | € 24.20 (DE) | €24.90 (AT)
ISBN: 978-3-906287-34-8
272 Seiten
www.cameo-verlag.ch

GABRIEL PALACIOS
inkl. unterstützender Audio-CD
LASS DICH EINFACH GESCHEHEN
Mit Einsicht in die Gelassenheit
CAMEO

LASS DICH EINFACH GESCHEHEN

Mit Einsicht in die Gelassenheit

Die meisten unserer Gedanken finden auf rein unbewusster Ebene statt. Unser Unterbewusstsein widerspiegelt den Teil unseres Geistes, der Erfahrungen in Form von Gedanken und Gefühlen projiziert. Die Mehrheit der negativen Gedanken und Gefühle, die uns tagtäglich das Leben erschweren wollen, haben keinen Realit.tsbezug und dienen lediglich dem übermäßigen Sicherheitsbedürfnis des Unterbewusstseins.

Wer mit Einsicht die richtigen Perspektiven erlangt, dem wird es möglich sein, das eigene Leben maßgebend positiv zu beeinflussen.

In diesem Buch vermittelt Bestsellerautor und Gedankenexperte Gabriel Palacios nicht nur aufklärendes Wissen im Umgang mit dem Unterbewusstsein, sondern weist uns mit einfachen Tipps den Weg zu mehr Gelassenheit und geistigem Wohlbefinden.

Auf authentische Art und Weise teilt er seine Methoden und Erkenntnisse, mit welchen er aus eigenen negativen Gedanken und Gefühlen herausfand, welche ebenfalls durch Prägungen und Schicksalsschläge aufgekommen waren.

Hardcover mit Schutzumschlag
CHF 24.90 | € 19.30 (DE) | €19.90 (AT)
ISBN: 978-3-906287-07-2
226 Seiten
www.cameo-verlag.ch